나 는
인정받는
팀장이고
싶 다

초판 1쇄 발행 2019년 02월 25일
초판 9쇄 발행 2023년 12월 30일

지은이 김용현 동종성 서정현 신임식 유광곤 이서구 이재형 최익성 황택순
펴낸곳 플랜비디자인
펴낸이 최익성
기획 홍국주
편집 유지은
마케팅 임주성, 임동건, 안보라
경영지원 이지원, 임정혁
디자인 빅웨이브

주소 경기 화성시 동탄첨단산업1로 27 동탄IX타워 3210호
전화 031-8050-0508
이메일 planbdesigncompany@gmail.com
출판등록 제 2016-000001호
ISBN 979-11-89580-02-5
CIP 2019004117

나는 인정받는 팀장이고 싶다

김용현 동종성 서정현
신임식 유광곤 이서구
이재형 최익성 황택순
지음

PlanB DESIGN 플랜비디자인

9명의 현직 리더가 제시하는
팀장을 위한 상황별 문제 해결법

▬▬ "함께 글을 써보지 않겠느냐"라는 제안을 받았습니다. 다른 책을 집필한지 얼마 지나지 않은 터라 글쓰기의 수고가 아직 머리에서 잊히지 않아 며칠을 고민하고 망설였습니다. '과연 이 글을 마감 기한까지 쓸 수 있을까? 다른 저자분들에게 폐를 끼치는 건 아닐까?' 하고 말입니다. 하지만 멋진 분들과 함께 글쓰기를 할 수 있다는 기회는 두 번 다시 오지 않을 것 같았습니다. 그렇게 숙고에 숙고를 거듭하여 집필에 참여했습니다.

중간에 수도 없이 그만두고 싶었지만, 함께 가시는 분들께 짐이 될 수는 없었습니다. 아마 홀로 그 길을 갔더라면, 틀림없이 발걸음을 멈추었을 겁니다. 게다가 제 걸음이 늦어지면 따라올 때까지 모두들 따뜻하게 기다려 주셨습니다. 먼저 도착하신 분들은 아낌없이 자신의 경험을 나누어 주었습니다. 홀로 하는 글쓰기에서는 결코 느끼지 못했을 감동이었습니다.

우리의 고객인 팀장들을 위한 글이라는 소명을 잊지 않았기에, 진정한 도움이 되는 길을 찾기 위해 치열하게 토론했습니다. 각자 걸어왔던 길과 옆에서 안타깝게 지켜본 다른 사례들을 결코 가볍게 넘기지 않았습니다. 그럼에도 여기에 나온 글들이 정답이라 여겨지는 않습니다. 정답을 향한 여러 길들 중 하나의 예시입니다. 독자분들은 더 멋진 답을 찾아내실 것이라 믿습니다.

김용현Andrew | 자기설계연구소 대표 | 《반퇴시대 나침반》 저자

■■■■ 의견을 나누고 함께 성장하기를 좋아합니다. 사내외 학습 조직을 만들며 오랜 기간 운영하다 보니, 제 자신이 좋은 팀장이 되어야만 했습니다. 수많은 시행착오를 반복하면서 "어떤 팀장이 진정한 리더일까?" "팀장 역할은 무엇일까?" 이런 질문을 가슴에 품고 살았습니다. 질문은 질문을 계속 낳았습니다. "팀장의 효율적인 의사결정 방법은 도대체 무엇일까?" "팀장이 성과를 내려면 팀원들과 어떻게 성장해야 할까?" "조직의 목표와 팀원들의 목표를 어떻게 일치시키란 말인가?" 이런 구체적인 질문까지 이어져서 주체할 수 없었습니다.

운 좋게도 글로벌 대기업의 수장을 보좌하며 면밀하게 관찰한 계기로, 리더십의 핵심 덕목과 교훈을 꾸준히 기록할 수 있었습니다. 서로 다른 조직에서 리더의 경험이 풍부한 이 책의 다른 저자분들을 통해 혼탁했던 머릿속을 하나씩 정리할 수 있었습니다. 소중한 만남이 책을 쓰는데 귀중한 자양분이 되었습니다. 현장에서 일어나는 크고 작은 문제를 해결할 수 있도록 구체적인 방향과 노하우를 제시하였습니다. 무엇보다도 팀장이 부딪히는 살아 있는 문제를 사례 연구, 질문과 답변으로 풀어낸 책이니 리더십 전쟁터에서 살아남는 실전 무기가 될 것입니다.

동종성Tommy | 북테이너 | 《책이 답이다》 저자

▬▬ 공부하는 마음으로 시작했습니다. 아는 것과 사는 것을 같게 한다는 것이 어렵다고 느끼고 있던 중이었습니다. 이 책을 쓰는 내내, 내 안에 무엇이 있는지 확인하면서 더 채워야 할 것은 무엇이며, 잊지 말아야 할 것은 무엇인지 확인하였습니다. '나'를 발견하기 위해서는 '우리' 속에 있는 자신을 봐야 한다고 했던가요? 함께 하는 시간 동안 다름을 확인하고 다름 속에서 시너지를 내고 있는 우리를 경험했습니다.

　'팀장이 된다는 것'은 혼자 묵묵히 팀장의 길을 걷는 것이 아니라 함께하는 이들과 같이 걷는 것입니다. 앞에서 이끌며 혹은 뒤에서 밀어주며 걸을 수도 있습니다. 걸어야 할 때도 있고 뛰어야 할 때도 있습니다. '진정한 리더'가 되는 데에는 시간이 필요합니다. 특히, 멈춤의 시간이 필요합니다. 멈추어서 과거를 돌아보고 미래를 그려보면 나만의 길이 아닌 우리의 길을 함께 걸어가는 준비를 할 수 있습니다. 멈춤의 시간에는 수많은 질문들이 생기게 될 것입니다. 그 질문에 대한 답을 찾아보고 싶었습니다. 이 책은 정답 모음집이라기보다는 혼란의 순간 멈추어서 글을 통해 자신을 만나게 되고, 미래를 그리는 생각의 확장에 도움이 될 것입니다. 책을 통해 잠깐 멈추는 시간 동안 나 자신뿐 아니라, 팀원들도 함께 하게 될 것입니다. 혼자만의 꿈을 꾸는 팀장이 아니라 우리의 조직을 위한 팀장이 되는 데 도움이 되길 기원합니다.

서정현Aroma | 행복성장연구소 대표 | 리더십 코치

▬▬▬ 한 회사의 팀장들을 대상으로 워크숍을 진행할 때의 일입니다. "팀장 자리, 이거 너무 힘듭니다. 팀원들은 일일이 직접 챙겨야 하고 터지는 사고는 전부 내 책임이며, 상사는 실적만 고집하고 그놈의 회의는 또 왜 그렇게 많은지, 정작 일할 수 있는 시간은 팀원들 퇴근하고 난 뒤에나…."

어느 팀장의 푸념에 그날 교육을 받던 모든 팀장들이 깊은 공감을 하더군요. "그렇다면, 차라리 팀장에서 내려와 팀원을 하는 것은 어떻습니까?" 이렇게 제가 되물어 보았습니다. 하지만 누구 하나 선뜻 그렇게 하겠다는 이는 단 한 명도 없었습니다.

'팀장이 된다는 것'은 조직에서 자신의 성과와 공헌에 대한 인정과 보상이고, 더 많은 일들을 할 수 있는 기회가 주어진 것입니다. 팀원들과 동료에게는 존경과 존중의 대상이 된 것이고요. 따라서 만일 팀장에서 팀원이 되어버리면 보상과 기회, 존경과 존중을 잃는 것으로 받아들이게 되고, 그렇게 되면 퇴직까지도 심각하게 고려합니다. 그렇다 보니 중간에 끼어 있는 자신의 처지는 푸념을 가장한 자랑이 됩니다. 본인이 잘해서 되었든, 공석으로 인해 어쩔 수 없이 팀장이 되었든, 어찌 됐든 팀장이 되었습니다. 그렇다면 기왕에 하는 것, 잘했으면 좋겠습니다. 이 책에 팀장으로서 실제로 겪었던 고민과 문제들, 그러한 상황을 합리적이고 슬기롭게 헤쳐 온 여러 팀장들의 노하우를 담고 싶었습니다. 조직의 성과에 더 큰 기여를 할 수 있는 기회를 갖고 팀원들의 성장을 지원하는 즐거움을 느끼며 성숙한 인간으로 성장하는데 조금이라도 도움이 되리라 생각합니다.

신임식Max | 나이츠랩 대표 | 경영지도사, ESG 경영지원사

▬▬ 처음 팀장을 맡았을 때의 막막함이 떠오릅니다. 정말 무엇을 어떻게 해야 할지 아무것도 몰랐습니다. 결국은 팀장이 되어서도 팀원처럼 일했던 것 같습니다. 당시의 팀원들을 생각하면 지금도 미안한 마음이 듭니다. 두 번째 팀을 맡았을 때는 정말이지 의욕이 대단했습니다. 매일 밤을 새워서라도 능력 있고 인정 많은 팀장이 되고자 했습니다. 부족한 인원으로 어려운 과제를 맡았지만, 그래도 팀 분위기만큼은 활기차고 좋았습니

다. 하지만 저는 머지않아 조직의 쓴맛을 보고 좌절해야 했습니다. 팀은 해체되었습니다. 다시 또 다른 조직을 맡아 지금까지 일하고 있습니다.

바퀴가 굴러가는 가운데에는 '굴대'가 있습니다. 그 굴대가 있어 바퀴가 실제 바퀴로 기능할 수 있습니다. 막연히 리더십이란 그런 것이 아닐까 생각해 봅니다. 저는 인사나 조직관리 전문가가 아닙니다. 대부분의 여러분과 똑같이 하나의 사업 부서를 맡아 하루하루 전전긍긍하며 닥쳐오는 문제들을 그때그때 해결해 나가고 있습니다. 그래서 '제가 리더십에 대해 논하여도 될까?' 하는 걱정이 듭니다. 저는 바퀴를 바퀴답게 만드는 굴대 같은 리더가 되고 싶습니다. 멋진 분들과 함께 글을 쓰면서 참 많이 배웠고, 새롭고 감사한 경험이었습니다. 독자분들이 이 책을 통해 고민을 조금이나마 해결하실 수 있길 바랍니다.

유광곤Scott | 웰컴금융그룹 경영관리실장 | 전략경영리더

■■■ '팀장이 된다는 것은 팀을 경영하는 리더가 된다는 것'입니다. 팀을 작은 회사로 보면, 사장과 같은 위치에서 미션, 비전, 사업 계획을 세우고 유관 조직과 협업하여 결국 팀원들과 함께 결과물을 만들어 가는 역할과 책임이 주어지는 것이지요. 친한 후배가 찾아와서는 "이번에 처음으로 팀장을 맡았는데 리더십의 고민을 어떻게 하면 해결할 수 있을까요?"라면서 상담한 적이 있습니다. 이에 대해 "이렇게 하는 것이 어때?" 하면서 한 가지 답을 알려 주기보다는 팀원, 팀장, 관련 담당자, 고객의 관점으로 생각하고, 현재의 환경에서 팀장이 시도해 볼 수 있는 적합한 방안을 대화하면서 함께 만들어 가는데 초점을 맞추었습니다. 나중에 후배에게서 '고민거리가 잘 해결되어 감사하다'는 이야기를 들었습니다.

리더십은 실행이 중요합니다. 어떤 좋은 리더십 이론과 해결 방안도 실행

하지 않으면 결과로 나타날 수 없습니다. 이러한 실행을 위해서 팀장은 꿈을 지니고 있어야 합니다. '나는 어떤 팀장이 될 것인가?' 하고 말입니다. 팀장의 꿈을 마음속에 소중히 지니고 있다면 우리가 가진 리더십의 고민거리는 점차 하나씩 줄어들 것입니다. 팀장은 꿈을 이루기 위해 어떻게 하든 고민거리를 해결하려고 움직일 수밖에 없으니까요.

이 책은 9명의 다양한 분야에서 축적된 경험을 기반으로 서로 대화하고 피드백하며 수용하는 과정을 거쳐서 탄생하였습니다. 독자분들의 리더십에 대한 고민거리를 이야기하고, 상황을 점검하며 문제를 해결하는 데 도움이 될 것입니다.

이서구Kevin | 디엠코스메틱스 코리아 부사장 | 경영지도사, 비즈니스 코치

■■■■ 10여 개월 동안의 여정. 글쓰기만 한 것이 아니었습니다. 처음 만난 9명이 모여, 글쓰기 이전 수평적 관계 설정을 위한 영어 이름 작명이 있었고, 협업 수행을 위한 여러 그라운드 룰과 원칙들을 만들어내었습니다. 과정 중에 문제가 있어 해결을 할 필요도 있었고, 소소하지만 갈등이 생겨 그걸 관리할 필요도 있었습니다. 결국, 지난 10개월 동안은 공동 저자 9명이 알고 있는 리더십과 팔로워십, 조직 관리, 프로세스 관리, 성과 관리 이론들을 실제 적용해 보고, 시험해 보며 되돌아 다시 성찰해 보는 참된 배움의 장이기도 하였습니다.

처음 시작할 때 9명의 저자가 한두 장씩, 몇 십 쪽씩을 나누어서 병렬적으로 집필을 했더라면, 빨리 끝나고 순탄했을 작업을 저자 모두는 그렇게 하지 않으려 했습니다. 쉽게 가려 하지 않았습니다. 첫 장부터 철저히 공동 작업을 해나갔습니다. 첫 장, 첫 쪽부터 9명 저자 모두의 생각과 고민, 언어가 스며들어 있습니다. 한 사람의 인생은 작게는 여러 권이 책이기도 하

고, 때로는 도서관이 되기도 합니다. 여기, 이 책에서 9명 저자들의 인생 도서관 얘기를 들어주시기 바랍니다.

이재형Bruce | THE GOAL COMPANY 대표 강사 | 농협대학교 전임교수

■■■■ "말은 흩어지고 글은 남는다." 이 한 문장이 글을 시작하게 된 이유입니다. 먼저 팀장의 경험을 가진 이들의 책무 중 하나는 경험의 활자화, 즉 기록을 남기는 일이라고 생각합니다. 그래서 우리는 글을 쓰기 시작했습니다. '함께 쓴다'는 것은 엄청 어려운 일입니다. 그러나 우리는 함께 쓰기를 택했습니다. 이 책은 9명이 같이 썼습니다. 다른 경험과 다른 생각, 다른 문체를 가지고 있는 사람들이 함께 쓴 글입니다. 리더십이란 결국 혼자가 아닌 함께 하는 것이기 때문입니다. 어떤 내용을 합의를 구해서 하나의 주장이 되었고, 어떤 답변은 지극히 개인적 의견에 머물기도 했습니다.

우리 모두는 각자 빈 종이를 앞에 놓고 펜을 들었다 놓기를 반복했습니다. 머릿속에 뒤엉킨 말들이 쉬이 잡히지 않았습니다. '무엇을 어떻게 말해야 우리의 경험을 잘 전할 수 있을 것인가? 팀장들에게 도움이 될 것인가?' 우리는 글로써 무언가를 알려주고 싶은 절박함이 있었습니다. 그러나 미욱한 생각을 모아 문장을 써 내려갈 때 자주 방향을 잃었습니다.

하지만 포기하지 않았습니다. 마지막 순간에 리더는 물러서지 않고 먼저 앞으로 나가는 사람이기 때문입니다. 다시 방향을 찾고, 더 깊어지기 위해 노력했습니다. 10개월의 여정이었습니다. 그 긴 여정을 포기하지 않고 여기까지 와서 한 권의 책을 세상에 내어놓습니다. 이 책이 많은 팀장들에게 도움이 되길 바라는 마음입니다.

최익성Daniel | 플랜비디자인 대표 | 경영학 박사

막상 팀을 경영하다 보면 하루하루가 전쟁터였습니다. 팀장으로서 요구되는 역할 중 어느 하나 쉬운 게 없었고, 예기치 않았던 일들로 인해 당황하여 우왕좌왕하기도 했습니다. 처음 생각했던 것과 다른 의사결정으로 팀에 혼란을 주고 팀장으로서 바람직한 의사결정의 중요성을 실감하며 스트레스도 받았었습니다. 그럴 때마다 '누군가 옆에 있어 나와 비슷한 상황에서 리더로서 대처했던 노하우를 알려주고, 해결 방향과 팀장으로서 고려해야 할 것들을 알려 주면 얼마나 좋을까?' 하고 생각했었습니다.

대부분의 팀장들과 마찬가지로 저 역시 친한 선배 팀장에게 조언을 구하거나 리더십 책을 찾아보았지만 당시 팀장으로서 부딪히는 현실적인 고민과 궁금증을 완전히 해결해 주지는 못했습니다. 이는 어쩌면 제가 선배 팀장들에게 고민을 얘기하는 게 어색했고 혹여 무능한 팀장으로 보일까 걱정되어 솔직하게 고민을 얘기하지 못했기 때문일 수도 있습니다. 그런데 분명한 것은 이렇게 제가 경험했던 어려움을 현재도, 앞으로도 많은 팀장들이 겪게 될 것이란 점입니다.

이번에 플랜비디자인과 9명의 공동 저자들이 실전 리더십 지침서를 발간하자고 의기투합한 것도 이런 반복되는 시행착오를 줄이고, 팀장이 자신의 조직을 이끌어 가면서 부딪히게 되는 다양하고 복잡한 현실적인 문제들을 현명하게 해결해 가는 데 도움이 되기 위함입니다. 밀레니얼 세대 팀원들을 이끌어 가며 매일 롤러코스터와 같은 삶을 살고 있는 팀장들에게, 이 책이 당장 바로 활용할 수 있는 '단비'와도 같은 실전서이길 바랍니다.

황택순Tyson | Agile 코치 & 러닝 퍼실리테이터 | 경영학 박사

CONTENTS

CHAPTER 1

상사와 팀원들에게
모두 인정받는
팀장이 되는 비결

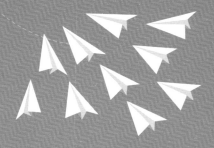

인정받기

사람들은 완벽한 사람보다 약간 빈틈 있는 사람을 더 좋아한다.
실수나 허점이 오히려 매력을 더 높여준다. 이를 '실수효과'라 한다.
- 캐시 애론슨

팀장, 즉 팀 리더는 어떤 위치일까요? 팀원인 조직 구성원들을 관리하고 이끄는 리더이자 상사로부터 지시를 받고 관리를 받는 팔로워인 부하직원이기도 합니다. 효과적인 리더십을 어떻게 발휘해야 하는지에 대해 고민하면서도, 또 다른 한 편으로는 상사로부터 인정받기 위해 어떻게 팔로워십을 발휘해야 할지 고심해야 하지요.

'상사와 팀원들로부터 동시에 좋은 평가를 받는 팀장'

누구나 이런 팀장이 되길 원하지만 이는 말처럼 되기는 쉽지 않은 일입니다. 마치 제로섬Zero-Sum 관계처럼, 상사로부터 유능한 중간 관리자라고 평가받는 팀장은 그러한 평가를 받기 위해 성과를 억지로라도 끌어내기 위해 팀원들에게 가혹하게 대할 가능성이 큽니다. 이로 인해 팀원들은 팀장의 상사와는 다르게 팀장에 대해 좋지 않은 평가를 하게 됩니다.

반대로 팀원들로부터 '사람 좋다'는 평가를 받는 팀장은 상사로부터는 '팀원들로부터 그런 소리를 들으니 성과가 안 나오지'라는 질책 섞인 평가를 받기 쉽습니다. 팀장이란 중간 관리자는 이래저래 양쪽의 인정을 받기 어려운 위치입니다. 하지만 그렇기에 더욱 리더십과 팔로워십의 적절한 균형이 필요합니다. 그렇다면 상사로부터 높은 실적, 높은 성과를 올렸다고 인정받고, 팀원들로부터도 리더십을 인정받는 팀장이 되기 위해서는 어떤 역량과 요건이 필요할까요? 바로 '협력 및 조정 능력, 뚜렷한 성과, 질문과 경청, 명확한 방향 설정'이 필요합니다.

먼저 협력 및 조정 능력을 잘 발휘해야 합니다.

누구나 능력 있고 카리스마 있는 팀장이 되길 바랍니다. 그런데 이는 자신이 만들어낸 권위적인 모습에서 드러나는 것이 아니라 주변 동료들의 인정과 존경에서부터 나옵니다. 이러한 리더십을 인정받기 위해서는 단순히 다른 사람들과 마찰을 일으키지 않는 것이 아니라, 다른 부서나 동료로부터 효과적으로 협조를 받아낼 줄도 알아야 합니다. 또한 이를 위해서는 팀원뿐 아니라 다른 사람들의 공적을 가로채지 않고 그 장점과 능력을 충분히 인정하는 자세도 갖추어야 합니다.

다음으로 뚜렷한 성과를 내야 합니다.

팀장은 상위 리더와 팀원 사이에서 중간 역할을 하기 때문에 상사와 부하로부터 어떠한 평가를 받고 있는지가 매우 중요합니다. 각 회사에서 팀장급 이상의 인력을 채용할 때는 평판 조회에 상당히 신경을 쓰는 이유도 이것 때문입니다. 하지만 이때 무조건 말 그대로 '좋은 사람'이라는 평가만으로는 부족합니다. 평판 조회 시 '사람이 좋다'는 의견으로는 그리 좋은 점수를 받지 못합니다. 이는 다시 말해, 뚜렷한 성과나 결과를 나타내지 못한 사람이라는 이면의 뉘앙스를 가지고 있기 때문입니다. 회사에서 평가하는 리더십은 단순히 인성이 좋은 것을 의미하는 것이 아닙니다. 팀장이라면 성과 달성을 위해 팀원들에게 명확한 비전을 제시하고 합리적인 의사결정을 내릴 줄 아는 능력, 결정된 사항을 추진해 나갈 줄 아는 역량이 필요합니다.

셋째, 질문과 경청 습관을 갖추어야 합니다.

누구나 직장 생활을 하면서 자신이 하는 일에 대해 상사로부터 인정받고 싶어 하는 경향이 있습니다. 그래서 팀장들은 상사로부터 성과에 대한 압박과 촉박한 업무 일정 때문에 직접 업무를 처리하거나 팀원들을 다그치는 일이 많습니다. 그러다 보면 직접 처리해야 할 일들은 산더미처럼 쌓이고, 팀원들에게는 '다그치기만 하는 팀장'이라는 인상만 줍니다. 이러한 문제를 해소하기 위해서 명심해야 할 것은 팀원들에게 수시로 질문하고, 상대방의 말을 꼼꼼하게 경청하는 자세를 가지는 것입니다. 이렇게 질문하고 경청한 다음에는 긍정적으로 피드백 해줌으로써, 팀원들의 사기를 높이고 핵심 업무를 잘 실행하도록 만들 수 있습니다.

넷째, 방향 설정자 역할을 해야 합니다.

좋은 팀장이 되려면 팀원들을 훌륭하게 이끄는 방향 설정자로서 그 역할을 충실히 수행해야 합니다. 팀장은 배의 항로를 결정하는 선장과도 같은 존재입니다. 조직이 추구해야 할 방향이 잘못되었다면 팀원들이 아무리 노력해도 얻고자 하는 결과를 얻어내지 못합니다. 아울러 변화 추진자로서의 면모도 보여주어야 합니다. 팀장은 조직의 방향 설정에 근거하여 팀원들에게 방향성에 대한 당위성과 위기의식의 조성 등을 통해 팀원들이 긍정적으로 변화하도록 촉진하는 역할을 해야 합니다.

마지막으로, 팀장은 팀원들의 '코치'가 되어야 합니다.

업무를 잘 지시하고 관리하는 역할도 중요하지만, '팀원들의 잠재력을 이끌어내야 한다'는 점을 잊지 말아야 합니다. 즉, 팀장은 팀원들을 코칭할 때 가장 먼저 '장기적인 관점에서 팀원을 육성한다'는 점을 염두에 두고 업무를 지시하고 관리해나가야 합니다.

Q 상사로부터 인정받고 팀원들의 지지와 신뢰를 잃지 않으려면 어떻게 해야 할까요?

대형 유통센터 Q 마트의 G 팀장은 팀장으로 승진하여 생필품 판매팀에 막 부임했습니다. 조기에 성과를 내어 상사에게 인정받고 팀원들에게는 지지와 신뢰받기를 희망하고 있습니다. 하지만 성과를 무리하게 추진하려다 보면 팀원들로부터 지나치게 과업 지향적이라는 소리를 들을 수도 있고, 이에 따라 좋은 평가를 못 받을 수도 있습니다. 아울러 팀원들로부터 좋은 평가, 좋은 소리를 들으려다 보면 상사로부터 '필요 이상으로 관계 지향적이다, 그래서 성과가 잘 안 나온다'는 평가를 받을 수도 있습니다. 실제로 G 팀장은 전임자인 선배 팀장 역시도 이러한 딜레마 속에서 위로부터도 업무적으로 신임받지 못했고, 아래로부터도 팀장으로서 인정받지 못했다는 고충을 전해 들었습니다. 그렇다면 상사로부터 인정받으면서 동시에 팀원들의 지지와 신뢰를 잃지 않으려면 어떻게 해야 할까요?

A 이렇게 한번 해보면 어떨까요?

이해관계가 상당히 다른 두 집단 사이에서 적절한 균형을 유지하는 것은 매우 힘든 일입니다. 따라서 완전한 해법도 없습니다. 하지만 여러 가지 방안을 시도해 보면서 팀장 리더십의 발현을 해보아야 합니다.

먼저, 상사에게 위임받게 된 일은 빨리 착수하고, 가시적 성과도 되도록 빨리 보여줍니다.

다시 말해 일도 빨리하고, 그 속도에 비례해 상사의 믿음도 빨리 확보하는 전략입니다. 상사가 특별한 관심을 두고 있고 중요하게 생각하는 일이 있는 반면에, 팀장으로서 원래 해야 할 중요한 일이 있습니다. 이 둘 중에서 어떤 일을 먼저 해야 할까요? 당연히 상사가 중요하게 생각하는 일입니다. 그리고 그렇게 상사가 중요하게 생각하는 일에 대해서는 추진 성과도 빨리 보여주어야 합니다. 최종 결과가 나오기 전에는 중간보고라도 수시로 해야 합니다.

둘째, 바로 위의 내용을 좀 더 구체적으로 설명해 드립니다. 상사의 관심사를 빠르고 정확하게 파악합니다.

팀장으로서 중요하지 않은 일이나 안 해도 되는 일 역시 하나도 없고 언젠가는 다 해야 할 일들입니다. 하지만 상사의 입장은 좀 다릅니다. 팀장이 원래 해야 할 일들에 대해서는 '당연히 잘 하겠지' 하면서, 특별한 관심을 표명하지는 않습니다. 하지만 자신이 특별히 주문한 일에 대해서는 나름의 소유 의식을 갖고 있습니다. 자신의 일이라고 생각하여 자신의 일이 어떻게 진행되는지에 대해 많은 관심을 가집니다. 따라서 가장 먼저 상사의 관심 사항이 무엇인지, 왜, 어느 정도의 관심을 두고 있는지를 빨리 파악하여 제일 먼저 그 일에 착수합니다. 그런 다음 수시로 진행 상황에 대해 보고해야 합니다. 구체적 성과가 나오지 않는 상황이라면 언제, 어떻게 성과를 낼 수 있는지에 대한 언급이라도 해야 합니다. 회사 전체의 이해관계와는 다소 상충될 수도 있겠지만 상사는 자신의 개인적 이해관계를 공적인 일에 포함시킬 때가 종종 있습니다. 본인의 임원 승진과 같은 목표를 달성하기 위해 팀장에게 일상적인 업무 수행보다는 참신하고 매력적인 업무를 부여하기도 합니다.

팀장은 이러한 업무를 현명하게 잘 처리해야 합니다. 민첩하게 움직여야 하고 다른 일들에 비해 120퍼센트 이상의 완성도를 목표로 해야 합니다. 그럼으로써 상사의 초기 신임을 확보합니다. 오리나 기러기의 새끼가 태어나서 처음 보는 움직이는 물체를 뒤쫓는 현상을 '각인Imprinting 효과'라고 하는데, 상사에게도 역시 이러한 각인 효과가 적용됩니다. 첫인상이 좋았던 팀장, 첫 과업을 성공적으로 수행하여 좋은 평가를 받은 팀장에 대해 상사는 각인 효과와 유사하게 그 이후로도 강하게 신뢰하게 됩니다.

셋째, 병렬식으로 일을 합니다.

직렬식으로 일하는 사람은 여러 가지 일을 동시에 수행해야 하는 상황에서도 일의 완성도를 높이고 집중력을 발휘하기 위해, 하나의 일을 100퍼센트 완벽하게 처리한 이후 다음 일로 넘어갑니다. 또한 그 일도 100퍼센트 완수한 다음에야 세 번째 일로 넘어갑니다. 반면에 병렬식으로 일하는 사람은 한 가지 일에 온전한 집중력을 발휘하기는 힘들어도, 여러 가지 일을 동시에 진행해 나갑니다.

상사는 한 가지 일을 주고 그 일이 완전히 끝날 때까지 기다렸다가 다시 일을 주는 형태로 일하지는 않습니다. 상사는 동시다발적으로 일을 부여하고, 또 동시다발적으로 일의 진행 상황에 대해 확인합니다.

상사의 업무 점검 중 "이 일을 마무리 못해, 아직 그 일에는 착수도 못했습니다."라고 답변한다면 상사는 당신의 능력을 크게 의심할 것입니다. 따라서 이런 상사의 업무 진도 점검에 대응하고 신임받기 위해서라도 일을 병렬식으로 진행해야 합니다.

넷째, 기-승-전-결이 아니라 두괄식으로 보고합니다.

변화의 속도가 빠른 현재의 상황에서 상사는 더 많은 것들을 알아야 하고, 보고받아야 하며 결정해야 합니다. 따라서 하루 일과 중 수많은 일들을 처리해야 하는 상사는 여유보다는 조급한 마음이 더 많습니다. 이러한 상사 앞에서 장황하게 기-승-전-결로 업무 보고를 해서는 안 됩니다. 상사가 다소 여유가 있어 보이고 관심을 크게 가진 사안에 대해서는 기-승-전-결로 보고해도 되겠지만, 대부분은 결론 먼저, 핵심 내용 위주로 보고해야 일 잘하는 팀장으로 인정받게 됩니다.

다섯째, 다른 팀장들과 확연히 구분되는 차별적인 역량을 보여줍니다.

'○○분야 하면 ○○팀장'이라는 공식 아닌 공식을 상사의 머릿속에 각인시켜야 합니다. 일반 관리 역량이 아니라 특별히 차별화된 역량도 갖고 있음을 알게 할 수 있도록 평소에 자신의 전문성을 개발해 두고, 이를 기회가 될 때마다 상사에게 어필해야 합니다. 상사 입장에서 팀장은 중간급 리더이면서 동시에 자신의 참모이기 때문에 일반 관리 역량 외에 해당 직무 역량에 있어 상당한 수준의 전문가임을 강조해 두어야 합니다.

지금까지는 상사와 일에 대한 얘기만 했습니다. 다음으로는 상사와 팀원 대상 관계 관리에 대한 부분입니다. 다만, 결국 이 책 내용 전체가 팀원 관리에 대한 것이어서 여기서는 간략하게만 설명합니다.

먼저, 상사의 기분을 파악해 두고, 보고 타이밍을 잘 맞추어야 합니다.

'다 같이 잘되자고, 자신과 가족의 삶을 위해 일하는 것인데 이런 것까지 신경 써야 하느냐'고 자문할 수도 있습니다. 하지만 현실은 현실입니다. 상사가 어떤 감정 상태인지를 살펴볼 필요가 있으며, 보고를 할 때에도 타이밍을 잘 맞추어야 합니다. 보고를 하지 말아야 할 시간대, 보고를 하면 좋은 시간대를 잘 알아두고 진행해야 합니다. 같은 일을 하고, 같이 보고를 하면서도 어떤 팀장은 칭찬받고 어떤 팀장은 질책을 받습니다. 이러한 현상은 보고 타이밍 때문에 일어나게 되는 것일지도 모릅니다.

두 번째, 진심을 담아 상사의 능력이나 역량에 대해 인정해야 합니다.

팀장이 업무에 대해 인정받고 칭찬을 받고 싶은 만큼 마찬가지로 상사도 그런 면을 가지고 있습니다. 역지사지의 마음으로 상사에 관해서도 수시로 인정하는 것이 필요합니다. 단지 그러한 인정과 칭찬은 사실에 근거해야 합니다. 그렇지 않은 단순한 말 표현은 진심이 느껴지지 않아 아부처럼 느껴질 뿐입니다. 사실fact에 근거한 상사에 대한 인정과 칭찬이야말로 서로의 관계에 신뢰를 더 돈독하게 합니다.

세 번째, 사내에 불필요한 적이 생기게 해서는 안됩니다.

경쟁 관계 또는 불편한 관계에 있는 다른 팀장이 나의 상사와 내 팀원들에게 나와 관련된 안 좋은 얘기를 할 수도 있습니다. 그 얘기의 시점이 중요합니다. 나와 상사/팀원들 간의 신뢰 관계가 미처 구축되기도 전에 이루어진다면 얘기는 사실 이상으로 상사/팀원들에게 좋지 않은 선입견을 줄 수 있습니다. 그것은 쉽게 바뀌지도 않습니다. 상사/팀원들과 나와의 관계가 지속되는 한 나에게 장애물로 작용하게 됩니다.

물론, 다른 사람과의 갈등 상황에서 무조건 져주면서 피해를 감수하라는 의미는 아닙니다. 자신의 원칙과 소신을 지키며 아닌 것은 아니라고 말하면서 필요하다면 논쟁도 해야 하겠지만, 이런 면이 지나쳐서 감정적인 적들을 많이 만들지는 말아야 한다는 것입니다.

네 번째, 순간의 위기 모면을 위한 거짓말을 해서는 안 됩니다.

상사와 팀원들 간을 오가며 양쪽에 서로 다른 말을 하며, 당장의 위기를 모면하기 위한 순간적인 거짓말은 결국 독이 되어버립니다. 한두 번 그런 거짓말을 할 수도 있습니다. 하지만 너무 늦지 않게 상사/팀원들에게 털어놓는 것이 좋은 방법입니다. 솔직하게 자신의 잘못을 인정하고, 자신을 제외한 다른 사람들은 큰 잘못이 없음을 당당하게 말하는 것도 상사에게 인정을 받는 방법 중 한 가지입니다. 이런 면을 보여준다면 상사/팀원들은 '○○ 팀장만큼은 솔직하고 당당한 사람이고, 자신의 책임을 전가하는 사람은 아니겠구나' 하는 인식을 하게 됩니다. 이렇게 상사의 신임을 받게 된 팀장은 더욱더 소신 있고 자신감 있게 업무에 임하게 됩니다.

이왕이면 자신의 잘못에 대한 책임 부담에 대해 사내 메신저나 공식 회의를 통해 공개적으로 인정하는 것도 좋습니다. 이때 책임 전가의 대상이 되고, 무능력한 사람이 될지도 모른다는 두려움이나 부담이 생기는 것은 당연한 일입니다. 하지만 이걸 넘어서야 솔직하고 믿을 만한 사람이고, 책임감이 강한 팀장이라는 평가를 받을 수 있는 것입니다.

다섯 번째, 팀원에 대한 질책 시 적절한 발산과 수렴이 필요합니다.

발산이란 팀장 생각의 외재적, 일방적 표현을 의미합니다. 수렴은 팀원들의 의견을 받아들이기도 하고 설득도 하면서 팀장의 자기 생각을 재정리하는 것을 말합니다. 팀장은 자신의 일보다는 다른 사람, 즉 팀원들을 통해 성과를 내게 됩니다. 그리고 성과를 빨리 내길 바라는 상사의 요청에 호응하기 위해서는 팀장 역시 본의 아니게 팀원들을 재촉해야 할 때가 많습니다.

하지만 독촉과 질책이라는 발산만으로 그치면 안 됩니다. 발산 다음의 수렴 절차도 반드시 있어야 합니다. '일이 이렇게 진행될 수밖에 없고, 성과의 빠른 도출을 위해서는 팀원들 중 일부가 집중력 있게 일할 수밖에 없다'는 상황을 각각의 팀원들에게 이해시키는 과정이 필요합니다. 당장 일이 급해 이런 과정을 진행할 여력이 없다면 나중에라도 이런 절차와 과정은 추가되어야 합니다. 수렴의 과정 없이 일을 마무리해서는 안 됩니다. 이러한 과정이 없으면 불필요한 오해가 생겨서 리더십에 좋지 않은 영향을 줄 수 있기 때문입니다.

CHAPTER 2

지시와 잔소리가 아니라
성과를 내는
피드백의 조건

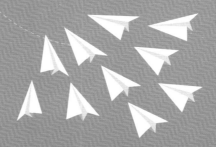

피드백

좋은 리더는 책임질 때는 자기 몫 이상을 지고,
공을 세웠을 때는 자기 몫 이상을 다른 사람에게 돌린다.
- 아놀드 글래스노

팀원들은 과연 어떠한 환경에서 최적의 업무 성과를 낼 수 있을까요? 업무가 효율적으로 잘 배분되어 있고 팀장의 지원도 충분할 때가 아닐까요? 그럴 때 팀원의 동기유발도 잘 이루어지고 업무에 대한 의욕도 높아지게 됩니다. 이때 업무가 잘 진행되려면 팀장이 방향을 잘 설정해 주어야 합니다. 만약 그 방향이 잘못 설정된다면 팀원은 기대했던 성과를 달성하지 못한 채 에너지가 소진되어 다시 동기유발 되는 데 어려움을 겪게 됩니다.

'피드백Feedback'이란 어떤 원인에 의해 나타난 결과가 다시 원인에 작용하여 그 결과를 줄이거나 늘리는 자동 조절 원리입니다. 팀장이 조직을 지속적으로 발전시키려면 피드백을 적절히 활용할 줄 알아야 합니다. 팀장의 피드백은 팀원의 업무 방향 설정을 도와줍니다. 이때 팀원들이 달성한 성과나 일에 대해서 잘못한 점만 평가해서는 안 됩니다. 피드백은 팀원의 현재 업무가 목표를 향해 제대로 진행되고 있는지, 팀장과 팀원들이 함께 점검해 보는 시간이 되어야 합니다. 효과적인 피드백의 실행 방법은 다음과 같습니다.

첫째, 밀레니얼 세대와의 인식 차이를 극복하기 위해 노력해야 합니다.

팀장들은 '요즘 신세대들과 일하기 너무 힘들다'고 하소연합니다. 최근 몇 년 사이에 입사한 신세대 직장인들은 기성세대와는 확연히 차이가 납니다. 유년기부터 부모 훈육의 바탕은 칭찬이었고 개성을 존중하고 민주적인 분위기를 당연시했습니다. 이러한 신세대들은 팀장으로부터 메신저나 SNS 등 다양한 채널을 통해 자주 피드백을 받기를 희망하고, 만약 피드백이 없으면 자기 일이 하찮고 팀장에게 존중받지 못한다고 생각하는 경향도 있습니다.

팀장이 업무에 대한 피드백을 구체적으로 하지 않으면 팀원들은 '지금 하는 일과 일하는 방식이 맞다'라고 여기게 됩니다. 그런데 문제는 자신들만의 방식으로 일을 진행하다 보면 성과가 예상보다 저조하게 달성되기도 한다는 것입니다. 따라서 팀장은 팀의 성과를 높이기 위해서라도 이러한 신세대들의 특성과 일하는 방식에 대한 이해를 바탕으로 팀원들의 일이 잘 진행되고 있는지 살펴봐야 합니다. 이렇게 관찰하여 얻은 정보를 바탕으로 언행과 사실Fact에 기초해서 팀원들과 함께 개선책을 찾아갑니다. 단, 이때 팀장 자신의 주관적인 판단은 최대한 배제합니다.

둘째, 다양한 방법의 피드백을 활용합니다.

기본적으로 문제가 되는 행동이 있다면 즉시 피드백을 하는 것이 좋습니다. 시간이 지나서 팀원들이 기억하지 못하는데 차곡차곡 쌓아 두었다가 한꺼번에 쏟아내게 되면 팀원들은 무척 당황스러워할 것입니다. 피드백도 음식처럼 유통기한이 있습니다. 어느 정도 시간이 지나면 상한 음식처럼 관계에 독이 될지도 모릅니다. 피드백은 업무가 진행되는 상황에 따라 다양하게 진행하는 것이 좋습니다. 초기 기획 단계에서는 팀원들이 생각하는 업무 추진 방향을 충분히 듣고 팀장으로서 기대하는 바 또는 생각의 차이가 있는 부분을 조율합니다. 업무를 해나가는 과정에서는 계획 대비 차질이 빚어지거나 성과가 나는 부분에 대해 피드백해 주는 것이 좋습니다.

구글Google에서는 일을 잘한 팀원이 있다면 업무 관계자들 모두에게 '이번 프로젝트에서 좋은 성과를 보였으니 해당 팀원을 함께 격려해 줍시다'라는 내용의 이메일을 통해 공개적으로 피드백을 공유하는 문화가 있다고 합니다. 이런 것도 좋은 방법입니다. 피드백에서는 장소의 선정도 중요합니다. 편한 마음으로 이야기할 수 있는 분위기와 장소를 선택합니다.

다음으로 의미 있고 수용성 높은 피드백을 지향합니다.

이를 위해서는 첫 번째, 팀장은 팀원들에게 피드백할 때 진정성을 충분히 전달해야 합니다. 여기에서 진정성이란 일의 추진을 돕고 성과를 내게 하려는 마음입니다. 따라서 팀원들 각자에게 팀장이 자신을 존중하고 신뢰한다고 느낄 수 있도록 대해야 합니다.

피드백 미팅을 시작하기 전에는 미팅의 목적에 대해 팀원들에게 확실하게 전달함으로써, 팀원들이 미팅의 목적을 인지하고 마음의 준비를 할 수 있게 하는 것이 더 효과적입니다. 예를 들어, '나는 당신에게 높은 기대를 하고 있고 당신이 그것을 충분히 달성할 수 있다는 것을 알고 있기에 이런 이야기를 합니다'라는 메시지를 먼저 전달할 때, 그렇지 않을 때 보다 피드백 효과가 좋습니다. 그 효과는 무려 40퍼센트나 높아진다고 합니다. 이를 매지컬 피드백 Magical Feedback 효과라고 하는데, 예일 대학교와 컬럼비아 대학교 심리학자들이 중학교 선생님들을 대상으로 한 연구에서 발견하였습니다.

넷째, 팀장은 통찰력 있는 질문을 통하여 팀원 스스로 문제점을 알게 하거나 새로운 인식을 할 수 있도록 도와야 합니다.

즉, 질문을 통해서 생각을 유도하고 점검의 기회를 마련해 주어야 합니다. 답변이 '예/ 아니요'로 나오는 닫힌 형태보다는 개방형 질문을 해야 합니다. 아래를 참고하여 상황에 맞는 질문을 미리 준비하시기 바랍니다.

"당신은 어떻게 생각합니까?"

"그렇게 결론을 낸다면 어떤 결과가 일어날까요?"

"이 업무의 목적은 무엇이고, 더 개선하려면 어떻게 해야 합니까?"

"업무를 하면서 겪는 어려움에는 무엇이 있나요?"

"팀장이 지원하여 주었으면 하는 것은 무엇인가요?"

다섯째, 팀장은 팀원들에 대한 피드백을 일방적으로 말하고 지시하지 않습니다.

이보다는 공감적 경청을 통해 팀원들의 이야기를 들어야 합니다. 업무 피드백 대화에서 팀원들은 얘기 도중 말을 막거나 귀담아 주지 않는 것을 가장 큰 불만으로 생각합니다. '주장하지 않고 듣겠다'는 것을 명확히 하고 계속 그 사람이 말할 수 있도록 유도해야 합니다. 팀원들이 말하는 동안은 고개를 끄덕이고 눈을 마주쳐서 적극적 경청이 이루어지고 있음을 확인해 줍니다. 팀장은 피드백 과정을 목표 달성을 돕는 과정으로 인식하고, 팀원들에 대해 감사한 마음으로 지지하고 도움을 주며 의견을 최대한 수용하면서 칭찬해야 합니다. 예를 들면 팀원들이 자주 사용하는 단어를 활용하여 다음과 같이 말합니다.

"와, 대단합니다. 그런 어려움이 있었는데 이런 큰 성과를 이루어 냈군요."

"이제 프로젝트 종료까지 1개월 남았습니다. 성공적인 결과물을 만들기 위해 제가 팀장으로서 지원해야 할 사항은 무엇입니까?"

"H 대리님은 세밀함과 꼼꼼함이 강점입니다. 지금까지 너무 잘해 왔어요. 다음 프로젝트도 함께 잘 진행해 봅시다."

이때 피드백을 받는 이유와 상황을 구체적으로 언급함으로써 팀원들이 공감할 수 있도록 하는 것이 좋습니다. 촉박한 시간임에도 불구하고 연말 송년 행사를 무사히 잘 마친 팀원에게는 "P 대리, 이번 연말 가족 초청 한마당 행사를 준비하는데 시간이 많이 부족해 걱정이 많았어. 그런데 P 대리가 행사 준비와 진행 전반을 꼼꼼히 잘 챙겨주어서 성황리에 잘 마칠 수 있었어. P 대리 수고했어."와 같이하면 됩니다.

그렇다면 팀장이 팀원들에게 피드백할 때 피해야 할 '무의미한 피드백'에는 어떤 것들이 있을까요? 아무리 팀장이 좋은 의도의 피드백을 한다고 해도, 아래와 같이 하면 차라리 안 하는 것만도 못한 역효과가 나타날 수 있습니다.

먼저 부정적인 감정을 드러내고 화를 내는 것입니다.

화를 내는 데 대해 긍정적으로 반응하는 이는 없습니다. 오히려 자신의 잘못한 일에 관해서도 방어하려고만 들게 됩니다. 아무리 화가 나는 상황이라 할지라도 감정적으로 대처해서는 안 됩니다.

다음으로 피드백할 내용을 속에 차곡차곡 쌓았다가 한꺼번에 쏟아내는 일입니다.

상대방은 이에 대해 기억조차 하지 못할 수도 있습니다. 이 또한 감정적인 상황으로 흘러가기 쉽습니다. 당연히 좋지 않은 결과만 끄집어내어 피드백하거나, 일관성이 없거나 핵심 없이 이야기하는 것도 반드시 지양해야 합니다.

'P 대리는 매번 제대로 하는 일이 하나도 없다'와 같은 피드백은 팀원들로 하여금 행동의 변화를 기대하기 어려울 뿐만 아니라 오히려 '팀장님이 나에게 불만이 많으신가 보네. 그런데 왜 나만 갖고 그러지? 다른 사람들은 뭐 잘하나?' 하는 심리적인 저항과 불만감만 높여 조직 운영에 역효과를 초래할 수 있습니다. 이와 관련하여 잘못된 피드백을 예로 들면 다음과 같습니다.

"말도 안 되는 이런 보고서를 왜 만든 겁니까?"

"K 대리님, 일은 월급 받은 만큼 하세요. 이렇게 해서 평가 제대로 받겠어요?"

"내가 말을 안 하고 꾹 참았는데, 지난달에도 같은 실수를 했고, 3개월 전에도 틀렸었어요. 그동안 봐준 걸 고마워해야지요."

"보고서는 사장님 결재가 났지만 이게 뭡니까? 여기 오타가 있고, 편집도 엉망이고, 이 데이터는 칸 크기를 줄여서 넣어야지요."

"내가 전에는 그렇게 이야기했는지 모르겠지만, 지금은 다 생각이 있어서 그러는 거니까 제발 내 말대로 하세요."

이러한 피드백은 팀원들의 동기를 저하시켜서 일의 몰입을 방해하는 결과를 발생시키므로 지양해야 합니다. 팀장의 입장에서 팀원들이 잘못하거나 실수한 행동에 대해 피드백할 때, 사실을 언급은 할 수 있지만 이것을 전달하는 과정이나 방법에 있어 부정적인 피드백 방법은 피합니다. 잘못된 부분에 대한 시정을 요구하는 피드백이라 하더라도 최소한 상대방의 자존감을 지켜 주며 진행해야 합니다.

Q 일하는 방식이 마음에 들지 않는 팀원은 어떻게 피드백해야 하나요?

중견 의류 제조사에서 해외 영업 3팀을 맡은 C 팀장입니다. 팀 내에 작년에 새로 입사하여 합류한 2년 차 S 대리가 있습니다. S 대리는 총 3명으로 구성된 G 바이어 파트의 팀원입니다. G 바이어 파트는 올해 연간 매출 500만 달러를 목표로 하고 있습니다.

그런데 S 대리의 일하는 방식이 너무 답답합니다. 그는 추진력은 있지만, 주도적으로 업무를 추진하고 간섭받기를 싫어하는 경향이 강하여 추진하는 업무에 대해 중간에 보고하는 것을 많이 생략하곤 합니다. 그러다 보니 팀장인 저는 조금 답답할 때가 있습니다. 한창 성수기 시즌에는 제품생산이 품질과 납기에 이상 없이 잘 진행되고 있는지, G 바이어의 내년도 주문사항에 대해서 논의가 진행 중인지 등 궁금한 점이 너무 많습니다. G 바이어와는 S 대리가 입사하기 전까지 팀장인 제가 중심이 되어 일을 진행했었기 때문에 누구보다 그 현황에 대해 잘 알고 있습니다. 저의 이런 점을 잘 이야기하고 S 대리의 업무 추진 방식에 변화를 도모하고 싶습니다. 그렇다면 어떤 피드백이 효과적일까요?

A 이렇게 한번 해보면 어떨까요?

팀장의 입장에서 이 문제를 바라봅시다. C 팀장은 팀을 이끄는 리더로서 S 대리가 하는 업무의 진척도가 눈에 보이지 않고 문제가 어떻게 해결되고 있는지 알 수 없어서 답답합니다. 팀장 입장에서는 S 대리가 알아서 기본적인 사항과 중요 사항을 보고해 주거나 S 대리와 이야기 나누고 싶은데, 말을 걸면 괜히 업무에 간섭하는 것처럼 보이거나 S 대리의 업무 추진 스타일에 방해가 되는 것 같아서 선불리 이야기를 못 하고 주

저하고 있습니다. 이제 올해 남은 기간은 6개월도 채 되지 않아 실제 어떻게 이야기를 꺼내고 풀어갈지 고민하고 있습니다. 그렇다면 S 대리에게 어떻게 효과적으로 피드백하고, 그 결과를 활용할 수 있을까요?

먼저 피드백의 중요성을 인식합니다. 피드백하는 목적은 일의 방향성을 설정하고 결과에 대해 확인하는 과정입니다. 팀장은 '굳이 내가 일일이 다 이야기해야 하나, 그 정도는 본인들이 알아서 판단해야지' 하는 생각으로 팀원들에게 피드백하기를 소홀히 할 때가 많습니다. 또는 대부분의 팀장들은 '자신이 충분한 피드백을 하고 있다'고 생각합니다. 하지만 팀장의 피드백은 실제로 충분하지 않을 때가 많습니다. 팀장으로서 팀원들에게 싫은 소리를 듣는 것도, 하는 것도 불편한 일이기 때문이지요.

하지만 상대방의 부족한 부분이나 실수를 보고도 서로 불편할 것이라는 이유로 넘어간다면 큰 손실이 발생합니다. 구체적으로는 팀원들이 성장하지 못하고, 원하는 성과를 얻기 힘들며 다른 팀원들의 신뢰를 잃을 수도 있습니다. 팀원들과의 소통을 원활히 하고 건강한 업무 관계를 유지하고 발전시키려면 피드백은 꼭 필요하다는 것을 기억하세요. 구체적으로 다음과 같은 방법을 활용해 보기 바랍니다.

첫 번째, '일 대 일 미팅하기'입니다.

팀원이 자존심이 강하고 독립적으로 일하는 것을 선호한다면 '지적받는 것은 싫지만 관심을 가져주었으면 좋겠다'는 이중적인 마음을 가지고 있는 것일 수도 있습니다. 그러므로 편안한 분위기를 만들기 위해서 팀원의 자리나 팀장의 자리보다는 별도의 미팅 장소에서 피드백을 진행하는 것이 좋습니다. 시간은 30분에서 1시간 정도가 적당합니다.

첫 미팅은 업무의 상세한 부분에 대해 이야기하기 보다는 일 대 일 미팅을 왜 하게 되었는지와 같은 팀원과의 신뢰를 형성하기 위한 솔직한 이야기 위주로 진행합니다. 특히 '나는 당신에게 높은 기대를 하고 있고 그것을 당신은 충분히 해낼 것이라고 믿는다'는 메시지를 반드시 전달합니다.

첫 번째 미팅을 마무리할 무렵, 앞으로 진행할 정기 미팅에 대해 언급합니다. 정기 일 대 일 미팅을 통해서 기대할 수 있는 효과는 다음과 같습니다. 확실하게 팀장의 기대치를 전달할 수 있고, 팀원의 일의 진척을 점검하고 솔직한 피드백을 제공할 수 있습니다. 팀원에게 도움을 주는 문제 해결 가이드를 제공할 수 있으며, 성과에 대해 인정하고 보상할 수 있습니다.

다음으로 '피드백 노트'로 관리해 봅니다.

팀원을 피드백한 내용은 별도의 노트나 엑셀 프로그램을 활용하여 꾸준히 관리하면 좋습니다. 팀원별로 폴더를 만들어서 구분하고 일자별로 관리하되 내용은 과제, 행동, 결과, 피드백, 중요도 순으로 써넣습니다. 이러한 관리 내용은 연말에 실시하는 성과 평가 면담 시에도 자연스럽게 활용할 수 있습니다.

A 대리 피드백 노트 예

일자	과제	행동	결과	피드백	중요도
2019-06-14	G 바이어 매출 500만 불 달성	G 바이어의 매출 상승으로 신규 바이어 물량 투입이 지연 되고 있음. 다른 업무로 야근 횟수 1주 4일 이상 진행.	신규 A바이어 매출 20만 불 클레임 발생 가능.	G 바이어 매출 달성 열정은 인정. 신규 A 바이어 업무에 B 사원 보조 투입. 문제 발생 시 팀장에게 즉시 요청.	A

팀장으로서 당신은 팀원들에게 피드백을 잘하고 있습니까? 더 나은 결과를 위해 팀원들의 부족한 점을 찾아내고 때로는 쓴소리를 하면서 목표를 달

성해 나가는 것은 팀장이 감당해야 할 필연적인 역할입니다.

주도적이고 간섭받기 싫어하는 팀원들도 팀장의 솔직하고 세심한 피드백은 수용합니다. '매일 얼굴 보면서 일해야 하는데 싫은 소리를 해서 될까?'라는 생각은 팀장만의 기우입니다. 팀원들은 올바른 피드백과 감정적인 피드백은 구별할 줄 압니다. 오히려 자신의 성장과 조직의 발전을 위한 적절한 피드백을 원합니다. 팀원들의 역량 발전과 더 높은 성과를 위해서라도 시의적절한 피드백은 무척 필요하다는 사실을 기억하기 바랍니다.

Q 제가 생각하는 것과 다른 방식으로 일하는 팀원에게 어떻게 피드백해야 하나요?

A 팀장은 요즘 B 팀원을 어떻게 지도해 주어야 할지 고민입니다. 업무 처리를 하는 데 있어 요즘 들어 부쩍 속도도 나지 않고, 중요한 일에 집중하기보다는 주변적이고 지엽적인 일에 많은 시간을 투여하고 있습니다. 일을 시작하기에 앞서 '어떻게 일을 풀어 가겠다'는 계획 없이 무작정 실행에 들어가다 잦은 시행착오를 범하게 되어, 같이 일하는 사람들이 이를 수습하느라 애를 먹는 상황도 자주 생기고 있습니다. 입사한 지 얼마 되지 않아 아직 일이 익숙지 않은 것 같아 얼마 전에는 따로 시간을 내어 P-D-C-A^{Plan-Do-Check-Act} 서클에 입각한 효과적인 업무 수행 절차와 방법을 알려주기도 하였습니다.

처음 얼마 동안은 본인도 신경이 쓰이는지 가르쳐 준 대로 곧잘 따라 하기에 안심하고 별로 신경을 쓰지 않았습니다. 하지만 요사이 다시 과거와 같은 실수와 오류를 반복하고 있습니다. 이런 B 팀원을 보면서 '바쁜 시간을 내서 그렇게 애써 가르쳐 준 성의'가 무시당한 것 같아 짜증과 화가 나기도 하였습니다. 이럴 때 어떻게 대처해야 할까요?

A 이렇게 한번 해보면 어떨까요?

먼저 지속적인 관찰과 객관적인 자료에 기반을 둔 피드백을 준비합니다. 누구나 자라온 환경과 경험이 다르다 보니 업무를 진행하는 방식에서도 차이가 있을 수밖에 없습니다. 팀장의 입장에서는 그간 많은 업무 경험을 통해 어떻게 일하는 것이 더욱 효율을 높일 수 있는지 잘 알고 있지만, 경험이 많지 않은 팀원으로서는 이에 대한 판단능력이 부족할 수밖에 없습니다. 따라서 업무 처리 방법이 일 근육으로 자리 잡아 몸에 완전히 익숙해지지 않은 상황에서는 본인이 편한 방식, 옳다고 생각하는 방식으로 회귀할 가능성이 상당히 높습니다. B 팀원이 이에 해당합니다.

머리로는 이해하면서도 막상 일하려고 들면 본인의 익숙한 방법으로 처리하기 쉽습니다. 특히 신입 팀원들은 의욕은 높지만, 그에 반해 자신의 단점이나 부족한 부분은 쉽게 파악하지 못합니다. 약간의 문제가 있다 하더라도 모두 잘 해결될 것이라는 긍정적인 착시로 인해 무엇이 문제인지 객관적으로 보지 못할 수 있습니다. 따라서 일상의 업무 활동 속에서 팀장이 관찰해온 객관적인 사실을 기반으로 하여 현재 업무 수행 수준을 알려주어야 합니다. 이를 통해 미래 업무 수행 방식에 변화를 도모해야 합니다. 이것이야말로 팀원들에 대한 지속적인 관찰과 피드백이 중요한 이유이기도 합니다.

A 팀장은 B 팀원의 업무 수행 수준에 대해 피드백을 하게 되면 그가 부서의 미션과 과제를 제대로 하고 있는지에 대해 정확히 알려 주어야 합니다. 특히 신입 팀원들은 일에 대한 시야가 좁기 때문에 큰 그림을 잘 보지 못해 일의 우선순위 설정 및 업무 수행 과정에서 반복적인 실수를 범할 가능성이 매우 높습니다.

따라서 팀장은 팀원들의 업무 수행 프로세스와 내용에 대해 늘 예의주시하며 맡은 업무를 제대로 하고 있는 지를 수시로 점검해야 합니다. 혹여 있을 수도 있는 문제를 미리 예방함은 물론, 문제가 예견된다면 사전에 이를 바로 잡는 노력과 피드백을 적극적으로 해야 합니다.

많은 팀장들이 실수하는 부분 중 한 가지는 연초에 목표 설정을 진행한 이후에 일상적인 업무 상황에서는 이에 대한 피드백을 잘하지 못한다는 것입니다. 전사 차원에서 진행되는 평가 기간에 그나마 성과 면담이라는 방식으로 피드백이 진행되나, 이 역시 다소 형식적인 경향이 강해 진정한 의미에서의 피드백이라 할 수 없습니다. 그럼 A 팀장이 생각하는 바람직한 방향으로 B 팀원의 일하는 방식이 제대로 자리 잡도록 하기 위해서는 어떻게 해야 할까요? 이와 관련한 사항들에 대해 좀 더 생각해 봅시다.

먼저, 피드백의 목적을 염두에 두어야 합니다.

팀장은 팀원들이 자신이 생각하는 방식과 다른 방식으로 일해 마음에 안 든다고 무작정 불러 '당신의 일하는 방법이 잘못되었으니 고치라'고 해서는 안 됩니다. 이에 앞서 '피드백을 통해 얻고자 하는 진정한 목적은 무엇인가?'를 명확히 해야 합니다. 만일 그 목적이 피드백하고자 하는 팀원의 입장에서 유용하거나 가치 있다고 여겨지지 않는다면, 그런 것은 차라리 하지 않는 것이 낫습니다.

다음으로 피드백할 내용이 상대방에게 얼마나 민감한 이슈인지를 고려해야 합니다.

팀장은 대수롭지 않게 당연하다고 생각하는 업무 수행 방식이 당사자의 사고 및 행동 양식에 적합하지 않고 오히려 불편을 느끼게 하거나 행동을 제약할 수도 있습니다. 따라서 피드백하고자 하는 내용이 상대에게 얼마나 민감한 사안인가를 미리 살펴봄으로써 피드백의 내용에도 변화를 줄 수 있어야 합니다. 그리고 이는 상대방에 대해 좀 더 관심을 두고 이해할 수 있는 계기도 됩니다.

피드백할 때는 먼저 상대방에게 피드백하려는 취지와 목적에 대해 충분히 전달하고 언제 만나면 좋을지 팀원이 편한 시간을 확인합니다. 상대방이 피드백을 받고 있다는 것을 모를 정도로 일상생활에서 자연스럽게 이루어진다면 팀장이나 팀원에게 가장 좋겠지만, 상대방이 팀장의 피드백을 잘 인식하지 못하거나 대수롭지 않게 여겨 팀장이 의도했던 효과를 거두기 어려울 수도 있습니다.

따라서 팀장은 일정한 시간을 할애하여 공식적인 피드백 시간을 마련하는 것이 좋습니다. 이때 피드백 일정이나 장소는 팀장 혼자 일방적으로 결정해 통보하는 것이 아니라 해당 팀원과 상의해서 정하고, 피드백할 내용에 관해서도 미리 알게 함으로써 당사자가 마음의 준비를 할 시간을 갖도록 하는 것이 중요합니다. 혹시나 팀장이 좋은 의도에서 하기 때문에 별문제가 없으리라 생각한다면 그것은 팀장의 착각입니다. 원하지 않는 피드백은 아무리 좋은 것이라도 상대에게 불쾌감을 줄 수 있습니다. 더구나 들을 준비가 안 되어 있고, 들을 생각도 없는 사람에게 주는 피드백은 '어두운 밤길에 깜빡이도 켜지 않고 끼어드는 자동차와 같다'는 말도 있음을 기억하시기 바랍니다.

피드백은 '강화 피드백'과 '개선 피드백'을 구분하여 제공해야 합니다.

피드백은 잘하고 있는 점과 부족한 점을 모두 얘기해 주는 것이 좋고, 잘하는 것 3개에 부족한 것 1개의 비율로 하는 것이 효과적입니다. 피드백의 순서는 다음과 같습니다. 잘하는 것에 대한 강화 피드백을 마친 후 부족한 것에 대한 개선 피드백을 하는 것이 좋습니다. 주의할 것은 잘하는 것을 열심히 얘기하고 난 다음, '그런데 말이야…' 또는 '그렇지만…'과 같은 말을 하며 개선 피드백을 하지 말아야 한다는 것입니다. 왜냐하면 그렇게 되면 상대는 '아, 결국 이 이 말을 하려고 그랬구나!' 하고 생각하게 되어 강화 피드백의 내용마저도 소용없게 됩니다. 따라서 팀원이 큰 저항 없이 팀장의 피드백을 수용하게 하기 위해서는 잘하는 것 1~2개를 먼저 말하고 나서 개선할 점을 말하고, 잘하는 것 또는 좋은 얘기로 마무리하는 샌드위치 형태로 하는 것도 좋습니다.

피드백할 때는 피드백 타이밍과 주변 환경, 개인의 성향을 고려해야 합니다.

피드백 내용의 성격에 따라 언제 어디서 피드백을 제공할 것인가가 달라져야 합니다. 민감한 사안이라면 독립된 공간에서 편안한 시간을 확보하여 개인적으로 진행하는 것이 보다 효과적입니다. 아울러, 피드백 상대방의 저항감도 줄어들게 합니다. 피드백을 받는 팀원의 성향이나 태도에 따라 방법도 달라져야 합니다. 어떤 사람은 동료들 앞에서 칭찬받기를 자랑스러워할 수도 있지만, 또 어떤 사람은 오히려 이를 쑥스러워하여 피드백의 효과가 떨어질 수도 있습니다.

마지막으로 무엇보다 효과적인 피드백을 위해서는 팀장이 조직 내에서 벌어지는 상황을 예의주시하고 열린 마음을 갖고 있어야 합니다.

한마디로 관찰력이 필요합니다. 팀장이 관찰력이 없으면 팀원들에게 가치 있는 피드백을 적절히 제공할 수 없습니다. 팀장이 생각하는 수준에 못 미치는 팀원의 행동이나 결과에 대해서는 바로 발견하고 '문제'라고 생각하여 개선 피드백을 주지만, 기대 이상의 성과를 내었을 때는 관찰이 안 되어 그냥 지나치는 경향이 있습니다. 그러다 보니 강화 피드백을 적절히 제공하지 못하게 되어, 긍정적인 방향으로 업무 수행 방식을 정착시킬 기회를 놓치게 됩니다. 또한 관찰이 잘못되어 피드백 내용이 적절치 않아 팀장으로서의 신뢰를 잃게 되기도 합니다. 따라서 상대방과의 관계를 강화하고 신뢰를 쌓으며, 건설적으로 일하는 방식을 조직 내에서 정착해 나갈 수 있도록 팀의 상황과 팀원들의 일하는 모습을 끊임없이 예의주시해야 합니다.

팀장이 조직을 지속적으로 발전시키려면 피드백을 적절히 활용할 줄 알아야 합니다. 팀장의 피드백은 팀원의 업무 방향 설정을 도와줍니다. 이때 팀원이 달성한 성과나 일에 대해서 잘못한 점만 평가해서는 안 됩니다. 피드백은 팀원의 현재 업무가 목표를 향해 제대로 진행되고 있는지, 팀장과 팀원이 함께 점검해 보는 시간이 되어야 합니다.

CHAPTER 3

업무의
생산성을 높이고
팀원을
성장하게 하는 힘

권한 위임

어떤 회사가 성공하느냐 실패하느냐의 실제 차이는 그 회사에 소속되어 있는 사람들의
재능과 열정을 얼마나 잘 끌어내느냐 하는 능력에 의해 좌우된다고 나는 믿는다.
-토마스 제이 왓슨

팀장들 중에는 팀원들에게 일을 맡기는 것을 매우 두려워하는 이들이 있습니다. 자신이 실무를 하지 않으면 불안하다는 팀장들도 간혹 있습니다. 이는 개인의 성향이나 성격적인 부분과도 관련이 있습니다. 하지만 결론적으로 팀이라는 조직이 제대로 성과를 내기 위해서는 팀장은 팀장으로서의 업무를 해야 하고, 팀원들은 그들의 역량에 걸맞은 업무를 수행해야 합니다. 이를 위해서는 권한 위임, 다시 말해 임파워먼트Empowerment가 필요합니다.

권한 위임, 임파워먼트란 팀원이 맡은 미션을 책임감 있게 수행할 수 있도록 팀장이 믿어주고, 힘을 실어 주는 것이라 할 수 있습니다. 사람은 자신을 믿어주는 사람에게 다시 믿음을 갖게 됩니다. 그러나 현실에서는 팀원들이 맡은 일을 수행하고 있을 때 기다림이라는 절제력을 발휘하며 간섭과 통

제를 줄인다는 것이 생각보다 쉽지 않습니다.

그렇다 하더라도 팀장은 팀원들이 그 일의 주인이 되도록 지원해야 합니다. 본인이 해야 할 일이 누군가 시킨 것이 아니라 스스로 선택한 것이 되도록 말이지요. 그 과정에서 팀장의 역할은 팀원이 그 일을 수행하면서 부딪히게 되는 조직 내부의 자원적 제약, 조직 간이나 팀원 간 갈등, 불합리한 내부 제도 등과 같은 목표 달성을 방해하는 요소들을 제거해 주는 것입니다. 해당 팀원의 열정과 개인 역량이 아무리 뛰어나도 팀장의 이러한 노력이 없다면, 결국 그 팀원의 열정은 조만간 식어버리고 그는 좌절하게 됩니다. 아울러 팀장은 자신이 잘할 수 있는 일을 하는 것이 아니라 역할에 맞는 일을 해야 합니다. 따라서 지금 하는 일이 팀장의 역할에 맞지 않는다면 과감하게 하위 직급의 적임자에게 위임해야 합니다. 그렇다면 올바른 권한 위임이란 과연 구체적으로 어떻게 하는 것일까요?

첫째, 권한 위임이 잘 되기 위해서는 무엇보다 권한을 위임할 팀원의 역량이 중요합니다.

실제로 팀원의 역량이 부족할 때에는 책임과 권한을 부여받았다 하더라도 효과적인 업무 수행이 불가능할 것이며, 오히려 명령, 지시 위주의 통제형 리더십이 목표를 달성하는데 더 적합할 것입니다. 또한 업무 역량 외에 조직의 목표를 달성하고자 하는 마음가짐을 갖도록 해야 합니다. 팀장은 팀원들에게 적정한 권한을 부여하고 일할 수 있는 분위기를 조성함으로써 팀원들이 자발적으로 참여할 수 있는 마음가짐을 갖도록 이끌어 나가야 합니다.

둘째, 권한을 위임한 팀원들에게는 그들의 책임감의 증가에 따라 보상이 이루어져야 합니다.

성공에 대한 적절한 보상은 업무 성과를 향상하게 하고 조직에 대한 관심도 및 몰입도를 향상할 수 있는 방법입니다. 공정하고 적절한 보상을 통해 조직은 팀원들 모두가 자신의 능력 개발을 위해 열심히 노력하고, 즐겁게 일할 수 있는 조직문화를 구축할 수 있습니다. 팀장들은 조직문화의 일부로서 이러한 긍정적 분위기가 조직 내부에 퍼질 수 있도록 해야 하며, 이렇게 하면 권한 위임의 성공 가능성은 매우 높아질 것입니다.

그렇다면 권한 위임이 제대로 성공하지 못하는 이유는 무엇일까요? 많은 팀장들이 자신의 권한을 팀원들에게 위임하는 것에 적극적이지 않습니다. 그리고 위임하였다 할지라도 그 팀원이 팀장의 생각에 반하는 의사결정을 할 때, 그 팀원에게 불이익을 주거나 나쁜 감정을 갖는 경향도 있습니다. 반대로 때때로 팀장들은 권한 위임을 자신들의 책임 회피를 위한 수단으로 사용하기도 합니다. 목표가 성공했을 때는 그 열매를 같이 공유하지만, 실패 시에는 그 책임을 팀원들에게 전가하는 것입니다. 이러한 상황이라면 조직 내부의 신뢰는 깨지게 되고 팀원들은 팀장의 눈치를 보는 상황이 만연하게 될 것입니다. 또한 팀원들의 맹목적인 실천 의지에만 의존하고 실제로 팀원들이 해야 할 목표가 무엇이고 어떤 방법으로 실천에 옮길지에 대한 방향이 모호할 때도 명백히 실패할 것입니다.

Q 권한 위임 시 불안감이 생깁니다. 어떻게 해야 불안감을 줄일 수 있을까요?

IT 반도체 관련 업체의 품질관리팀 H 팀장입니다. 팀장이 되고 나서 가장 먼저 든 생각은 '직접 일을 처리하는 팀장이 아니라 일을 할 수 있도록 적극적으로 지원하는 리더가 되어야겠다'였습니다. 그중 한 가지 방법이 권한 위임이라는 것을 알게 되었습니다. 그런데 팀원들에게 업무를 배분해 주면서 시간이나 비용에 대한 권한 위임을 한다고 해도 그 결과는 제 기대와 같지 않았습니다. 그러다 보니 팀원들에게 업무를 배분했지만, 그들이 어떻게 하고 있는지 하나하나 챙기게 되었습니다. 특히나 숫자로 표현하는 시간이나 일정, 비용 등에 대한 권한 만큼은 팀장이 가지고 있어야 하는 것이 아닐까 하는 생각도 듭니다. 팀장은 업무를 잘 배분하더라도 권한은 가지고 있어야 하지 않을까요? 권한이 잘못 남용되면 어떻게 하나 고민도 되고 팀원들이 그럴만한 자격이 있는지도 의심이 생깁니다. 권한 위임을 어떻게 해야 불안감이 해소될까요?

A 이렇게 한번 해보면 어떨까요?

훌륭한 팀장은 권한 위임의 중요성을 알고, 팀원들이 가지고 있는 능력을 충분히 발휘할 수 있도록 도와줍니다. 이때 해당 업무를 완전히 팀원들의 일로 만들어주어야 합니다. 이것은 책임과 권한을 동시에 주는 것을 말합니다. 책임과 권한이 공유될 때 비로소 신뢰가 구축되고 팀원들 모두가 자신감을 가지고 결과물의 질적 향상과 생산성의 향상을 도모하게 됩니다. 권한 위임의 중요성은 이미 알고 계신 듯합니다. 문제는 그 과정에서 발생하는 불안감이네요.

팀장은 내 마음 같지 않은, 나처럼 행동하지 않는 팀원에 대한 불신과 불안감 때문에 여전히 '나 아니면 안 된다'는 생각을 합니다. 하지만 그런 생각들을 버리고, 중국《송사宋史, 중국 원元나라 때의 사서史書》의 '疑人不用用人勿疑의인불용용인물의'라는 말처럼 '팀원을 믿지 못하면 처음부터 위임하지 말고, 일단 맡기기로 하였다면 끝까지 믿는 마음'이어야 합니다. 그렇게 팀원들을 신뢰하고 권한 위임도 과감히 해야 합니다. 권한 위임의 성패가 그 조직의 성장과 성공을 좌우할 수도 있습니다.

아무리 자식이 커서 성인이 되었더라도, 운전면허를 막 취득하여 운전을 시작했다면 부모는 불안한 마음이 들게 마련입니다. 어설프게 운전하는 모습을 보고, 안 되겠다 싶기도 하겠지만 그렇다고 그 자식의 운전대를 뺏어서 늘 대신 운전을 해줄 수는 없는 것입니다. 지금의 자신보다는 잘하지 못할 수는 있겠지만 일단 믿음을 갖고 맡기고 기다려야 합니다. 그래야 자식의 운전 실력도 늘게 되고, 결국 자식도 성장하게 됩니다.

팀원도 마찬가지입니다. 팀장이라면 팀원들을 믿고 맡기며 팀장의 권한을 위임해야 합니다. 팀장 혼자 모든 일을 다 할 수는 없으며 이는 애초부터 불가능한 일입니다. 세계 초강대국의 대통령, 세계 초일류 기업의 CEO 역시 모든 업무에 대해 그에 따르는 의사결정을 혼자서 하지 않습니다. 임원급 경영진들에게 자문하고, 회의체 의사결정 기구를 통해 최종적 의사결정을 내립니다. 권한 위임을 통해 업무를 위임하며 그렇게 업무를 위임한 사람들을 통해 성과를 냅니다.

여기에 정답이 있습니다. 팀장은 자신이 직접 창출하는 성과보다도 자신이 이끄는 팀원들의 성과의 합으로 평가받습니다. 팀장이란 나 혼자만의 능력으로 이루어낸 성과로 평가받는 직무전문가, 낮은 단계의 조직 구성원이 아닙니다.

물론 언제나 불안감에 휩싸일 수 있으며 이는 지극히 정상적인 감정입니다. 조직에서 발생하는 불안감은 결정, 실패에 대한 불안, 모든 것을 알고자 하는 개인적 욕구나 권한 상실에 대한 불안 등이 있습니다. 특히, 조직 안에서 자신의 가치를 각인시키지 못했고, 그동안 일을 잘 해내지 못했다는 씁쓸함과 괴로운 인식에서 나온다고 합니다. 하지만 다행히도 그러한 상황을 인지하고 있다면, 더 나은 방법을 찾을 수 있습니다. 먼저, 현재 자신은 다음의 단계별로 권한 위임을 잘 이행하고 있는지 점검해 보시기 바랍니다.

먼저, 권한의 종류와 범위를 확인합니다.

팀원들에게 지나칠 정도로 많은 권한을 위임하는 것은 좋지 않습니다. 조직이나 팀의 생존에 영향을 미칠 만큼 권한을 위임해서는 안 됩니다. 팀장이 생각하고 있는 권한의 수준은 어느 정도여야 할까요? 권한 부여하는 것을 척도로 점수를 부여한다면 10점 기준으로 몇 점 정도의 숫자가 생각납니까? 정답은 없습니다. 그러나 위임하는 입장에서의 척도와 받는 사람 입장에서의 척도를 생각해 보는 것이 필요합니다.

둘째, 권한 위임을 위해 업무와 팀원의 역량을 분석합니다.

업무를 분석하는 데에는 다양한 방법이 있겠지만, 권한 위임과 관련해서는 업무의 중요도와 긴급도를 가장 먼저 고려해야 합니다. '중요하면서 긴급한 일'을 팀원에게 전적으로 맡긴다면 팀장의 불안감은 말할 수 없이 커질 것입니다. 이렇게 되면 팀원들은 불안감을 떠안게 됩니다. 따라서 권한 위임은 반드시 철저한 업무 분석과 팀원의 역량 분석에서 출발해야 합니다.

적임자를 선택할 때 고려해야 할 사항은 먼저 '위임받을 팀원이 해당 업무를 끝마칠 수 있는 능력이 있는지'입니다. '허시와 블랜차드의 성숙도 이론'에서 얘기하고 있는 것처럼 팀원의 성숙도, 능력 등을 고려해, 그 성숙도

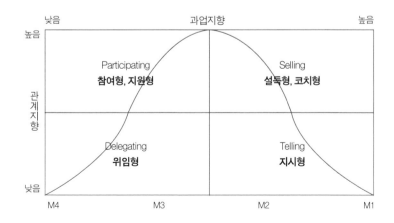

허시와 블랜차드의 성숙도 이론

가 가장 높을 때는 권한 위임형 리더십으로, 가장 낮을 때는 지시형 리더십으로 리더십의 개입 정도를 그때그때 달리해야 합니다. 즉, 권한 위임의 정도와 양은 팀원의 보유 역량 수준에 의해 결정됩니다.

반면에 팀원의 성숙도가 낮은 M1인데 권한 위임형으로 가서는 안 됩니다. M1의 스타일은 시키지 않으면, 원래 일을 기본적으로 안 하는 경향이 강하기 때문입니다. 성숙도가 높은 M4인데 지시형으로 가서도 안 됩니다. 오히려 이런 스타일들은 팀장의 지시를 귀찮게 여기고 지시받아서 하는 일을 재미없어합니다.

다음으로 해당 업무를 끝마칠 수 있는 충분한 시간이 있는지 고려합니다. 그러기 위해서는 기존 업무와 충돌이 발생하지는 않는지 확인해야 합니다. 권한 위임을 위해 일과 사람, 모두를 고려하고 있는지 늘 고심하기 바랍니다.

셋째, 업무의 진도, 즉 진행 상황을 늘 점검합니다.

팀장의 중요한 책무 중 한 가지는 업무 추진 과정의 진도 관리와 그것이 올바른 방향으로 진행되고 있는지에 대한 점검입니다. 예상하지 못할 타이밍에 업무 진도를 점검하면서 긴장감을 잃지 않도록 합니다. 업무 진도를 점검할 때는 현재 상황과 방법의 선택, 다른 방안의 고려 등에 대해 질문합니다. 이를 통해 팀원 스스로 답을 찾을 수 있게 합니다. 업무 진도 점검 시에 팀원이 도움을 요청한다면, 일을 잘 해내기 위해 고심하고 있는 것으로 인정해주고, 팀원의 생각과 고민의 깊이를 먼저 확인한 다음에 도움이 될 수 있는 정보를 제공합니다. 그렇지만 '그것을 물어볼 줄 알았다'는 듯한 즉답은 피해야 합니다.

넷째, 지속하여 권한을 위임합니다.

권한 위임은 시작하면 처음으로 되돌릴 수 없습니다. 계획을 세우고 정보를 공유하며 팀원들이 해낼 수 있도록 도와줍니다. 지속해서 하지 않으면 팀원들은 팀장을 믿지 않게 됩니다. 잊지 말아야 할 것은 인내심을 계속 발휘해야 한다는 사실입니다. 권한을 위임했는데, 팀원들이 신속하게 따르지 않는다고 해서 그들이 권한 위임을 싫어한다고 생각하면 안 됩니다. 팀원들이 성장할 수 있도록 기회를 주고, 이를 통해 성취감을 맛볼 수 있도록 기다려야 합니다.

다섯째, 팀원들도 권한을 부여받으면 불안해진다는 사실을 명심합니다.

권한 위임은 팀장뿐 아니라 위임을 받는 팀원들에게도 불안감을 줄 수 있습니다. 권한을 위임받은 팀원들도 역시 '잘 해내고 싶다, 잘 해낼 수 있을까?' 등의 생각으로 불안을 느낄 수 있습니다. 이 불안은 팀원 본인이 해소해야 하는 부분과 팀장이 해소해 줄 수 있는 부분이 있습니다.

권한 위임 시에는 먼저 적임자 선택에 대한 긍정적이면서도 구체적인 이유를 먼저 설명합니다.

"D 대리, A 프로젝트에 대해서 생각해 봤나요? 작년에 H 프로젝트와 성격도 비슷하고, H 프로젝트가 끝났을 때 아쉬워하며 다음에 기회가 되면 더 잘하고 싶다고 말했던 D 대리의 모습이 생각나서 A 프로젝트를 D 대리가 해보면 어떨까 하는데….."

다음으로 권한 위임을 받으면서 고민이 발생할 수 있다는 것을 팀장의 입장에서 공감하고 이를 표현합니다.

"물론, H 프로젝트보다 A 프로젝트가 업무 범위도 더 넓고, 현재 하는 업무도 있어서 새로운 일을 전담하게 된다는 것에 대해 우려 사항이나 부담이 있지 않을까 생각도 해 보았어요."

그리고 팀원이 우려하는 부분을 솔직하게 이야기할 수 있도록 하고, 신중하게 듣습니다. 충분히 이야기할 수 있도록 말을 중간에 끊지 않고, 메모하면서 경청합니다.

"실무자 입장에서 우려 사항이나 걱정되는 것이 있다면 어떤 것이 있는지 이야기를 해 주었으면 하는데, 어때요?"

또한 우려되는 부분과 관련하여 적합한 지원을 약속하고 격려합니다.

업무 진도 점검 시에는 팀원의 감정 상태도 점검합니다.

"솔직하게 이야기해 주어서 고마워요. D 대리가 우려하는 부분을 충분히 이해합니다. 업무가 부담되고 싫어서 그런 것이 아니라, 더 잘 해내고 싶은 마음이라는 것을 확인하게 되니 팀장 입장에서도 힘이 나네요. 그렇다면 지원 인력을 상황에 따라 투입하는 것이 아니라, 공식적으로 A 프로젝트를 함께 할 인력을 보강하겠습니다. 혹시 더 필요한 것이 있을까요?"

그런 다음 중간 점검을 합니다. 업무 진도를 점검할 때 업무 일정 및 결과 확인뿐 아니라, 업무 참여 인력에 대한 컨디션도 점검합니다.

"프로젝트가 잘 진행되고 있는 듯합니다. 요즘 기분은 어때요?"

"프로젝트가 일정대로 잘 진행되고 있나요? 건강은 챙기면서 합시다."

이러한 과정을 통해 불안감이 있던 팀원들은 업무에 대한 자신감을 스스로 얻게 되고 성과에 대한 책임감도 높아지면서 결과의 만족감까지도 높아질 수 있게 됩니다. 권한을 위임하는 데 있어서 발생하는 불안감이 어디서부터 파생된 것인지 생각해 보아야 합니다.

권한 위임은 권한을 분배하는 것이 아니라 권한을 확장하는 것임을 명심하세요. 권한을 위임하는 것은 권한이 줄게 하는 것이 아니라, 팀의 권한이 확대되면서 결국 팀장의 권한을 더욱 크고 강하게 만드는 길이 됩니다.

CHAPTER 4

평범한 팀원들을
비범한 성과로 이끄는
팀장의 비결

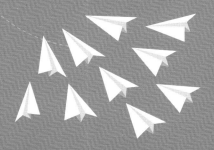

팀워크 구축

팀워크는 공통된 비전을 향해 함께 일하는 능력이다.
- 앤드루 카네기

"경영의 즐거움 중 빼놓을 수 없는 것이, 약한 자들이 힘을 합쳐 강자를 이기고, 평범한 사람들이 힘을 합쳐 비범한 결과를 내는 일입니다. 그리고 그것을 가능케 하는 것이 바로 팀워크입니다. 다시 말해 팀워크는 공통된 비전을 향해 함께 일하는 능력이며, 평범한 사람들이 비범한 결과를 이루게 하는 에너지원입니다."

이렇게 앤드루 카네기는 역설했습니다. 그렇다면 팀장이 생각하는 좋은 팀워크란 무엇일까요? 팀원들 모두 큰 문제 없이 맡은 바 역할을 수행하며, 훌륭한 결과를 창출한다면 팀장은 자신의 팀원들이 좋은 팀워크를 형성했다고 믿을 것입니다. 반면에 팀원들 간에 불화가 생기면 조직 분위기가 침체되고 협동심 저하, 시간 지체 등으로 인한 낮은 생산성이 발생합니다. 팀워크에도 파레토의 법칙을 적용할 수 있습니다. 성과의 달성을 위해 필요한 자원 중 팀원들의 실력이 20퍼센트라면, 나머지 80퍼센트는 팀워크가 필요합니다. 팀장은 팀워크의 중요성을 인식하고 어떻게 관리하고 유지해야 하는가에 대해 고심해야 합니다.

첫 번째, 행동만 보려 노력합니다.

사람을 비난하는 것으로 문제가 해결되지는 않습니다. 어떤 난관에 직면했을 때 그 상황이나, 쟁점 사항, 혹은 행동에 초점을 두게 되면 더욱 객관적으로 문제를 해결할 수 있습니다. 이렇게 큰 그림을 보고 다른 사람들의 생각을 열린 마음으로 수용하게 되면, 효과적으로 문제를 해결할 수 있고 보다 나은 결정을 할 수 있습니다. 더불어 조직 내 다른 이들과도 좋은 관계를 유지할 수 있게 됩니다.

두 번째, 역린은 건드리지 마세요.

포용하고 수용해주는 분위기에서 사람들은 전력을 다해 일하게 됩니다. 다른 사람들로부터 비웃음을 사거나 비난을 받지 않을까 하는 두려움이 없이 자기 생각을 자유롭게 표현할 수 있는 분위기에서, 사람들은 기꺼이 모험도 하게 되고 또 그를 통해 자신의 역량도 키워나가게 됩니다. 다른 사람들을 존중하고 그들이 기여하는 바를 인정함으로써, 그들이 자신 있게 자신의 의견이나 아이디어를 터놓고 공유할 수 있도록 할 수 있습니다. 업무에서도 그들이 가진 지식과 스킬을 최대한 활용하도록 도와줄 수도 있습니다.

세 번째, 좋은 관계를 유지합니다.

팀원들이 서로의 노력에 대해 격려해주고 지원해줄 때 최고의 성과를 얻을 수 있습니다. 그렇다고 업무상 관련된 모든 사람들과 '가까운 친구'가 되라는 의미는 아닙니다. 다른 사람들을 대할 때 긍정적인 태도로 대하고, 상대방의 능력을 확신하고 있으며 마음속으로 지지하고 있다는 것을 표현하게 되면 업무는 더 원활하게 진행될 수 있을 것입니다. 정보를 공유하고 문제를 인정하며 갈등이 일어날 상황을 미리 감지함으로써, 상호 신뢰와 존중을 바탕으로 한 긴밀한 관계를 유지할 수 있게 될 것입니다.

네 번째, 더 적극적이 됩니다.

팀장인 자신의 업무를 잘 살펴보고 개선의 여지가 있는 부분을 찾아냅니다. 그렇게 함으로써 조직이 성공할 기회를 확대할 수 있습니다. 동시에, 개인적으로는 자기의 일을 관리하고 개선 내용을 직접 확인할 수 있어 개인적인 만족도를 높일 수 있습니다. 변화에 민감하고 항상 그에 대한 정보를 접하면서 비슷한 문제가 발생되지 않도록 합니다. 현재 직면한 문제들에 대한 해결책을 찾고자 할 때 자연스럽게 업무의 주체가 되는 것입니다.

다섯 번째, 모범이 되게 노력합니다.

현명한 팀장은 공식적 지위와는 상관없이 다른 사람에게 본보기가 되는 사람을 말합니다. '다른 사람들이 이렇게 해줬으면 하는 행동들'을 먼저 직접 함으로써 그들에게 가장 크게 영향을 줄 수 있습니다. 자신이 맡은 일에는 온 힘을 다하고 실수를 인정하며 늘 새로운 아이디어를 수용할 준비가 되어 있다면, 다른 사람들도 그와 같은 태도를 보이게 될 것입니다.

Q 자기주장만 하고 남을 배려하지 않는 팀원 때문에 팀워크에 문제가 생길 때는 어떻게 해야 하나요?

중견 화장품 회사의 기획팀 2년 차인 C 팀장은 A 팀원의 요청으로 일 대 일 면담을 진행하였습니다. A 팀원의 주된 애로 사항은 영업본부의 조직문화 개선 프로젝트를 진행하면서 고참인 D 대리가 맡기로 한 조직문화 진단 설문이 진행되지 않고 있어서 본인 업무를 하지 못하고 있다는 것입니다. 본인의 프로젝트 업무는 조직문화 관련 설문 결과를 분석하여 그 내용을 세

분화하고 관련 팀원들의 인터뷰를 마저 진행하는 것입니다. 일주일 전부터 D 대리에게 3차례나 설문 결과를 이메일로 요청했지만, 답변이 없었다고 합니다. 이런 상황에서 어떻게 대처해야 할지 몰라서 팀장에게 면담을 신청하게 되었다는 것이었습니다.

C 팀장은 지난 1개월 전 '영업본부 조직문화 개선 프로젝트' 관련 기획팀 전체 미팅을 떠올렸습니다. D 대리는 설문 조사 결과는 작년 것으로 대체하고 직원 인터뷰에 나온 내용으로 해결 방안을 수립하자는 제안을 했습니다. 팀원들 다수의 의견은 지난해 본부장이 바뀌었으니 새로 설문 조사를 하자였고, 팀원들 각자가 역할을 나누어 진행하기로 하였습니다. D 대리는 고집이 센 편이고, 자기주장이 받아들여지지 않으면 협업하기가 아주 힘든 스타일입니다. 그런데도 본인의 단독 업무는 팀 내에서 가장 빠른 속도로 진행합니다. 정확도도 높은 편으로 성과는 내는 팀원입니다. D 대리를 어떻게 상대해야 팀워크를 높여서 이번 프로젝트를 성공적으로 진행할까요?

A 이렇게 한번 해보면 어떨까요?

C 팀장은 팀 전체 미팅을 거쳐서 프로젝트의 세부 실행과제를 확정하였는데, D 대리는 왜 수용을 하지 않고 팀워크에 저해되는 행동들을 하는 것일까요? C 팀장은 무엇을 놓친 것일까요? 기획팀 미팅에서 무엇을 합의하였는지, 미팅 후에라도 이슈 사항을 공유했는지, A 팀원을 비롯하여 다른 팀원들의 업무는 잘 진행되고 있는지 자세히 점검해 보아야 합니다.

제일 먼저 팀장이 해야 할 일은 면담을 통해 당장 해당 팀원을 불러 그 팀원의 행동을 다그치는 것이 아닙니다.

이보다 먼저 구체적으로 어떠한 상황인지, 어떤 이슈가 있는지, 왜 그렇게 행동을 했는지에 대해 자세히 들어봅니다. 팀장은 해당 팀원과 일 대 일 면담을 통해 이슈 사항을 설명하면서 왜 그런 행동을 하였는지와 어떠한 사유가 있었는지에 대해 질문합니다. 열린 마음으로 공감적 경청을 하며 해당 팀원이 심리적 안정감을 느끼고 이야기할 수 있는 환경을 조성하는 것이 좋습니다.

한 번의 미팅만으로 해결하기보다는 1주일에 한 번씩 몇 회에 걸쳐 정기적인 대화의 시간을 갖고 진행하기를 바랍니다. 이번 사례처럼 기한이 짧게 주어지는 단기 프로젝트라면 1회 미팅이라도 충분한 미팅 시간을 확보하고 해당 팀원을 따뜻하게 포용하는 자세로 접근하는 것이 무엇보다 중요합니다.

다음은 역지사지의 개념으로 다른 팀원 또는 팀장의 입장이나 처지를 설명하여 해당 팀원이 다른 상대방을 바라보게 해야 합니다.

"이러한 상황에서 당신이 팀장이라면 어떻게 의사결정을 하겠습니까?"

"상대방 의견의 근거는 무엇이라고 생각합니까?"

해당 팀원에게 이러한 질문을 하시기 바랍니다. 머리로 이해하는 단계에서 멈추기보다는 다른 팀원 혹은 팀장의 입장이 되어 답변을 실제로 해 보게 하는 것입니다. 그런 다음, 해당 팀원이 왜 그런 주장을 펼쳤는지 추가로 질문하시기 바랍니다. 논리적으로 설득하는 근거를 차근차근 얘기한다면 소신에 가깝지만, 화를 내거나 불쾌한 행동을 보인다면 고집에 불과합니다. 팀원이 별 생각 없이 한 말이 자신도 모르게 소신처럼 되어버려 강한 주장을 할 때가 있습니다. 따라서 팀장은 충분히 이해해야 합니다. 이러한 과정을 통하여 본인과 상대방의 의견 차이를 느낄 수 있습니다.

세 번째, 해당 팀원에 의해 쟁점이 되었던 상황이나 문제가 되는 행동에 대하여 구체적으로 언급하여 해당 팀원이 이를 인지하게끔 해야 합니다.

그러한 행동이 프로젝트나 일에 미치는 영향에 대하여 상세하게 설명합니다. 예를 들어 "당신의 행동으로 프로젝트가 지연되고 있고 기획 미팅 때 참석했던 팀원들의 팀워크가 저해되어 팀 분위기가 안 좋아졌습니다. 팀 대표로서 이를 해결해야 하는데 무척 어려움을 겪고 있습니다."라고 이야기합니다. 특히 팀장이 생각하는 올바른 해결 방법을 이야기하고 이에 대한 구성원이 동의하게끔 유도해야 합니다. 해결 방안에 대한 동의를 구할 때는 팀장이 먼저 질문하고 팀원이 답변하면서 스스로 실천할 수 있게 커뮤니케이션하는 것이 좋습니다. 이렇게 함께 답을 구하는 과정이 있으면 팀원이 합의한 내용을 실천할 확률이 높아지게 되고 정기 미팅을 통해서 피드백하면서 점검해 나가면 됩니다.

이런 상황에서 문제는 대부분 해결되지만 그렇지 않을 수도 있습니다. 이럴 때 해당 팀원과 다른 팀원 사이에 다른 갈등이 있는 것은 아닌지, 어떤 파벌이 형성되어 따돌림 현상이 발생하는 것은 아닌지 신중히 살펴보아야 합니다.

자기주장만 하는 팀원과 협력 관계를 구축하는 것은 쉬운 일이 아닙니다. 특히 그 사람의 배경이나 생각의 관점이 나와 다를 때는 더욱 그렇습니다. 그러나 일단 나와 내가 함께 일하는 사람들이 기본적인 가치나 기준을 공유하게 되면 협력은 더 쉬워집니다. 양측 모두가 공동의 이해를 바탕으로 일을 추진해 나간다면, 자신들이 어떻게 대우받을 것이고 다른 사람들을 어떻게 대우할 것인지에 대한 기대 수준이 비슷해지기 때문입니다. 개인의 개성을 존중하면서도 서로 모순된 가치를 포용하는 것, 이것이 진정한 팀워크입니다.

Q 바쁜 상황인데도 자기 일이 아니라고 모른 척하는 팀원을 어떻게 관리해야 할까요?

'팀장이 사사건건 잔소리처럼 이야기해야만 하는 건가?'

'어떻게 해야 스스로 협업하는 팀워크를 내게 할 수 있을까?'

이렇게 T 팀장은 다음과 같은 깊은 고민에 빠졌습니다. T 팀장이 운영하는 회계팀은 팀장 포함 총 12명입니다. 회계팀은 팀 아래 비공식적인 조직으로 회계, 세무, 자금의 3개의 파트로 구분하여 운영되고 있습니다. 회사에서는 회계 업무의 전산화를 통하여 경영진에게 신속하고 정확한 정보를 제공하고자 3개월 전부터 연결 결산 시스템을 도입하기로 하고 지난 3년간의 회계 데이터를 입력하고 오류가 있는지를 테스트하고 있습니다. 이번 달까지 새로운 시스템에 데이터 입력을 끝내야 하는 스케줄로 회계 파트 4명이 2주일째 10시가 넘게 계속 야근하고 있습니다. 그런데 세무와 자금 파트의 구성원들은 강 건너 불구경하듯 하면서 정시 퇴근을 하고 있습니다. '한 쪽이 바쁘면 다른 쪽에서 알아서 도와주면 좋겠는데 왜 도와주지 않는 걸까?'하고 생각하게 됩니다. 어떻게 이러한 상황을 해결해야 할까요?

A 이렇게 한번 해보면 어떨까요?

팀워크와 효과성에 관해 이야기할 때 '1+1은 2가 아니라 2+α'라고 비유합니다. 다시 말해 한 명이 할 일을 2명이 했을 때 그 결과, 효율성은 훨씬 커진다는 의미이지요. 시너지 효과가 나는 것입니다. 이와 반대의 상황도 있습니다. 1+1은 2-α가 될 수 있는데, 조직 심리학에서는 이것을 '링겔만 효과Ringelmann Effect'라고 합니다. 이는 독일의 심리학자인 링겔만의 줄다리기 실험에서 나온 결과입니다. 줄다리기를 혼자 할 때의 힘의 크기를 100퍼센트라고 한다면 2명으로 이루어진 그룹은 93퍼센트, 3명으로 이루어진 그룹은 85퍼센트, 8명으로 이루어진 그룹은 49퍼센트의 힘만 작용한 것으로 나타났습니다. 그룹 속에 참여하는 인원이 늘어날수록 1인당 공헌도가 오히려 감소하는 현상을 말합니다.

이 같은 현상은 조직에서도 일어납니다. 팀 차원에서 협업하거나 프로젝트 과제가 있어서 여럿이 일할 때 팀원 개인별로 좋은 아이디어가 있거나 다른 팀원이 업무가 많아서 힘들어할 때 자기 일과 역할이 아니라고 판단하면 못 본체 그냥 지나치기 쉽습니다. 개인으로 일할 때 보다 팀으로 일할 때 힘과 노력을 적게 들이려 하고 또 적극적으로 임하지 않을 때는 어떻게 해야 할까요? 이를 위해서는 크게 2가지 해결 방안이 있습니다.

먼저, 팀원 각자의 존재감을 인식시켜야 합니다.

크게는 팀의 미션과 비전을 온 팀원이 모여서 만들고, 그 하위 단위로 팀원의 일의 가치와 의미를 제대로 알 수 있게 하여 내가 무슨 일을 하는 사람인가를 깨닫게 하고, 작고 하찮은 일이라도 일의 소중함과 가치를 부여하여 자존감을 회복시켜야 합니다.

팀의 미션과 비전을 팀원 모두가 참여하여 만드는 과정을 진행해 보시기 바랍니다. 워크숍을 1박 2일로 진행하는 것이 좋지만, 그게 안될 때는 최소 4시간을 확보하여 팀 미션과 비전 제작 작업을 진행하는 것이 효과적입니다. 워크숍에서는 팀원들 모두의 의견을 제시하게 하고 참여시키고, 여기서 나온 미션과 비전은 팀에서 가장 잘 보이는 곳에 게시합니다. 팀의 미션과 비전은 팀원들에게 일의 의미를 지속적으로 깨닫게 할 것입니다. 팀원의 미팅은 일 대 일 형식이 좋습니다. 미팅의 내용은 현재 업무의 진행 상태, 업무 진행 시 애로 사항, 팀장에 대한 요청 사항과 지원 사항, 향후 경력개발 경로 등으로 진행하기 바랍니다. 일 대 일 미팅을 통하여 팀장은 지금 팀원이 하는 일이 팀에 어떤 영향을 미치고 왜 중요한지를 강조해야 합니다. 그래서 해당 팀원에게 내 일이 소중하고 가치가 있는 것임을 인식시켜야 합니다. 팀원은 업무 성과 중심에서 일의 의미나 가치, 중요성 중심으로 관점이 크게 확대되면서 자신의 직무 역할에 자부심도 높아지고 동기유발이 되며 열정이 생기게 됩니다.

다음으로 팀장은 올바르고 공정한 평가를 해야 합니다.

링겔만 효과가 가장 활성화된 조직은 '팀원 간의 과도한 경쟁으로 인하여 본인이 맡은 일만 잘하면 되고 평가권이 있는 상사의 지시만 따르면 된다'는 문화가 만연한 곳입니다.

이러한 조직에서는 무임승차 하는 팀원들이 많아지고 개인 간, 조직 간 협업하지 않고 자기 일만 하는 현상이 생깁니다. 이에 대한 개선책은 팀장으로 개인 평가도 공정하게 진행하지만 팀에 대한 공헌도를 일정 부분 반영하겠다고 팀원들에게 인식시키는 것입니다.

평가제도는 회사별로 여러 가지 기준에 의해 진행되기 때문에 팀장으로서 공헌도를 반영하기는 쉽지 않을 것입니다. 이럴 때는 평가의 보조적인 자료로 '협업 다면평가'를 도입하면 좋습니다. 다면평가는 '360도 평가'라고도 하는데, 상사의 일방적인 평가보다는 다수의 동료로부터 받는 평가이기에 객관성이 높고 팀워크를 높일 수 있습니다. 이와 같은 프로세스를 만들고 팀원들에게 소개하고 시행한다면 팀원들의 내부 생산성 지표 및 협업도가 상승할 것입니다.

키드웰Kidwell 와이오밍 경영대학교 교수는 '조직 내 무임승차자가 발생하는 이유로 불분명한 업무 파악, 지원과 자원 부족에 따른 좌절, 동료의 비헌신에 따른 도덕적 해이, 적은 보상에 따른 동기 저하'를 들었습니다. 팀장은 이러한 팀워크를 저해하는 요소가 없는지에 대해 점검해야 합니다. 팀원들 개인의 역할과 책임을 명확하게 나누어 주고, 일의 의미와 가치를 부여하며 평가는 개인별 성과와 팀에 대한 협업도와 기여도를 함께 평가합니다. 이런 노력이 뒷받침되어야만 링겔만 효과가 나타나지 않는 시너지를 내는 조직으로 변화하게 됩니다. 무엇보다 중요한 것은 팀원들에 대한 진정성 있는 배려와 신뢰, 존중의 마음입니다. 이를 위해서는 팀장의 지속적인 노력이 우선 되어야 합니다.

CHAPTER 5

성과를 내기 위해
'무엇을, 왜 하는지'
관리하는 도구

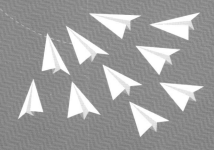

목표 설정 및 목표 관리

유능한 리더는 사랑받고 칭찬받는 사람이 아니다. 그는 그를 따르는 사람들이
올바른 일을 하도록 하는 사람이다. 인기는 리더십이 아니다. 리더십은 성과다.
- 피터 드러커

'리더십은 일, 결과, 책임이다.'

이렇게 경영학의 구루인 피터 드러커Peter Ferdinand Drucker는 리더십을 정의
했습니다. 팀장이란 각자의 자질이나 성격이 어떻든 간에 '팀장으로서 해야
하는 일을 하는 사람'이어야 한다는 의미입니다. 팀장이라면 '이 조직에서
리더로서 내가 공헌해야 할 것은 무엇인가?'라는 화두에 대해 늘 생각해야
합니다.

이렇듯 팀장은 팀을 대표하기에 '팀이 전체 조직을 위해 가치 있는 무엇
인가를 만들어내는 것'을 사명으로 해야 합니다. 그러면서도 결과를 내야
하는데, 다시 말해 이는 조직과 조직구성원들이 필요로 하는 것을 제공해야
한다는 의미입니다. 결과를 만들어 내는 것이야말로 조직의 출발점이자 지

향점이기도 합니다. 그리고 팀장은 최종적으로 책임을 져야 합니다. 따라서 '리더십은 책임을 진다'라는 의미이기도 합니다. 여기서 책임이란 팀장이 선택하는 것이 아니라 '다른 주체가 부여하는 것'입니다. 책임은 팀장 본인의 소망, 기대와는 무관하며 팀장은 자신에게 책임을 부여한 주체가 누구인가를 고려하여 이들의 기대와 바람이 무엇인지에 대해 진지하게 생각해야 합니다. 다시 말해, '일, 결과, 책임'이라는 관점에서 보면 결국 팀장은 성과를 내야 합니다. 그렇다면 성과 관리를 위해서는 가장 먼저 어떤 일을 해야 할까요? 바로 조직이 나아가야 할 방향과 비전을 제시하고 목표 관리를 활동을 우선시해야 합니다.

팀장이 해야 하는 목표 관리MBO : Management By Objectives란 무엇일까요? 조직의 목표 달성을 위해 팀원들 각자에게 개인 목표를 부여하고, 조직의 목표와 개인의 목표를 유기적으로 연결, 통합하여 조직 전체의 효율성을 높이는 일련의 과정입니다. MBO는 개인의 자율적인 목표 달성을 통해 회사가 지속해서 성장, 발전하는데 중요한 밑거름이 됩니다. 목표 중심의 동기유발을 통해 팀원들의 의욕과 역량을 충분히 발휘하도록 관리할 수도 있습니다. 같은 방향의 목표를 가짐으로써 팀 내 상하 간의 의사소통도 원활해져서 상호 간의 신뢰감도 높일 수 있게 됩니다.

그렇다면 팀의 목표를 설정하는 방식에는 어떤 것이 있을까요? 대표적으로 하향식Top-Down과 상향식Bottom-Up이 있습니다. 먼저 하향식 방식부터 설명하겠습니다. 이는 전사, 사업부, 개인별로 3~5가지 정도의 핵심적인 목표를 설정하는 데 개별 목표는 가능한 한 정합성, 도전성, 구체성을 충족시키도록 설정합니다. 설정된 목표는 전사 차원에서 공표한 다음, 그 목표와 관련되어 있는 부서의 팀원과의 공유를 유도하며 지속하여 이에 대해 모니터링합니다.

다음으로 상향식 방식이란 이런 것입니다. 전사 차원에서는 가이드라인 성격의 일반적인 목표가 주어집니다. 사업 부분별로는 경영층의 구체적 간섭 없이 자율적으로 도전적인 목표를 설정합니다. 팀원 개인도 자율적으로 도전적이며 구체적인 목표를 설정합니다. 개인이 설정한 목표가 전사 차원의 목표와 관련성이 다소 떨어지더라도 상관없습니다. 개인은 개인 나름의 창의력과 역량을 극대화하기 위한 노력을 기울이면 됩니다. 이렇게 살펴본 2가지 목표 설정 방식의 공통점은 다음과 같습니다.

첫째, 팀원들이 공감하는 바람직한 목표를 세우는 것입니다.

하향식이든 상향식이든 목표 달성을 위한 실행 계획을 세우고 실제 목표를 달성하는 주체는 팀원들입니다. 따라서 팀원들과 함께 충분히 공감할 수 있는 목표를 세워야 합니다.

둘째, 평가 자체보다는 목표 설정 및 모니터링 과정이 더 중요합니다.

팀원을 평가하는 그 자체보다는 팀원들이 충분한 성취감과 자부심을 느낄 수 있도록 함께 목표를 설정하고 모니터링하는 과정이 더욱 중요합니다.

셋째, 팀장이 전적으로 책임을 지고 종합적인 관점에서 팀원의 목표 달성을 지도 및 지원, 평가하는 것입니다.

목표를 달성해 나가는 과정에서 다양한 문제에 직면하게 됩니다. 팀장은 책임지고 팀원들이 목표를 원활히 달성할 수 있도록 적절히 피드백, 지원, 코칭, 평가해야 합니다. 회사의 전체 목표와 팀 내 목표를 잘 연계하여 종합적인 관점에서 목표를 관리합니다. 이를 통해 개인의 목표와 회사의 경영목표, 비전이 연결됩니다. 따라서 개인의 목표가 달성되면 이와 연계된 회사의 경영 목표, 그 상위 개념인 비전이 달성되게 됩니다.

Q

팀의 목표를 수립하는 데 고민하고 있습니다. 어떻게 하면 팀의 목표를 잘 세울 수 있을까요?

한 중견 기업에서 제품 개발1팀을 맡은 A 팀장입니다. 작년 한 해 동안 우리 회사 제품이 시장에서 주목을 받으면서 대거 신규 인력이 입사했습니다. 자연스럽게 제가 담당하고 있는 제품 기능의 규모가 커지면서 제품 개발 1팀과 제품 개발 2팀으로 나뉘게 되었습니다. 직속 상사인 개발사업 본부장님은 새롭게 팀장으로 선임된 저와 만나실 때마다 항상 성과를 기대한다고 하시면서 격려해 주십니다. 새롭게 합류한 팀원들도 저에게 팀장의 역할을 많이 기대하고 있는 상황입니다.

하지만 이러한 모든 상황이 저는 솔직히 부담됩니다. 팀원일 때는 제가 소임을 충분히 소화하면 무리가 없었지만, 지금은 팀장이 된 상태라 어떻게 팀의 성과를 잘 내야 할지 모르겠습니다. 팀의 성과는 목표를 통해 많이 이루어진다고 하던데요. 어떻게 하면 팀의 목표를 효과적으로 수립할 수 있을까요? 목표를 단계적으로 수립하는 방법을 알고 싶습니다.

A

이렇게 한번 해보면 어떨까요?

아래의 그림과 같이 일반적으로 팀 내 목표를 설정하는 프로세스를 도식화하였습니다.

전략적 중요성 (우선순위)	· 목표의 달성이 상위 부서 목표의 달성에 얼마나 직접적인 영향을 미치는지요? · 목표의 달성이 얼마나 시급한 과제인가요?
목표의 난이도	· 목표를 달성하기 위해 새로운 아이디어와 노력이 얼마나 필요한가요? · 기존의 작업 방식으로는 해결할 수 없는 과제인가요?
소요 시간	· 목표를 달성하기 위해 필요한 시간의 양은 어느 정도인가요?

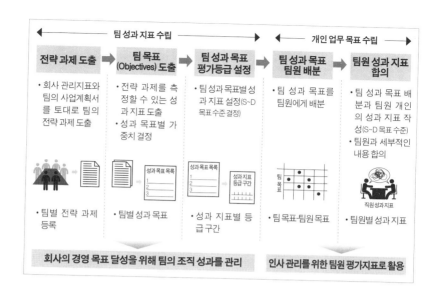

팀장이 주의를 기울여야 하는 포인트로 단계별 핵심 사항은 다음과 같습니다.

1단계는 팀의 전략과제를 도출합니다.

회사의 중장기 비전, 경영방침, 연간 사업계획을 살펴봅니다. 이를 효과적으로 달성하기 위한 회사의 관리 지표와 팀의 사업계획서를 바탕으로 팀이 수행해야 할 중점 과제와 전략 과제를 도출합니다.

2단계는 팀 목표를 도출합니다.

도출된 중점 및 전략 과제에서 측정할 수 있는 성과 목표를 다시 도출하여 팀의 목표로 삼습니다. 팀에서 달성해야 할 성과 목표를 세분화하고 각성과 목표별 가중치를 결정합니다. 가중치는 일반적으로 중요도, 난이도, 소요 시간 등을 기준으로 부여합니다.

3단계는 팀 성과 목표별 성과 지표와 목표 수준을 결정합니다.

팀 성과 목표별 성과 지표를 설정하고 목표 수준을 S, A, B, C, D 등급 구간으로 결정합니다. 이는 성과 목표별 지표를 만들고 등급을 결정하는 단계입니다.

4단계는 팀 성과 목표를 팀원에게 배분합니다.

팀 성과 목표를 팀원들과 공유하고 세분화한 다음, 팀원의 업무 특성과 역량에 맞게 배분합니다.

5단계는 팀원들에게 배분된 성과 목표와 성과 지표를 합의합니다.

배분된 팀 성과 목표를 팀원들 개인의 성과 지표로 작성하고 이를 달성하기 위한 구체적인 실행 계획을 작성합니다. 팀원들이 달성해야 할 목표가 모두 같은 중요도를 가지지는 않을 겁니다. 따라서 그 중요도에 대해 팀장은 사전에 팀원들과 합의하여 수행 정도를 결정합니다.

앞서 알아본 단계별 프로세스처럼, 팀의 목표는 팀 내부에서의 목표로 한정해 수립하는 것이 아니라, 회사 전체의 전략 과제와 팀 목표를 의미 있게 연계하여 수립하는 것입니다. 또한 팀 성과 목표를 팀원과 충분히 합의하여 목표를 수립해 나가는 것이 중요합니다. 팀장이 팀의 성과를 충분히 낼 수 있느냐 없느냐는 팀의 목표를 어떻게 세웠느냐에 달려 있습니다. 팀장으로서 목표를 수립해 나가는 흐름을 잘 파악해 보시길 바랍니다.

Q **수동적인 팀원들에게 팀 목표를 어떻게 제시해야 할까요?**

대기업에서 기획 업무를 담당하고 있는 B 팀장입니다. 저희 팀은 팀 전체의 목표를 세운 다음, 개인별 업무 목표로 세분화하고 세부 실행 계획을 수립합니다. 일부 팀원들은 도전적인 목표를 선호하여 어렵고 힘든 일을 부과해도 잘 해내는 편입니다. 그런 팀원들은 본인 스스로 필요한 계획을 세우고 진척 상황을 주기적으로 저에게 피드백합니다.

반면 어떤 팀원들은 개인별 목표를 제시할 때 명확하게 반응하지 않습니다. 목표 수행 여부도 확실하게 전달하지 않습니다. 그래서 제가 "됐어, 안 됐어, 언제까지 할 거야?"라고 추궁하듯 지속하여 진척 사항을 점검하게 됩니다. 팀장인 저도 힘들고 그런 팀원들도 편하지 않은 상황입니다. 이는 팀의 목표가 수립된 이후, 목표에 대한 충분한 공감대 형성이 되지 않았고 팀원들에게 팀 목표 제시가 원활하지 않았기 때문이라고 판단됩니다. 그렇다면 어떻게 해야 팀원들에게 개인별 목표를 효과적으로 제시할 수 있을까요?

A 이렇게 한번 해보면 어떨까요?

다음은 팀원들에게 목표를 제시하는 단계적 절차입니다. 이를 업무에 충분히 활용하여 소기의 성과를 달성하기 바랍니다.

먼저, 목표 설정 배경을 사전에 명확히 파악합니다.

상위 조직의 목표가 무엇을 의미하며 부서의 업무에 어떤 영향을 줄지 설명할 수 있도록 준비합니다. 상위 목표가 왜 그렇게 수립되었는지 이유를 자세히 설명할 수 있어야 합니다. '환경의 변화 때문인지, 경쟁의 압력 때문인지, 새로운 기술 때문인지' 등에 대해 미리 정리해 보기 바랍니다.

다음으로 목표 제시를 위한 시간을 미리 공지합니다.

팀장인 당신이 여유 있을 때가 아니라 팀원들이 받아들일 준비가 되어 있을 때를 의미합니다. 팀원들이 제시하는 목표에 집중할 수 있도록 사전에 공지를 해두는 것이 좋습니다.

세 번째, 목표를 제시했을 때, 팀원들이 어떤 반응을 보일지 예상해 봅니다.

부정적인 반응이 많이 나오리라 생각한다면 그에 대비해야 합니다. 누가 문제를 제기할지, 어떤 문제가 제기될지, 문제에 대해 어떻게 대응할지를 사전에 계획해 두어야 합니다. 특히 목표를 제시하기 전 아래의 8가지 질문을 기준으로 점검해보기 바랍니다.

- 상위 목표는 조직의 전략에 부응하고 발전적인가?

- 상위 목표의 설정 배경과 이유에 대해 충분히 이해하고 있는가?

- 목표에 대해서 팀원들에게 제시하기 전, 팀장이 먼저 이해해야 할 필요가 있는 것은 아닌가?

- 팀장으로서 목표에 대한 나 자신의 솔직한 생각은 어떠한가?

- 달성하기 어려운 목표라면 달성하기 위해 노력이 얼마나 필요한가?

- 팀원들이 쉽게 목표를 이해할 수 있도록 어떻게 전달할 것인가?

- 목표를 제시한 다음, 수반될 기회에는 어떤 것들이 있는가?

- 목표와 관련한 열정과 헌신을 독려하기 위한 추가적인 요소들은 무엇인가?

네 번째, 목표를 제시하고 팀원들의 반응을 살핍니다.

목표를 제시할 때는 정량적인 목표를 제시하는 것이 좋습니다. 예를 들어, "경쟁력을 향상하려면 줄이거나 제거해야 할 업무를 10퍼센트 이상 감소시킬 필요성이 있습니다. 또한 강화시키거나 새로 해야 할 업무를 기존 업무 대비 20퍼센트 이상 찾아내어, 업무 생산성을 향상해 봅시다. 누구 하나 빠지지 말고 팀원들이 함께해야 합니다."

이렇듯 정량적으로 달성 목표를 명확히 밝힙니다. 이에 대한 팀원들의 의견을 듣고 우려하는 사항에 대해 함께 논의합니다.

다섯 번째, 목표 달성의 필요성을 강조합니다.

이때는 조금 단호한 태도를 보이는 것이 효과적입니다. 미리 수립된 목표는 쉽게 바꿀 수 없기 때문입니다. 제시 예는 다음과 같습니다.

"이 목표는 확정된 것입니다. 어떻게 목표에 도달하느냐에 집중하세요. 이를 위해 우리의 창의적인 아이디어와 행동이 필요합니다."

"목표 달성이 절대 만만하지 않다는 것은 잘 알지만 우리는 해낼 수 있다고 확신합니다."

"앞으로 우리 산업 내 경쟁은 훨씬 치열해지리라 예상합니다."

"언제라도 '작년 대비 업무 목표가 낮아졌다'는 얘기를 들어본 적이 있으십니까?"

"여기에는 협의의 여지가 없습니다."

이렇듯 목표를 바꾸거나 포기하지 않아야 합니다. 일단 결정되면 목표를 달성하는 방법을 찾아내기 위해 온 힘을 기울여야 하며, 팀원들이 걱정하는 사항에 대해서는 최선의 노력으로 방법을 찾아 해결해주고 달성 가능성을 제시합니다.

여섯 번째, 목표 달성을 위한 아이디어를 구합니다.

팀원들에게 경험 목표를 달성한 다음에 주어지는 유익한 점이익에 대해 충분히 설명하고 다음과 같이 이해시켜야 합니다.

"지난 몇 년간의 경험으로 짐작하건대, 이번 목표는 우리의 도전으로 꼭 성취할 수 있으리라 믿습니다. 목표를 달성한 후에는 남다른 경험을 하게 될 것이고 크게 성장하여 있을 것입니다."

그리고 팀원 모두가 볼 수 있는 곳에 목표를 성취할 수 있는 다양한 아이디어를 기록해 놓습니다. 특별한 방법이 없다면 브레인스토밍을 통해 아이디어의 실천 방법이 나올 때까지 노력합니다. 이를 위해서는 팀장 자신이 먼저 1~2가지 아이디어를 내어 자극을 줄 필요도 있습니다.

"목표 달성을 위해 관련된 아이디어를 논의한 적이 있는데, 이 부분에 대해서 조금 더 구체적으로 실행 계획을 수립해 주었으면 좋겠습니다."

"현재 경쟁사의 ○○○ 제품과 ○○○ 서비스가 참신하다고 생각한 적이 있어요. 우리도 경쟁사의 제품과 서비스를 충분히 분석하고 벤치마킹해서 경쟁사보다 나은 제품과 서비스를 개발할 수 있도록 목표를 새롭게 수립해 봅시다."

　이런 식으로 팀장 자신이 목표와 관련한 기초적인 아이디어를 제시하여 팀원들이 방향성을 가지고 목표에 대해 충분히 논의할 수 있도록 지도하는 것이 좋습니다.

팀의 목표는 팀 내부에서의 목표로 한정해 수립하는 것이 아니라, 회사 전체의 전략 과제와 팀의 목표를 의미 있게 연계하여 수립하는 것입니다. 또한 팀 성과 목표를 팀원과 충분히 합의하여 목표를 수립해 나가는 것이 중요합니다. 팀장이 팀의 성과를 충분히 낼 수 있느냐 없느냐는 팀의 목표를 어떻게 세웠느냐에 달려 있습니다. 팀장으로서 목표를 수립해 나가는 흐름을 잘 파악해 보길 바랍니다.

CHAPTER 6

성과를 최대화하기 위해
일을 효율성 있게
배분하는 법

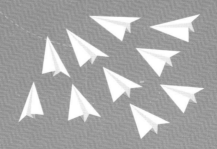

업무 배분

가장 만족스러운 결과를 얻는 사람은 가장 뛰어난 아이디어를 가진 사람이 아니다.
동료들의 머리와 능력을 가장 효과적으로 조율하는 사람이다.
- 알톤 존스

'아무리 열거해도 끝이 보이지 않는다!'

바로 팀장들이 해야 할 일이 그렇습니다. 그런데 그렇게 수많은 일들 중 중요한 한 가지는 바로 '조직의 목표 달성을 위해 해야 할 과제들을 팀원들에게 적절히 배분하는 것'입니다. 여기서 중요한 포인트는 '적절히'에 있습니다. 단순히 일을 나눠주기만 하는 것은 올바른 배분이 아닙니다. 업무의 배분을 통해 무엇보다도 팀원들의 열정과 몰입을 끌어내고 조직의 생산성을 높일 수 있어야 하기 때문이지요.

일을 지시하기만 하면 되는 것은 결코 올바른 팀장의 자세가 아닙니다. 일방적으로 팀원들에게 일을 맡기거나 기계적으로 업무를 할당한다면 그 결과는 어떠할까요? 팀장이 의도했던 결과를 기대하지 않는 편이 좋습니다. 따라서 원하는 결과, 성과를 내기 위해서는 업무 배분에 대해 고심해야 합니다.

특히 업무 배분은 팀장과 팀원들 사이에서 매우 중요하고도 예민한 사항입니다. 팀원들은 자신이 어떤 일을 맡는가에 따라 일을 대하는 태도와 관점이 달라지고 역량의 발휘도 달라집니다. 팀장이 팀 내 성과를 내려면 팀원들의 역량이 반드시 뒷받침되어야 합니다. 당연히 팀원들 각자가 자신에게 부여된 업무를 충실히 수행했을 때만이 조직과 팀장의 성과는 최대의 결과로 이어집니다. 따라서 실행력을 높일 수 있는 업무 배분이야말로 팀장이 신중하고 역량을 발휘하여 진행해야 할 책무입니다. 팀장 자신의 성공을 위해서도 중요한 것은 말할 것도 없습니다.

상사가 될수록 본인이 할 일과 팀원들이 해야 할 일을 확실하게 구분해야 합니다. 그런데 팀원들의 업무 수행 능력과 태도에는 개인 차이가 있습니다. 그리고 수행해야 할 업무의 성격과 난이도가 각각 다르므로 업무 배분에는 나름의 원칙이 필요합니다. 다음의 '효율적 업무 배분을 위한 원칙'을 바탕으로 자신은 과연 제대로 이 중요한 일을 수행하고 있는지 점검해 보시기 바랍니다.

먼저, 업무 배분이 조직과 개인이 성장할 수 있도록 이루어지고 있습니까?

팀원들은 자신이 하는 일을 통해 성장하고 발전하는 동시에 조직의 성과와 연결될 수 있어야 합니다. 따라서 가능한 한 팀원 개개인의 역량 수준이나 향후 육성 경로를 고려하여 업무를 배분해야 합니다. 그래야만 팀원들의 업무에 대한 몰입도를 최대한 높일 수 있습니다. 비록 경영층 또는 상위 부서의 지시에 따른 업무라 하더라도 팀장은 이에 대한 업무 지시에 앞서 '해야 일의 성격과 적합한 인력은 누구인지'에 대해 깊이 생각해 본 다음, 업무 배분을 해야 합니다. 해당 팀원에게 왜 그 업무를 배분하게 되었는지에 대해 그 팀원이 이해할 만한 배경 설명은 충분히 해야 합니다.

둘째, 다른 팀원보다 성장과 업무 효율을 내기 위해 노력하는 이들보다 성과를 내는 이들에게 확실한 보상혜택이 주어져야 합니다.

그 혜택은 물질적인 보상이나 가시적인 메리트여야 합니다. 조직에는 조직의 발전과 성장을 위해 다른 이들보다 노력하는 팀원이 반드시 있습니다. 그렇다 보니 자신의 업무를 성실히 하고, 성과를 명확히 보여주는 팀원에게 업무가 집중되는 경향이 있습니다. 따라서 이를 잘 조율하고 성과에 대한 확실한 혜택이 주어져야 합니다.

셋째, 능력에 따라 적절하게 업무의 배분이 진행되어야 합니다.

단지 일을 잘한다는 이유로 한 사람에게 업무를 집중시켜서는 안 됩니다. '일을 잘하는 사람에 대한 보상은 더 많은 일'이라는 우스갯소리가 있습니다. 이것은 실제 현업에서 일어나는 현상을 단적으로 보여주는 말입니다. 책임감이 강한 팀원은 짧은 시간에 많은 일을 해낼 수 있습니다. 그러나 장시간 자신의 체력과 한계에 벗어나는 일을 준다면 팀원의 업무 효율은 당연히 떨어지고 자칫 번-아웃 증후군Burn-Out에 빠질 수 있습니다.

넷째, 상대적 박탈감이 들지 않도록 해야 합니다.

개인적인 사정을 고려하여 다른 팀원들에 비해 상대적으로 적은 업무량을 배분하는 일이 있습니다. 팀장이 팀원의 입장도 고려해야 하지만 회사 전체의 상황도 염두에 두어야 합니다. 단기간의 팀원 보호는 업무 능률을 높이는 효과를 보이겠지만, 장기간의 특정한 팀원에 대한 호의는 다른 사람의 업무 효율을 떨어뜨릴 뿐만 아니라 동료 간의 불신감만 높입니다. 최악의 상황이라면 조직이 와해될 수도 있습니다.

다섯째, 목표를 갖도록 지원해야 합니다.

개인의 목표이든 회사 또는 그룹의 목표이든 목표를 만들어 주어야 합니다. 배분되는 업무에 대해서는 팀장인 당신이 기대하는 결과에 대한 이미지를 확실하게 알려줍니다. 목표가 없으면 팀원들도 방향성을 잃고 개인적으로도 성장의 기회를 잃게 됩니다. 결론적으로 팀원들에게 확실한 목표를 알려주고 독려해야 합니다. 그럴수록 팀원의 업무는 명확해지고 이를 달성하기 위해 노력하게 됩니다.

여섯째, 하고 싶은 일을 할 수 있도록 해야 합니다.

그렇지만 실제로 이를 100퍼센트 만족시키기란 어려운 일입니다. 팀장조차도 동의되지 않는 일을 지시받아 그 일을 어떻게든 해야 하는 때가 있습니다. 이럴 때 우리는 늘 '조직이 하라면 하는 거지!' '넌 어떻게 네가 하고 싶은 것만 하면서 살려고 하냐. 이번에는 희생 좀 해라'라는 오히려 의욕을 저하시키는 말을 하게 됩니다. 하지만 이는 리더십이 결여된 언행입니다. 일의 의미, 일의 목표를 명확히 하는 것, 그러한 내용을 중심으로 그 일을 하고 싶은 일로 만드는 것이야말로 리더의 책임이기 때문입니다.

그 일을 왜 해야 하며Why, 무엇을 해야 하고What, 어떻게 하면 되며How, 언제까지When해야 하고, 그 일을 제대로 하지 못하면 어떤 문제가 생기는지Impact등을 구체적으로 제시해야 합니다.

예를 들어 고객만족도 제고 방안을 2019년 사업계획에 반영하고 싶은데 관련한 아이디어가 없다고 합시다. 이런 상황이라면, "M 대리, 고객만족 경영에 관련된 자료를 이달 말까지 조사해서 보고해 줘."라고 하기보다는 다음과 같이 전달합니다.

"M 대리, 우리가 2019년에도 경쟁사보다 높은 시장점유율을 유지하기 위해서는 전 직원이 고객 만족 경영의 중요성을 인식하고 한 차원 높은 서비스를 제공하는 것이 중요해Why. 그래서 말인데 M 대리가 인터넷 등을 검색해 고객 만족 경영 우수사례 등을 찾아보고How, 우리 회사에 적용할 만한

고객만족도 제고 아이디어 10여 건을What 이달 말까지 찾아봐 주었으면 해
When. 만일 이달 말까지 아이디어가 나오지 않으면 내년 사업 계획에 반영
하기 어렵게 되니까Impact 기한은 꼭 지켜 주었으면 좋겠어.”

이렇게 구체적인 지시를 받는 팀원들은 일의 의미와 목표를 명확히 인식
하고 '그 일을 하고 싶다 혹은 해볼 만하다'는 생각으로 자신의 일로 받아들
여 주도적으로 업무를 수행하게 됩니다.

따라서 팀장은 업무를 배분하고 지시하기에 앞서 업무의 핵심을 파악하
여 팀원들에게 정확히 전달해야 합니다. 그런 의미에서 팀원들이 지시받은
일을 자신들이 하고 싶은 일로 만드는 것은 바로 팀장의 책임이라 할 수 있
습니다. 동의가 되지 않는 일을 하게 될 때, 상사로부터 지시받은 즉시 팀원
에게 업무 배분을 하기보다는 별도의 시간을 들여서 일의 배경, 의미, 목표
등에 대해 충분히 정리해 보기 바랍니다.

그런 다음에 팀원들과 미팅을 통하여 “이번 일은 하게 된 배경은 이렇습
니다. 지난 월요일 회의에서…” “그런데도 이번 일의 의미와 목적은 이렇게
생각해 보았습니다. 이러한 저의 생각에 대해 여러분들은 어떤 의견이 있는
지 말씀해 주시기 바랍니다.” “이번 일을 성공적으로 완수하기 위해서는 제
가 어떤 지원을 하는 게 좋겠습니까?'라고 공감대를 형성하는 말과 행동을
하는 것이 바람직합니다. 이렇게 하면 팀원들에게는 동기유발이 되고 자연
스럽게 능동적인 참여를 끌어낼 수 있습니다.

Q 쉬운 업무만 선호하는 팀원들에게 어떻게 업무를 배분해야 하나요?

본사 인사 행정 업무를 담당하고 있는 P 팀은 E 팀장을 포함하여 차장 한
명, 과장 한 명, 대리 한 명, 사원 3명으로 구성되어 있습니다. 복리후생, 급

여, 근태관리 등 사무행정적인 일 중심이다 보니 대부분 단순 반복적인 업무를 주로 수행합니다. 그런데 팀에서 중요한 역할을 담당해 오던 N 대리가 갑자기 장기 병가를 내면서 팀 내 업무의 조정이 불가피한 상황이 되었습니다. 인사 부서에 충원 요청을 했으나 돌아오는 건 '연말까진 인원 보충은 쉽지 않다'는 답변뿐이었습니다. 할 수 없이 E 팀장은 N 대리가 담당해 오던 일들을 다른 팀원에게 재배분해야 합니다. 그간 N 대리가 수행해 온 일은 부서 특성상 단순 반복적인 일이 대부분이지만, 한두 과제는 경영진도 관심을 두고 있는 업무로 팀 목표에 높은 비중을 차지하는 일이기도 합니다.

그래서 E 팀장은 업무를 재조정하기에 앞서 현 상황에 대한 인식과 함께 N 대리의 과제를 어떻게 배분하면 좋을지 팀원들의 솔직한 의견을 개별적으로 들어 보았습니다. 그런데 팀원들 중 '조금은 힘들고 부담이 되지만 팀 성과 평가에 중요한 핵심과제를 맡겠다'는 사람은 아무도 없었고, 모두 '크게 신경 쓰지 않아도 되는 편하고 쉬운 단순 업무만 맡겠다'는 응답뿐이었습니다. 팀원들의 생각을 안 들었으면 모를까 팀원들의 의견을 듣고 나니 서로 맡지 않으려는 이런 상황에 당황스러웠습니다. E 팀장은 어려운 일은 안 하려 하는 팀원들을 어떻게 설득해서 업무를 나눠야 할 지 더 혼란스럽기만 합니다. 그렇다면 E 팀장은 리더로서 어떻게 해야 할까요?

A 이렇게 한번 해보면 어떨까요?

업무 배분 원칙에서 언급했듯이 팀장은 먼저 조직적인 차원과 개인적인 차원을 고려해야 합니다.

배분하고자 하는 일의 성격은 물론이고, 그 일을 제대로 완수하려면 어떤 경험과 역량이 필요한지도 함께 고려합니다. 그래야만 그 일에 적합한 사람에게 적절히 업무를 배분할 수 있습니다. 그래야만 결국 개인과 조직이 함께 성장할 수 있습니다. 다음은 조금 더 구체적인 점검 사항입니다.

- 부서 내에서 해당 업무가 얼마나 중요한 것인가?
- 그 일의 결과가 부서에 미칠 영향은 어떠한가?
- 부서의 목표에 해당 업무가 차지하는 비중은 얼마나 되는가?
- 그 일을 하려면 어떤 경험과 지식, 능력이 필요한가?
- 누가 그런 역량을 갖추고 있고 가장 잘할 수 있는가?

다음으로 업무를 배분할 때 고려할 포인트는 '업무의 연속성을 확보할 수 있어야 한다'는 것입니다.

조직에서 갑작스러운 결원 발생 등으로 일시적이나마 그가 맡았던 업무를 다른 누군가가 맡아야 할 때, 팀장은 '누가 그 자리를 채워주면 좋을지'에 대해 신중하게 고민해야 합니다. 대체로 대부분 조직에서 난이도 높은 업무를 무난하게 처리할 수 있는 것은 경험이 많은 팀원들입니다. 그들은 그간의 다양한 업무 경험으로 돌발 상황에서도 빠른 대처 능력으로 문제를 잘 해결합니다. 다른 부서 사람들과도 친분이 있어 네트워크를 활용할 수도 있고, 진행 중인 업무를 인수받아도 짧은 시간 내에 업무를 파악하고 연속성 있게 업무처리가 가능하기 때문입니다.

또 한 가지, 팀장이 놓치지 말아야 할 것은 조직의 발전을 생각하는 동시에 개인의 발전 측면에서도 고려해야 한다는 점입니다.

해당 업무를 부여할 팀원의 역량 개발에 그 일이 얼마나 도움이 되는가를 생각해야 합니다. 물론 그 일이 시급을 다투는 일이고 일에서 요구하는 역량 수준에 너무 미치지 못하는 팀원은 어렵겠지만, 당장은 조금 부족한 듯해도 시간이 지나고 조금만 노력하면 해낼 수 있는 일이라면 인재육성의 관점에서 업무를 배분하는 것도 좋습니다. 더욱이 해당 팀원이 앞으로 조직의 핵심 인재로 성장할 잠재력을 갖춘 상황이라면, 당장은 수월하게 처리하는 데 어려움이 따르고 힘이 들더라도 해당 팀원에게 업무를 부여하는 것이 장기적인 관점에서는 오히려 바람직합니다.

다음으로는 팀원의 태도와 의지입니다. 배분하고자 하는 업무에 대해 해당 팀원이 관심이 있고 그의 행동 유형과도 맞아 도전해 보려는 의지를 갖추고 있어야 합니다. 제아무리 능력이 있더라도 일에 대한 관심과 의욕이 없다면 그 일을 성공적으로 마치기 힘듭니다. 마지막으로 근무 지역이나 제반 조건, 경력 개발에 도움이 되는지 등의 관점에서 과연 그 팀원에게 적합한가를 살펴보아야 합니다.

Q 갓 입사한 팀원이 담당 업무를 바꾸어 달라고 하면 어떻게 해야 하나요?

갓 입사한 명문대 회계학과 출신의 F 팀원은 회계 팀에 배치되어 지난 1년 동안 회계전표 마감과 엑셀 프로그램으로 실적 자료를 취합하는 업무를 잘 수행해 왔습니다. 그런데 갑자기 오늘 출근하자마자 F 팀원이 저에게 면담을 요청해 왔습니다. 오전에는 다른 미팅이 있어 오후로 미팅 약속을 잡았습니다. 그렇지만 '어떤 내용'의 면담인지 너무 궁금하여 일이 손에 잡히지 않아서 F 팀원에게 메신저로 면담 사유를 물어보았습니다. '법인세 업무를 하고 싶은데 자세한 것은 오후에 말씀드릴게요'라고 답장이 왔습니다. 신입 팀원은 조직에 대한 이해와 함께 부서업무 전반에 대해 익히는 차원에서 전표처리와 실적자료 업무를 기본업무로 부여하였고, F 팀원이 하고 싶어 하는 법인세 업무는 최소 2~3년의 조직 경험이 쌓여야 할 수 있습니다. 이럴 때는 어떻게 해야 할까요?

A 이렇게 한번 해보면 어떨까요?

조직에서는 팀원들에게 목표 달성을 위한 과제를 적절하게 배분하여 수행하도록 합니다. 앞서 살펴본 사례처럼 팀원의 갑작스러운 업무 변경 요청을 받게 된 팀장의 위치에서는 매우 당혹스럽고 다음과 같은 고민이 생기게 될 듯합니다.

- 그동안 회계 팀에서 진행되어 왔던 업무 배분 기준에 대한 변화가 필요한가?
- 업무를 조정하게 되면 다른 팀원은 이를 받아들일 것인가?
- '업무 조정이 힘들다'고 거절하면 F 사원은 어떻게 반응할 것인가? 혹시 불만을 느끼고 퇴직하지는 않을 것인가?

팀장으로서 고민이 많겠지만 위와 같은 상황에서 팀원이 기존의 업무에 집중하여 최대한 성과를 내게 하려면 어떻게 리더십을 발휘해야 할지 알아보겠습니다.

먼저 새로운 세대에 대한 이해가 선행되어야 합니다.

팀의 막내라고 하면 Z세대^{1990년대 중반에서 2000년대 중반에 태어난 세대}일 확률이 높습니다. 이들은 어릴 때부터 인터넷과, 디지털 기기를 접해 IT 기술에 익숙하고 칭찬과 격려를 양육의 바탕으로 자라온 세대입니다. 이런 Z세대가 직장에서 가장 큰 관심을 두는 것은 바로 '자신의 성장과 발전'입니다. 한 조사에서 '당신은 언제 자신이 하는 일에서 보람을 느낍니까?'라는 질문에 Z세대는 '일을 통해서 내가 성장, 발전했다고 느낄 때'라는 응답이 1위를 차지했습니다. 선호하는 상사 유형 1위는 '성장, 비전을 제시해주는 상사'였습니다. 따라서 팀장은 회사에서 누군가 자신을 도와주고 이끌어주기를 기대하는 Z세대의 특성을 이해하고 그들과 커뮤니케이션해야 합니다.

다음으로 업무에 긍정적 의미를 부여합니다.

팀장은 자신의 얘기를 하기에 앞서 먼저, F 팀원이 법인세 업무를 수행하고자 하는 이유부터 들어 보는 것이 좋습니다. 현재 담당하고 있는 일이 적성에 맞지 않거나 일이 어려울 수도 있고, 아니면 본인이 생각하는 나름의 경력 경로Career Path가 있을 수도 있습니다. 팀원의 얘기를 충분히 듣고 난 다음 팀장은 현재의 업무를 부여한 목적과 이유를 설명해 주는 것이 좋습니다. 이때 지금 맡은 업무를 기준으로 원하는 경력, 또는 미래의 경력과 연결하여 설명합니다. 특히 입사한지 얼마 안 된 팀원이라면 경험이나 지식이 부족하기 때문에 입사 후 몇 년 동안은 자신이 하는 일이 얼마나 중요한 일인지 모를 수도 있습니다. 이로 인해 자존감도 낮아지고 불만이 커졌을 수도 있습니다. 그럴 때는 현재 진행 중인 일이 당장에는 큰 의미가 없어 보일 수도 있지만, 나중에 경력과 어떻게 연계될지에 대해 자세히 설명해 주어야 합니다.

팀원의 업무에 긍정적인 의미를 부여합니다.

팀장은 팀원의 일에서 긍정적인 가치를 찾아내어 부정적인 의미는 최대한 줄이고 작더라도 중요한 의미는 강조하는 편이 좋습니다. 그런 설득과 이해를 바탕으로 할 때 팀원은 자신의 업무의 중요성을 확실하게 인지하고 자존감이 높아질 수 있습니다. 이를 통해 업무 능률은 당연히 올라가게 됩니다.

다음으로 적극적으로 경력개발에 대해 코칭합니다.

팀장은 조직 내에서 팀원이 자신의 미래를 설계할 수 있도록 소통을 통해 경력개발 계획을 세우도록 지원합니다. 특히 팀원이 원하는 업무를 수행한 경력이 없거나 역량이 부족하지만 새로운 업무를 하길 원한다면 이를 위한 직무요건인 기술, 지식, 역량, 자격, 경력 등을 알려주고 필요하다면 해당 업무 선배에게 직접 멘토링이나 조언을 받을 수 있도록 연결해 줍니다.

팀장은 팀원이 원하는 업무와 연관된 프로젝트 업무를 부여하여 해당 업무를 간접적으로 학습할 수 있게 합니다. 더 나아가서는 미리 업무 선배와 상의하여 업무 중에서 일부를 제한된 범위 내에서 업무를 수행할 기회를 제공할 수도 있습니다. 다만 조직 업무의 일부 또는 전체의 변화가 예상된다면 사전에 팀원들에게 충분한 설명과 공감의 시간이 선행되어야 합니다.

이렇듯 팀장은 팀원의 강점을 끌어내어 그의 성장을 도와야 합니다. 전설적인 투자가 워런 버핏은 "이 세상에는 성공적인 직업과 그렇지 않은 직업은 없다. 단지 성공적인 직업인과 그렇지 못한 직업인이 있을 뿐이다."라고 말했습니다. 팀원들 중 자신의 업무에 대한 잘못된 편견이나 가치를 잘 인지하지 못하는 이가 있다면 이를 바꾸도록 적극적으로 지원해야 합니다. 이는 팀원이라는 개인과 성과를 원하는 조직의 목표 달성 모두를 위해 필요한 팀장의 역할입니다.

CHAPTER 7

업무의 효율을
높이기 위한 솔루션,
프로세스 점검 방법

프로세스 관리

똑같은 생각과 같은 일을 반복하면서 다른 결과가 나오기를 기대하는 것보다
더 어리석은 생각은 없다. -아인슈타인

조직에서는 혼자서 업무를 진행하는 것은 극히 일부분이고, 다른 이들과 함
께 진행하는 것이 대부분입니다. 그래서 여럿이 업무를 하기 위해서 만들어
진 절차가 있습니다. 바로 프로세스Process입니다. 프로세스란 용어는 직업
이나 산업 전반에 걸쳐서 다양하게 쓰입니다. 일반적으로 회사나 조직에서
말하는 프로세스는 '일하는 절차'를 의미합니다. 따라서 프로세스는 누가 보
더라도 쉽게 이해할 수 있고, 특정한 사람의 편의나 이익을 위한 것이어도
안 됩니다. 해석의 논란이 발생하지 않도록 간단하고 명쾌해야 합니다.

　하지만 프로세스를 눈앞에 보이는 사물처럼 명확하게 파악하기란 쉽지 않
습니다. 일부 직무에서는 작업 설명서나 업무 매뉴얼 등을 통해 일하는 절차
를 파악하기도 하지만, 상사나 전임자에게 암묵적 지식의 형태로 전달받기

도 하기 때문입니다. 그렇다 보니 프로세스를 수립하는 데 있어 어떤 정답이나 표준이 있는 것은 아닙니다. 실제로 프로세스를 운영하는 다양한 방법들이 있고, 일의 특성이나 조직의 문화에 따라 다른 방법들이 존재합니다.

이를테면, IT 분야에는 폭포수 모델Waterfall Model이라는 개발 프로세스가 있습니다. 이는 요구분석-설계-개발-테스트-적용-유지 보수의 진행 절차를 정의하여 마치 폭포처럼 이전 단계로 거슬러 올라갈 수 없는 프로세스 방법입니다.

반면에 폭포수 모델과 비교되는 애자일 모델Agile Model이라는 프로세스도 있습니다. 애자일의 사전적 의미는 '날렵한', '민첩한'으로 고객의 요구에 민첩하게 대응하고 그때그때 주어지는 문제를 풀어나가는 개발 프로세스입니다. 개발 프로세스 이외에도 업무를 진행하는 프로세스 방법에는 앞서 한 번 언급했던 경영학자 에드워즈 데밍이 제안한 PDCAPlan-Do-Check-Act 서클이나, 모토로라에서 출발하여 GE 잭 웰치 회장이 도입한 품질경영 기법인 6시그마 방법론 등이 있습니다.

어떤 프로세스를 적용할 것인지에 대해서는 벤치마킹이나 컨설팅, 또는 조직 내 합의를 통해 결정해야 합니다. 이에 대해서는 팀장과 팀원들 간에 충분한 논의가 이루어져야 합니다. 때로는 프로세스 자체가 효율적으로 일을 추진하는 데 걸림돌로 여겨지는 상황도 있습니다. 형식적인 절차를 따르느라 부가적인 업무를 해야 한다면 말입니다. 이런 상황에서는 프로세스의 존재 이유를 다시 확인해야 합니다. 특히, 팀장의 시각에서 프로세스를 어떻게 관리할지 고민해 보아야 합니다. 더 나아가 궁극적으로 팀원과 팀장이 프로세스에 대하여 서로 받아들일 수 있는 합의를 끌어내야 합니다. 그렇다면 프로세스는 조직에서 어떤 의미를 가질까요?

첫째, 프로세스는 일의 진행 상황을 예측할 수 있게 해줍니다.

프로세스는 일을 어떻게 시작하고 마무리하며, 그 중간 과정을 어떻게 진행하는지 정리한 것입니다. 예를 들면, PDCA 서클에서는 일을 진행하는 순서가 계획Plan을 세우고 중간에 실행Do과 평가Check를 거쳐서 개선Act하는 단계로 되어 있습니다. 지금 내가 계획을 세웠다면 이제 실행해야 할 단계이고, 평가가 끝났다면 실제 개선을 수행해야 합니다. 팀장은 팀원들이 지금 어느 단계를 이행하고 있는지 파악하면, 현재까지의 달성률과 예상 완료 시점을 가늠해 볼 수 있습니다.

이러한 상황을 모두 취합하면 팀 전체의 진행 상황을 확인할 수 있으며, 동시에 진행하는 여러 일들의 진행 우선순위를 조정하기 위한 인적/물적 자원의 배분을 합리적으로 고려해 볼 수 있습니다. 이때 만약 프로세스가 존재하지 않는다면 팀원 개인의 생각이나 팀장의 판단에만 의지하여 즉흥적이고 단기적인 조치를 취할 수밖에 없게 됩니다.

둘째, 프로세스는 일을 중간 점검해 볼 수 있는 시점을 알려줍니다.

현재 어느 단계를 진행하는지 알 수 있다면, 현 단계에 대한 피드백이나 다음 단계에 대한 조언을 해 줄 수 있습니다. 때로는 더 나아가 다음 단계를 수행해야 할지, 현 단계나 이전 단계를 더 보완해야 할지 의사결정을 할 수도 있습니다. 이러한 예측은 일이 잘못된 방향으로 갈 수 있는 오류를 사전에 확인함으로써, 비용의 손실을 막고 목표 도달 시간이 늘어나는 것을 방지해 줍니다. 그래서 일을 시작하기에 앞서 팀장과 팀원들은 프로세스의 어느 단계에서 중간 점검을 할 것인지 사전에 합의해 두는 게 좋습니다. 때에 따라서는 중간 점검조차 하지 않고 모든 일을 위임하기도 합니다. 하지만 그것은 프로세스 전체를 놓고 보았을 때, 충분한 리스크를 감당할 수 있다는 상호 합의가 있기에 가능한 것입니다.

셋째, 프로세스는 자연스럽게 개선될 수 있습니다.

앞서 언급했듯이 일을 진행하는 방법에는 여러 가지가 있고 정답은 없습니다. 다만, 정답에 가깝게 가기 위한 지속적인 노력은 기울일 수 있습니다. 그래서 프로세스는 한 번 만들어지면 영원불변한 게 아니라 계속 수행함에 따라 문제점이 나타나고 그에 대해 보완을 하게 됩니다. 이를 통해 조직과 개인의 성장을 이룰 수 있습니다. 이것은 프로세스를 통해 현재의 위치를 확인할 수 있기에 가능합니다. 만약 프로세스나 기준이 없다면 지금 하려는 변화의 행동이 더 나은 것인지, 오히려 더 나쁜 영향을 줄지 알 수 없습니다.

이처럼 프로세스는 팀장과 팀원들 간에 일을 바라보는 공통된 시각을 제공하며, 서로 일에 대한 현황을 공유하거나 동기화할 방법을 알려 줍니다. 이를 통해 팀장은 팀 전체가 가려는 방향을 제때 점검하고, 팀원들 모두가 효율적으로 일을 하면서도 각자 스스로 성장할 기회를 줄 수 있습니다. 유능한 기술자가 자기 일에 맞게 도구를 바꾸어 가듯이 프로세스는 얼마든지 개선할 수 있습니다. 이를 통해 프로세스도, 조직도 함께 성장하고 변화하며 발전합니다.

Q 새로 부임한 상사와 프로세스 관리 방법이 다르면 어떻게 조율해야 하나요?

생활가전 제품을 생산하는 회사에서 품질관리 업무를 맡은 G 팀장입니다. 연초 조직 개편에 따라 제가 맡은 제품의 사업부장으로 새로운 임원급 상사가 오신 지 4달이 지났습니다. 이전 사업부장님께서는 저를 비롯한 팀장들에게 전폭적으로 권한 위임을 하시는 편이었고, 회의나 보고는 의사결정이 필요할 때만 받으셨습니다. 회의를 할 때에도 실무자가 직접 설명해야 하는 특별한 상황을 제외하고는 팀장들 위주로 회의를 진행했음에도 큰 문제가 없었습니다.

그런데, 새로 오신 W 사업부장님은 수시로 보고를 받습니다. 보고나 회의할 때에도 반드시 실무자가 참석해야 하고, 직접 실무자와 세세한 내용까지 토론합니다. 다른 회사에서 오신 분이었기에 회사의 문화 차이라 생각하고 그분의 선호 스타일에 따라 업무 프로세스를 맞췄습니다만, 예전에 제가 해오던 프로세스 방식과 너무 달라서 적응하기가 힘이 듭니다. 팀원들도 새로 오신 사업부장님의 보고서 준비에 많은 시간을 쏟으며 스트레스가 이만저만이 아닙니다. 이처럼 상사와 프로세스 관리 방식이 다르다면 어떻게 해야 할까요?

A 이렇게 한번 해보면 어떨까요?
먼저 조직에 따라 서로 다른 프로세스가 존재한다는 것을 기억합니다.

대개의 조직은 나름의 업무 프로세스를 갖고 있습니다. 하지만 어느 조직이나 같은 프로세스로 진행하는 것은 아닙니다. 어떤 조직은 세부 사항까지 구체적으로 프로세스를 정의해 놓는가 하면, 어떤 조직은 큰 흐름의 프로세스만 정의하고 세부적인 사항은 팀원들이 자율적으로 진행할 수 있게 하기도 합니다. 특히 외부에서 영입된 상사라면 프로세스 관리 방법이 다른 게 자연스러운 현상일 수 있습니다.

이때, '우리 조직의 프로세스는 맞고 다른 조직의 프로세스는 틀렸다'는 생각은 버려야 합니다. 조직에 따라 적용하는 프로세스가 다를 뿐입니다. 물론 개인적인 성격이나 고유의 업무 수행 방식에 따라 진행하는 프로세스 방식이 다를 수 있지만, 대개 그 조직에 적합한 프로세스 방식이 몸에 배기 마련입니다. 상황에 따라서는 회사의 사풍이나 오너의 성향에 따라 프로세스 방식이 달라지기도 합니다. 그러므로 더욱 열린 마음으로 다양한 프로세스 방식에 대해 이해하려는 노력이 필요합니다.

두 번째, 프로세스 원칙에 대해 상사와 사전 협의를 합니다.

우선 상사의 프로세스 관리 방식을 정확하게 이해하고 있는지 확인해 봅니다. 상사의 의도를 잘못 해석할 수도 있고, 상사가 일시적인 감정의 변화를 겪었을 수도 있습니다. 때로는 조직의 긴급한 요청에 따라 특별한 형태의 프로세스를 진행한 것일지도 모릅니다. 따라서 상사와 프로세스의 전반적인 원칙에 대해 사전에 의견을 나눠야 합니다.

먼저 상사가 생각하는 원칙을 정확하게 이해하고, 궁금하거나 이해가 부족한 부분에 관해서도 꼼꼼히 질문합니다. 그 이후에는 자신이 생각하는 원칙도 함께 말씀드립니다. 아마도 나의 의견 중에서 받아들이는 부분도 있고, 상사의 생각을 그대로 밀고 나가는 부분도 있을 겁니다. 이러한 의견 교환을 통해 프로세스의 원칙, 공통점, 차이점을 확인합니다. 차이점에 대해서는 누가 양보할지, 조율이 가능한 부분은 없을지 의견을 나눕니다. 필요하다면 적용 시한을 정해서 해당 프로세스의 진행 결과를 평가해 볼 수도 있습니다.

세 번째, 지시에 따르는 영역과 자율적으로 진행할 영역을 나누어 봅니다.

프로세스의 원칙에 대해 서로 확인했다면, 의사결정을 받아 지시에 따라 진행할 프로세스와 자신의 권한에 따라 자율적으로 진행할 프로세스를 나누어 봅니다. 이렇게 권한과 책임을 나누지 않으면 모든 프로세스에 대하여 의사결정을 받아야 하고, 의사결정을 하는 사람과 받는 사람 모두 불필요한 에너지를 소모하게 됩니다. 영역을 나누는 상황에서 자율적인 영역을 확대하기 위해 상사와 언쟁을 할 필요는 없습니다. 우선 영역을 나누어 프로세스를 진행해 보고 서로 필요에 따라 다시 조정하면 됩니다. 자율적으로 진행할 영역이 너무 넓어 벅차다면 상사의 도움을 받을 수도 있고, 자율 진행에 대한 결과가 만족스러워서 신뢰가 높아진다면 그 영역을 확대할 수도 있습니다. 중요한 점은 의사결정 영역과 자율결정 영역을 구분하여 나와 상사의 역할을 확실하게 나누는 것입니다. 영역의 조정은 나중에 진행해도 됩니다.

네 번째, 수시로 프로세스의 진행 상황을 공유해 보세요.

피터 드러커는 그의 저서에서 '제로 드래프트Zero Draft'라는 용어를 소개합니다. 이는 흔히 알고 있는 초안First Draft을 만들기 이전에 우선 짧은 시간 내에 일의 계획을 수립하는 것을 말합니다. 대부분의 사람들은 일에 착수하면 곧바로 기본 자료에 대한 조사나 벤치마킹 사례를 찾기 시작합니다. 그것들을 바탕으로 며칠에 걸쳐 만든 자신이 생각하는 첫 번째 진행 방안, 즉 초안을 들고 상사를 찾아가 보고합니다.

하지만 그 초안이 단번에 상사의 마음에 드는 경우는 그리 많지 않습니다. 심지어 상사가 의도한 방향과 정반대일 수도 있습니다. 반면, 제로 드래프트는 업무 지시를 받은 즉시 몇 시간 이내에 자신이 알고 있는 지식만으로 일의 방향과 개요를 간략하게 작성하여 상사와 협의하는 것을 말합니다. 물론, 제로 드래프트에서도 상사의 의견과 다른 부분이 있지만 본격적으로 일의 착수에 앞서 불필요한 노력을 많이 줄일 수 있습니다. 제로 드래프트뿐만 아니라 진행 상황을 수시로 공유하면 프로세스의 진행 방향을 즉각 보완할 수 있습니다.

다섯 번째, 상사의 프로세스 관리 방식에서 본받을 점을 찾아봅니다.

조직마다 다른 프로세스가 존재하듯, 사람마다 다른 프로세스를 선호합니다. 조직에서 정해진 프로세스가 있다 하더라도 개인에 따라 미묘한 차이가 있을 수 있습니다. 따라서 나의 프로세스 관리 방식과 상사의 방식이 반드시 일치하는 것은 아닙니다. 관리 방식이 서로 다르다고 해서 상대방의 방식이 무조건 잘못된 것도 아닙니다. 상사의 관리 방식 중에서도 보완할 점이 있는가 하면 배울 점이 있을 수도 있습니다.

특히, 외부에서 영입된 상사라면 지금의 조직과 다르거나 존재하지 않는 프로세스를 알고 있을 것입니다. 지금 조직의 프로세스나 내가 알고 있는 프로세스와 다르다고 해서 배척할 게 아니라, 장점을 받아들여 보완할 부분은 없을지 살펴봐야 합니다. 물론 객관적으로 보아도 잘못된 방향이라고 생각되면 건의를 통해 상사의 프로세스를 보완할 수도 있습니다. 이때 상사가 받아들이지 않을 때는 무조건 나의 주장을 관철하려 들기보다는 일단 수용하여 프로세스의 결과를 가지고 상사와 협의하는 게 좋습니다.

여섯 번째, 수정된 프로세스는 모두가 공유합니다.

상사의 프로세스 방식이건, 나의 프로세스 방식이건 시행 후에 결과를 분석하여 보완 사항이 발견되면 프로세스를 수정합니다. 수정된 프로세스는 모두가 공유할 수 있도록 합니다. 회의나 공청회를 활용할 수도 있고, 업무 매뉴얼이나 표준을 개정할 수도 있습니다. 이 과정에서는 누구의 잘잘못을 따지기보다는 시행 결과에 대해 투명한 공개와 피드백을 긍정적으로 받아들이는 자세가 중요합니다.

프로세스가 개선되어 좋은 결과가 나왔다면 자축의 행사를 하거나 주요 공적에 대한 시상을 하는 것도 좋습니다. 그렇게 하면 프로세스는 언제나 획일적으로 정해진 것이 아니라 더 나은 방향으로 변화하는 것임을 알 수 있고, 상사도 늘 정해진 프로세스만 고집하려 하지는 않을 것입니다. 프로세스 개선에 관한 조언을 누구나 할 수 있게 됨으로써 모두가 프로세스에 대해 관심을 두고 다양한 개선 아이디어를 모을 수 있습니다.

마지막으로 완벽한 프로세스는 존재하지 않는다는 사실을 기억하세요.

처음에 상사와 자신의 프로세스 관리 방식이 충돌한 이유는 서로 자신의 프로세스가 완벽하다고 생각했기 때문입니다. 하지만 세상에 완벽한 프로세스는 존재하지 않습니다. 어떤 프로세스이건 끊임없이 개선될 여지가 남아 있습니다. 그런 양보의 자세가 자신은 물론 조직이 발전할 수 있는 가능성을 열어 줍니다. 자신이 완벽하다고 물러서지 않는 한, 상대방도 자신이 완벽하다는 생각으로 맞서게 됩니다. 어느 것이 더 좋은지는 프로세스 실행의 결과로 확인하면 됩니다.

프로세스를 실행해 보기 전까지는 누구의 주장도 100퍼센트 옳다고 판단해서도 안 됩니다. 심지어 옳다고 생각하여 진행한 프로세스도 보완점이 나타날 수 있습니다. 이처럼 새로운 상사의 프로세스 관리 방식에 무조건 반론을 펼치기보다는 상호 협의를 시도하고 나타난 문제점을 함께 해결해 나가는 도전 의식으로 개선해보기를 제안합니다. 서로의 시각만 다를 뿐 조직의 성장과 이익을 위한 목적은 같기 때문입니다.

CHAPTER 8

공정한 인사를 위한
선행과제,
성과 평가 잘하는 법

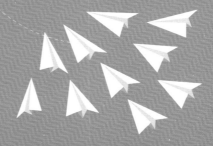

성과 평가

측정되지 않으면 관리할 수 없다.
- 피터 드러커

KPI 하면 떠오른 것은 무엇인가요? 핵심 성과 지표Key Performance Indicator와 성과 평가를 단지 인사부서의 요구로 벌어지는 연례행사로 여기고 있지는 않습니까? 연초에 설정된 KPI에 대하여 연말에 관리자가 평가지를 작성하고 이를 바탕으로 승진이나 급여, 인센티브 등을 산정하기 위한 자료를 만드는 것으로만 생각하기 쉽습니다. 성과 평가를 일종의 '행정업무'라고 생각하여 성과 평가에 대해 회의적이고 이러한 평가 자체를 없애야 한다고 주장하는 이들도 많습니다. 그런데 성과 평가란 연말에 이루어지는 일회적 행사가 아니라 주기적으로 지속해서 이루어져야 하는 과정입니다. 성과 평가는 크게 '성과 계획, 성과 수행, 성과 측정, 성과 점검'으로 이루어집니다. 따라서 성과 평가가 제대로 이루어지기 위해서는 애초에 성과 계획, 즉 목표 설정부터 제대로 이루어져야 합니다.

연초 목표에 대한 성과 계획 면담을 통하여 사전에 부서에 주어진 목표를 바탕으로 피평가자의 직무에서 먼저 달성해야 할 목표와 기대 수준을 정해야 합니다. 해당 목표를 달성하기 위해 필요한 핵심 역량이 무엇이고 그것을 어떻게 강화할 수 있을지 고민해야 합니다. 이러한 우선 직무별 목표, 그것의 달성 수준과 그에 필요한 역량과 지원에 대한 합의가 잘 이루어져 있을수록 연말의 성과 측정과 점검이 정상적으로 이루어질 수 있습니다.

지금부터는 전체 성과 평가 프로세스 중 '성과 측정과 성과 점검'에 대한 내용을 주로 살펴보기로 하겠습니다. 먼저 성과 평가에서 팀장이 해야 할 일은 무엇일까요? 팀장은 성과 측정 단계에 있어, 연초에 설정해 놓은 우선 직무, 목표, 역량과 책임 등을 미리 준비하여 검토해야 합니다. 피평가자 스스로 작성한 성과 목록과 자기 평가 내용을 검토하고 공식적인 성과 평가 내용을 작성해야 합니다. 이어서 성과 점검을 통해 피평가자를 면담하고 평가자/피평가자가 각각 작성한 계획과 성과 목록을 비교 점검하고 논의합니다.

성과의 측정은 주로 목표 설정 시 고려하였던 성과의 수준 또는 양, 비용 및 시기 적절성을 고려하여 이루어져야 하며, 성과 점검 시에는 이를 근거로 피평가자의 목표 대비 성과에 대해 논의합니다. 이때 중요한 점은 각 팀원의 강점 및 성과가 무엇이며, 부족했던 부분은 어떤 것인지, 또한 좀 더 역량 계발이 필요한 영역이 무엇인지에 대해 살펴보는 것입니다.

성과 평가 시에는 실제 성과와 아무런 관련이 없는 요인을 함께 고려하여 판단하지 않도록 평가 오류에 주의합니다. 평가자는 피평가자의 매력이나 학력 사항, 첫인상 등에 좌우되지 않도록 합니다. 연말 성과 점검의 마지막에는 다음 해의 성과 계획 면담 일정을 미리 협의한 후 끝내는 것이 좋습니다.

Q 제가 판단하기에는 정말 괜찮은 팀원인데 오해로 인해 저의 상사가 그 팀원을 부정적으로 평가하고 있습니다. 이럴 때 어떻게 해야 하나요?

H 팀장은 새로 A 브랜드의 영업팀장으로 부임한 지 3개월이 되어가고 있습니다. 해당 영업팀에는 매장을 관리하는 영업 담당자들 외에, C 팀원이라는 한 명의 마케터가 근무 중입니다. C 팀원은 혼자라는 어려움에도 불구하고 지난 몇 달 동안 누구보다도 성공적으로 업무를 수행해 왔습니다. 주요한 의사결정은 상위 리더인 팀장이 내리지만, 그 이전에 필요한 마케팅 기획과 실행에 있어서 믿고 맡길 수 있는 우수한 인재입니다. 성격도 꼼꼼하고 꾸준히 자기 계발에도 힘써 미래가 더 기대됩니다. 하지만 처음 영업팀장을 맡게 되었을 때 담당 임원은 H 팀장에게 C 팀원에 대해 부정적인 평가를 하며 '주의 깊게 살펴봐야 할 팀원'이라고 하였습니다. 실행도 느리고 업무 태도도 부정적이라며 담당 마케터를 교체하는 것이 좋지 않겠냐는 말씀이었죠. H 팀장으로서는 그러한 상반된 평가에 잘 이해가 가지 않았습니다. 어째서 이러한 오해가 생겼고, 또 어떻게 풀어나가야 할까요?

A 이렇게 한번 해보면 어떨까요?
먼저 상사가 왜 해당 팀원을 부정적으로 평가하는지 그 원인부터 이해할 필요가 있습니다.

예를 들어, C 팀원은 다음과 같은 이유가 있었습니다. H 팀장 이전의 영업팀장은 마케팅 업무에 대한 이해가 많지 않았습니다. 그런 이유로 마케팅 업무에 대하여 C 팀원을 이끌어가기 어려웠고, 적절한 시점에 의사결정이 이루어지지 않아 중요한 마케팅 현안이 시기를 놓치는 일이 잦았습니다. 담당 임원으로서는 중요한 마케팅 업무가 제때 진행되지 않고 성과도 미약하여 이에 대한 원인을 C 팀원의 업무 역량에 문제가 있다고 보았습니다.

C 팀원의 보고 방법에도 아쉬운 점이 있었습니다. 그는 자존심과 주관이 강한 편입니다. 보고 과정에서 피보고자가 제대로 내용을 이해하지 못하거나 부정적인 피드백을 받았을 때, 즉시 그 자리에서 해명하거나 반발하는 모습을 보였습니다. 아마도 무의식중에 나타나는 모습으로 본인으로서는 별다른 의식은 없었을 것입니다. 업무 처리나 보고가 제때 이루어지지 않았을뿐만 아니라 담당 임원의 검토 지시 사항에 대하여 긍정적으로 받아들이지 못하고 받아치는 모습이 상급자에게는 버릇없고 부정적인 태도로 보일 수 있었습니다.

두 번째, 적절한 의사결정을 바탕으로 업무를 지원합니다.

팀장으로서 먼저 조치해야 할 점은 해당 팀원의 업무가 차질 없이 진행될 수 있도록 적절한 스케줄 관리와 함께 적시에 의사결정을 해주는 것입니다. 업무 역량이 있는 팀원이므로 될 수 있는 대로 자율적으로 업무 기획안을 작성해볼 수 있도록 적극적으로 업무를 위임할 필요가 있습니다. 하지만 팀원의 업무가 제대로 실행되기 위해서는 팀장의 빠른 의사결정과 지원이 필수입니다. 팀원 자체의 문제가 아니라 그 밖의 이유로 인하여 업무에 문제가 발생하지 않도록 관심을 두고 정기적으로 커뮤니케이션해야 합니다.

세 번째, 보고의 방법을 바꿔봅니다.

상사에 대한 적절한 보고 방법을 알려주고 보고에 동참하여 지원을 해주어야 합니다. 특히 팀원들은 본인의 업무를 설명하는 데에 급급한 나머지 상대방의 반응이나 우려하는 사항에 대하여 파악하지 못 하는 일이 많습니다. 현실적으로 보고는 '기술Skill' 입니다. 보고에 들어가기 전에는 먼저 담당 임원이 우려할 만한 이슈들에 대해 미리 서로 협의하여 명확한 대응이 될 수 있도록 준비합니다. 보고하고자 하는 핵심 사항이 무엇인지, 이에 대해 스토리를 정리하고 될 수 있는 대로 그 내용에 집중하여 보고하는 것이 중요합니다.

그런데도 상사의 부정적인 피드백이 나온다면 그 자리에서 바로 따지기보다는 일단 피드백 내용을 충분히 이해하고 물러서는 것이 좋습니다. 사전에 이슈에 대해 고민해간다고 하더라도 실무자의 입장에서 보지 못하고 놓친 지점이 있을 수 있으며, 특히 담당 임원과의 관계가 이미 좋지 않은 실무자라면 제대로 된 대응을 하지 못해 부정적인 태도로 낙인찍힐 수 있습니다.

네 번째, 그 사원이 낸 성과에 대해 상사에게 어필합니다.

기획 단계의 보고에서도 가능한 실무자가 직접 상사에게 보고할 수 있도록 하는 것이 좋습니다. 뿐만 아니라 업무 실행 결과에 관해서도 실무자가 직접 상사에게 보고할 수 있도록 자리를 마련하는 것이 좋습니다. 평소에도 해당 팀원의 장점과 성과에 대하여 반복하여 조심스럽게 어필해 봅니다. 결과 보고 시에는 우수한 업무 성과에 대한 해당 팀원의 역할과 기여에 대하여 더욱 구체적으로 부각합니다. 이를 통하여 업무 역량에 대한 임원의 인식을 바꿀 수 있습니다.

다섯 번째, 일상에서의 관계 개선에 도움을 줍니다.

직장 생활 중에서 상사와의 관계가 불편한 것만큼 괴로운 일도 드뭅니다. 보통은 그 상사와의 만남을 최대한 피하려고 합니다. 회의나 보고, 뿐만 아니라 회식 자리에서도 최대한 참석을 회피하거나 상사에게서 가장 멀리 떨어진 곳에 앉으려고 하게 됩니다. 이것이 일반적인 사람들의 반응입니다. 불편하면 피하게 됩니다. 하지만 시야에서 멀어지고 자꾸 피할수록 신뢰를 쌓기는 점점 더 어려워집니다. 하지만 실제로는 불편하더라도, 아니 불편할

수록 오히려 접촉 횟수를 늘리는 것이 좋습니다. 임원과의 회의나 식사 자리에 될 수 있는 대로 해당 팀원과 함께 갑니다.

여섯 번째, 공적인 포상을 합니다.

대부분 회사에는 저마다 성과에 따른 크고 작은 포상 제도가 있습니다. 어느 정도 해당 팀원에 대한 평가가 개선되고 있다고 판단될 때는 공적인 포상에 추천함으로써 해당 팀원에 대한 평가를 긍정적으로 공식화합니다. 추천 과정에도 상사의 추천이나 공감을 유도하는 것이 좋습니다. 담당 임원으로서도 본인이 직접 추천, 승인한 팀원에 대하여 더욱 긍정적으로 판단하게 됩니다.

Q 성과는 좋은데 태도가 나쁜 팀원은 어떻게 리드해야 하나요?

A 팀원은 성과를 잘 내고 있습니다. 그런데 이는 자신의 개발 업무에서만 성과가 잘 나오는 것이고, 다른 팀원들과의 관계는 매우 좋지 않습니다. 저를 비롯하여 팀원들은 모두 A 팀원을 평소 '타인에 대한 배려가 부족하다'고 여깁니다. 전체 프로젝트로 보자면 충분히 다른 업무에도 도움을 줄 수 있는 상황인데, 철저하게 자기의 업무만을 챙기는 것이죠. 팀장의 입장에서는 실무자로서는 활용할 수 있지만, 팀장으로서의 역할 부여는 한계가 있습니다. 게다가 그 팀원은 내년 승진 대상자인데 팀장으로서 이럴 때는 어떻게 해야 할까요?

A 이렇게 한번 해보면 어떨까요?

먼저 그 팀원에게 향후 팀장이 되면 갖춰야 할 협력 자세를 알려주시기 바랍니다.

팀장으로서 리더가 되면 전체를 조망하는 시각을 되도록이면 가져야 합니다. 팀원 시절 유능했던 사람이 막상 팀장이 되면 기대에 부응하지 못하기도 합니다. 자신에게 주어진 직무에서는 높은 성과를 냈는데, 팀장이 되어 개개인 팀원을 리드하고 직무를 조율하는 업무는 어려워하는 것입니다. 이러한 능력은 팀장이 되어서 갑자기 학습하거나 마음을 먹었다고 해서 쉽게 발휘할 수는 없습니다. 이미 팀원 시절부터 주변의 동료들이 어떻게 일하고 있는지 세심하게 관찰해야 알 수 있는 일이기 때문입니다.

이는 많은 조직에서 다면 평가Multisource Evaluation 상사, 동료, 부하, 본인, 고객 등 다양한 평가 주체들이 평가자로 참여하여서 한 개인이나 팀에 대해서 평가하는 인사 평가 제도를 실시하는 이유이기도 합니다. 평가 대상자가 상사 및 주변 동료와의 관계를 유기적으로 맺고 있는지 확인해야 하기 때문입니다. 이렇게 미래에 팀장급 이상의 리더가 될 사람이라면 본인의 일만 잘하는 게 아니라, 조직 전체의 성과를 바라볼 줄 알아야 한다고 조언해야 합니다.

조직 내에서 개인으로서의 성장에는 한계가 있습니다. 개인별로 성과를 측정하기는 하지만 궁극적으로 조직의 목표와 방향이 일치해야 합니다. 조직의 목표는 개인의 성과가 모여야 달성 가능합니다. 나 홀로 이루어낸 성과는 조직이 달성해야 할 목표의 일부에 불과합니다. 대부분 조직 내에서 개인의 성장 로드맵은 팀장이 되기 위한 덕목을 포함하고 있습니다. 조직 전체의 성과를 높이기 위해 필요한 일들이 무엇인지 미리 정의해 둔 것입니다. 이를 팀원들과 공유해도 좋습니다.

두 번째, 팀원의 업무 배분 현황을 수시로 점검합니다.

조직은 보통 전체 업무를 개인별로 나누어 할당합니다. 개인의 역량을 예측하여 개인별 목표를 제시합니다. 각자의 목표가 모두 달성되어야 전체의 목표가 달성되는데, 저성과자가 목표를 달성하지 못하게 되면 전체의 목표가 그 수준으로 내려갑니다. 상황에 따라서는 조직의 성과 자체가 무산되기도 합니다. 성과를 관리하는 것은 팀장의 중요한 역할 중 하나입니다. 조직 내에서 고高성과자와 저低성과자의 역량 차이를 분명하게 파악하여 이에 따라 업무 배분을 해야 합니다. 단, 기대 목표에 따른 성과의 결과에 따라 확실하게 보상해야 합니다. 그것은 승진을 위한 고과일 수도 있고 따로 책정된 인센티브일 수도 있습니다. 성과를 더 낸 사람이 더 많은 보상을 받는 제도를 확실하게 만들어 최대의 성과를 낼 수 있도록 팀원의 업무량을 조정합니다. 이것은 사례의 해당 팀원이 간접적으로라도 조직을 위해 일하도록 하는 명분을 주게 됩니다.

세 번째, 조직의 사기에 긍정적인 영향을 주는 것도 성과의 하나임을 알려줍니다.

조직 내에서는 가끔 개인의 역량과 무관하게 진행되는, 이를테면 팀원들 중 누구라도 할 수 있는 업무가 있습니다. 대개 그런 일들은 높은 난이도를 요구하지 않으며, 높은 성과가 나지 않는 경우가 대부분입니다. 이때 팀장은 개인의 업무 상황을 파악하여 상대적으로 업무가 적은 팀원에게 해당 일을 맡길 수 있습니다.

팀원 개인의 성향에 따라 이런 업무를 받아들이는가 하면, 어떤 사람은 받아들이지 않고 고성과를 낼 수 있는 일만 하려고도 합니다. 문제는 이렇게 받아들이지 않는 사람이 한 사람이라도 있다면 어느 누구도 그 일을 맡지 않으려 한다는 것입니다.

그런데 만약 그 일을 맡지 않겠다고 하여 제외를 해주는 사례가 한 번이라도 발생하게 되면, 팀원들 모두가 그 예외 사례를 자신에게도 적용하려 할 것입니다. 해당 팀원이 팀장인 내가 지시한 업무를 수행하지 않는다면 조직의 사기에 부정적인 영향을 준다는 것을 분명히 알려줍니다. 부정적인 영향은 자연스럽게 성과 보상에서도 차이가 있음을 명확히 말합니다.

네 번째, 팀원 개인의 성과를 높이는 것에는 한계가 있음을 깨닫게 합니다.

조직 내에서 팀원이 혼자 일을 해내는 경우는 그리 많지 않습니다. 오히려 주변 동료의 도움을 받아야 하는 상황이 많습니다. 또는 팀원이 맡은 일의 전후 단계가 완료되어야 결국 팀원 개인의 일이 완료되기도 합니다. 동료가 전 단계의 일을 해주어야 자신이 다음 단계를 진행하는 것입니다. 만일 그 동료가 맡은 일이 2가지라고 해보겠습니다.

한 가지는 누구의 도움 없이 혼자서 고성과를 낼 수 있는 일이고, 다른 한 가지는 다음 단계를 위한 일지만 성과가 크지 않은 일입니다. 그런데 모두 고성과를 내는 일만 하려 한다면, 다음 단계를 해야 하는 동료는 성과를 낼 수 없습니다. 그 동료와 같은 상황은 팀원 누구에게나 찾아올 수 있습니다. 다른 팀원의 도움 없이는 개인의 성장에 한계가 있음을 팀원들 모두에게 알려줘야 합니다. 따라서 팀장은 각 팀원의 성장 로드맵을 평소에 알고 있어야 하며, 일을 진행할 때 도움을 주고받는 역할을 명확히 알려두어야 합니다. 사례의 팀원에게는 자신이 모든 성과를 이룬 게 아님을 깨닫도록 합니다.

다섯 번째, 성과를 달성하는 프로세스와 방법에 대해 자세히 설명합니다.

조직에서 목표를 달성하는 것은 중요하지만, 어떻게 달성했는지를 확인하는 것도 중요합니다. 요즘의 조직은 대부분 성과 관리에 자원을 집중합니다. 그렇다 보니 성과 자체에 집착하여, 과정이야 어떻건 성과만 잘 나면 된다는 의식이 팽배하기 쉽습니다. 잘못된 방법으로 달성한 성과를 인정하는 문화가 자리를 잡으면 너도, 나도 성과를 위해서라면 수단과 방법을 가리지 않을 수도 있습니다. 그러면 조직 내에서는 오직 무한 경쟁과 상호 비방의 분위기만 팽배해집니다. 상황에 따라서는 최고의 성과를 내지 못했다고 하더라도 그 진행 과정을 인정하고 칭찬할 필요도 있습니다. 이를테면 새로운 방식으로 프로세스를 만들었거나 소중한 실패의 경험을 축적하는 경험을 해보았을 수 있습니다. 이러한 과정은 앞으로 더 큰 성과로 이어질 수 있는 중요한 자산이 될 수도 있습니다.

하지만 성과만을 중요하게 여기는 팀원에게 개인적으로 피드백을 주는 일은 어렵습니다. 당사자가 성과만을 챙겼던 사례에서 어떤 점이 잘못된 것인지 잘 모르기 때문입니다. 더 나아가서 자신이 더욱더 효율적으로 일했다고 여기며 보상을 기대할 수도 있습니다. 특히, 승진 등을 앞두고 있는 특별한 상황이라면 더욱 눈에 띄는 실적에 집착할 수도 있습니다. 이런 상황에서 팀장이 도덕이나 직업윤리만을 강조하다 보면, 강한 반발만 불러일으킬 수 있습니다. 그러한 가치관은 정량적으로 평가되기도 힘들뿐더러, 팀장의 성향에 따라 기준이 달라질 수도 있습니다. 그런 저항을 줄이기 위해서는 성과 평가를 명시적 프로세스에 따라 진행합니다. 사전에 성과에 대한 보상 기준을 명확하게 공지하고, 앞에서 얘기한 것처럼 조직에 도움이 되는 방식으로 성과를 거두었는지 다시 한 번 확인합니다. 그래야 팀원들이 어떻게 일해야 자신의 성과도 인정받고, 조직에도 긍정적인 영향을 줄 수 있는지 알 수 있습니다.

팀원들은 언젠가 자신도 팀장이 되었을 때 고려할 사항을 미리 깨달아야 합니다. 특히, 승진을 앞두고 있다면 팀장의 위치에 더욱더 가까이 다가가는 단계라 볼 수 있습니다. 성과지상주의는 개인의 문제가 아니라 건강한 조직을 만들기 위해 팀장이 책임을 지는 영역임을 명확하게 알려줘야 합니다. 다시 말해 개인적인 감정으로 충고를 주는 게 아니라 팀장의 책임과 권한을 가지고 피드백을 주는 것이라고 전달해야 합니다. 자신도 언젠가는 팀장이 되어 지금 자신과 같은 상황이라면 어떠한 결정을 내릴 것인지 미리 기회를 주는 게 어떨까요?

Q 팀장이 보기에 성과가 좋지 않은데, 스스로 그렇게 생각하지 않는 팀원과의 평가 면담은 어떻게 하나요?

B 팀원은 성과가 낮은 편입니다. 물론 열심히 하지 않는 것은 아니지만, 경력과 직급을 고려할 때 지금 맡은 업무 보다 더 넓은 업무 영역을 맡아줘야 하는데, 지금 맡은 업무에서도 꼼꼼함이 부족해 업무 수준이 떨어지고 제대로 성과를 내고 있지 못합니다. 하지만 스스로는 자신이 충분히 열심히 일하고 있고 이러한 부정적인 평가에 동의하지 않을 것 같습니다. 게다가 감정적인 사람이라 부정적인 평가에 대해 냉정히 받아들이기보다는 화를 내거나 눈물을 보일 것 같습니다. 팀장으로서 저는 어떻게 해야 할까요? 그의 동의를 어떻게 끌어낼 수 있을까요? 혹은 그의 감정에 공감해주어야 하나요?

A 이렇게 한번 해보면 어떨까요?

아닙니다. 성과 평가의 목적은 피평가자의 동의를 구하는 데에 있지 않습니다. 물론 동의를 끌어낼 수 있다면 좋겠지만, 어설픈 감정적 공감은 오히려 피평가자가 냉정하게 본인의 업무 성과에 대하여 되돌아보게 만들기보다는 오히려 조직의 평가가 잘못되었다고 여기게 할 수 있습니다.

평가 결과에 대하여 피평가자가 동의하는 데에 목적이 있는 것이 아니라, 어째서 그런 평가가 이루어졌는지 이유와 근거를 명확히 전달하는 것이 중요합니다. 만약 필요하다면 이에 대하여 누락된 성과에 대하여 피평가자가 명확한 근거를 제시하게 함으로써 감정적인 면담이 아니라 실질적인 업무 성과에 대한 논의가 이루어져야 합니다.

특히 상대방이 감정적으로 나온다면 무리하여 사전에 위로를 하거나 정서적으로 유도하려고 하기보다는, 단도직입적으로 피평가자의 성과에 대해 솔직하게 평가 내용을 전달하는 것이 낫습니다.

　일단 스스로 평가 내용을 인지하고 이에 대하여 이성적으로 생각해볼 시간을 주는 것도 좋습니다. 반대 의견이 있다면 충분히 경청하고 실제 평가 결과를 수정할 구체적인 근거 자료가 있다면 반영할 필요도 있을 것입니다. 하지만 피평가자의 감정적인 반발로 인해 평가 결과를 수정한다면 다른 팀원들의 성과 평가에 대한 신뢰도를 떨어뜨리게 될 것입니다. 더불어 해당 팀원은 앞으로도 지속해서 성과 평가에 반발하게 될지도 모릅니다. 만약에 피평가자가 평가 결과에 반발하여 지나치게 감정적인 태도를 취하거나 위협적인 언행을 한다면, 무리하여 다독이기보다는 평가 면담을 중단하고 그가 정서적으로 안정된 이후에 다시 면담하는 것이 낫습니다.

연초 목표에 대한 성과 계획 면담을 통하여 사전에 부서에 주어진 목표를 바탕으로 피평가자의 직무에서 먼저 달성해야 할 목표와 기대 수준을 정해야 합니다. 해당 목표를 달성하기 위해 필요한 핵심 역량이 무엇이고 그것을 어떻게 강화할 수 있을지 고민해야 합니다. 이러한 우선 직무별 목표, 그것의 달성 수준과 그에 필요한 역량과 지원에 대한 합의가 잘 이루어져 있을수록, 연말의 성과 측정과 점검이 정상적으로 이루어질 수 있습니다.

CHAPTER 9

위대한 리더와
평범한 리더를 구분 짓는
핵심 역량

의사결정

리더는 회사에 힘을 주는 존재가 되어야 한다.
-호리바 마사오

'좋은 팀장인가 아닌가'는 과연 어떤 기준으로 결정될까요?

그 팀장이 의사결정을 잘하는가, 그렇지 않은가로 평가되는 경우가 많습니다. 팀장의 역할 중 중요한 비중을 차지하는 것은 바로 '의사결정'이기 때문입니다.

의사결정이란 바람직한 상태로 바꾸기 위해 행동할 수 있는 사실과 대안 중에서 선택하는 과정을 말합니다. 그리고 '의사결정을 한다'는 것은 여러 자원들을 집중하는 것을 의미합니다. 예를 들어, 매일 아침 무엇을 입을지, 점심은 무엇으로 할지, 사무 가구를 어떻게 배치할지 등 쉬운 의사결정은 누구나 할 수 있습니다. 하지만 기업 경영에 지속적이고 큰 영향을 미치는 어려운 의사결정에 대한 프로세스를 알고 활용할 수 있는 능력이 있느냐

없느냐로 위대한 리더와 그렇지 않은 리더를 구분할 수 있습니다.

리더십이란 인력 관리를 포함하고 있기 때문에, 유능한 팀장은 좋은 의사결정을 할 수 있는 팀 구성을 독려합니다. 이를 위해서는 긍정적인 의사결정 환경을 조성하고 성공적인 의사결정을 방해하는 요소를 제거해야 하며, 결정된 사항의 실행력을 높이기 위해 결과에 악영향을 받는 팀원들과 반대하는 팀원들까지도 함께하도록 설득해야 합니다. 의사결정은 결정했다는 것으로 끝나는 것이 아니라, 결국 의사결정에 따라 일을 해야 하는 사람들이 설득되어 따라와야 하기 때문입니다.

그런데 어떤 의사결정은 너무 반복적이고 일반적이어서 그렇게 크게 생각하지 않고서도 의사결정을 하는 것이 있습니다. 하지만 어렵고 복잡한 의사결정을 할 때는 여러 가지 것들을 고려해야 합니다. 의사결정을 내리는데 필요한 정보나 사실이 많이 부족하고, 서로 관련되어 있는 요소가 많아 복잡하게 얽혀 있습니다. 게다가 한번 의사결정을 내리면 그것이 끼치는 영향이 큽니다. 다양한 대안들이 있지만 각 대안들마다 불확실성과 결과가 있고, 결정적으로 의사결정으로 인한 이해관계자들에게 끼치는 영향이나 반응도 고려해야 하기 때문입니다. 실제 경영 상황에서는 선택한 대안이 명확하지 않다거나, 의사결정 과정상 중요한 요소를 고려하지 않았다던가 등의 이유로 내린 의사결정이 실패하는 일이 있습니다. 이러한 것들을 방지하기 위해서는 문제에 대해서 이성적으로 접근해야 합니다. 복잡한 문제들에 대한 의사결정을 해야 할 때는 결정을 위한 기술 외에도 문제 해결 기술도 활용하는 다각적인 접근이 필요합니다. 그렇다면 올바른 의사결정을 위해 어떻게 해야 할까요?

먼저, 긍정적인 환경을 구축해야 합니다.

사람들이 관련되어 있거나, 의사결정이 여러 사람들에게 영향을 미칠 때

의사결정은 복잡해집니다. 따라서 문제를 둘러싼 상황이나 여러 대안들을 모색할 수 있는 환경 구축이 필요합니다. 의사결정의 책임을 지고 있다면, 결정된 대안의 실행을 위해서 여러 사람들의 협조가 필요합니다. 그러므로 이들의 지원을 어떻게 얻을 것인가에 관해 관심을 두어야 합니다.

둘째, 상황에 대한 세밀한 조사가 필요합니다.

의사결정을 하기 전에 문제가 되는 상황을 완벽하게 이해해야 합니다. 얼핏 보면 떨어져 있는 상황인 듯이 보이지만 서로 연관되어 고려해야 하는 사항들이 많이 있습니다. 예를 들어, 특정 부서에서의 변화는 긍정적인 성과로 이어지는 일도 있지만 이로 인해 다른 부서에는 오히려 문제가 될 수 있습니다.

셋째, 다양한 대안 만들기를 해야 합니다.

더 많은 대안들을 만들어 낼 때 더 좋은 의사결정을 할 수 있습니다. 처음에는 대안을 다양하게 만들면 만들수록 의사결정을 하는 데 복잡하다고 생각될 수도 있습니다. 하지만 대안들을 만들다 보면 문제에 대해 더 깊이 생각해 볼 수 있으며 새로운 시각으로 문제를 해석할 수 있는 능력을 기르게 됩니다.

넷째, 대안의 평가를 신중하게 해봅니다.

대안들을 놓고 각각의 실현 가능성, 위험성, 적용 방법들에 대해 평가합니다. 대부분의 의사결정은 어느 정도 위험성을 안고 있습니다. 각 대안의 위험성과 비용, 선택할 때 발생할 수 있는 좋지 않은 효과에 대해 객관적으로 평가해야 합니다. 일반적으로 의사결정을 할 때 고려하는 4가지 기준이 있습니다. 바로 '효과, 비용, 리스크, 시간'입니다.

• **효과** 대안을 실행했을 때 효과가 어느 정도인가? (예: 수익, 품질향상 등)

- **비용** 대안의 실행에 필요한 비용(자원)은? (예: 사람, 물건, 돈 등)
- **리스크** 이 대안이 실행 상 리스크는 어느 정도인가? (예: 예상했던 수익이 나지 않는다 등)
- **시간** 대안의 효과가 나타나기까지 기간은 어떠한가? (예: 3개월, 1년 등)

다섯째, 그것이 제일 나은 선택인지 충분히 고려합니다.

대안들에 대해 평가했다면 이제는 선택의 순간입니다. 만약 다른 대안들보다 특정 대안이 확실히 낫다면 당연히 그것을 선택해야 합니다. 하지만 여전히 다른 대안들 사이에서 방황하고 있다면, 각 대안들을 놓고 우선순위의 평가 기준을 서로 비교하면서 최선이 될 수 있는 것을 선택해야 합니다. 혹은 대안들을 고려하여 최적 안을 새롭게 구성할 수도 있습니다.

여섯째, 계획에 대한 평가를 진행합니다.

대안을 개발하고 평가하는데 이미 상당한 시간을 쏟았기 때문에, '이제는 그만해도 되지 않을까?' 하는 생각이 들 수도 있습니다. 하지만 바로 이때가 다시 한 번 생각해 봐야 하는 순간입니다. 사고가 난 다음에 뒤늦게 후회하는 것보다는 처음부터 실수를 방지하는 것이 더 중요하기 때문입니다. 의사결정된 것을 실행에 옮기기 전 다시 시각을 객관화하여 지금까지 해온 것들을 점검하고, 과정상 일어날 수 있는 흔한 실수는 없는지 살펴봅니다. 이러한 일련의 과정에 참여해온 여러 이해관계자들과 함께 계획에 대한 평가를 하는 것도 좋습니다. 의사결정을 진행한 자기 자신에게 집중해 봅니다. 실행의 순간에서 확신보다는 약간의 의구심이 든다면 일단 멈춰야 합니다. 그런 다음 어떤 점 때문에 그러한지 검토해야 합니다.

일곱째, 의사결정에 대한 활발한 커뮤니케이션을 실행합니다.

드디어 의사결정을 내렸다면, 이와 관련된 이해관계자들과의 소통을 통해 이들을 참여하게 하고 동기유발시켜야 합니다. 어떠한 의사결정 과정을 거쳤고 무엇을 결정했는지에 대해 논의합니다. 예상되는 위험과 이익에 대해 더 많은 정보를 공유하면 할수록, 이해관계자들은 내려진 의사결정에 대해 더 잘 이해하고 수용할 것입니다.

Q 의사결정은 언제 하는 게 효과적일까요?

팀장으로서 '언제 의사결정을 하는 것이 가장 바람직한가'에 대해 늘 고민하게 됩니다. 수차례 미팅을 하지만, 일할 때 결정할 권한도 없는 상황에서 의사결정을 서둘러 해야만 하는 상황도 있습니다. 게다가 결정적인 정보가 아직 시장에 나와 있지도 않은 상태임에도 불구하고 결정해야만 하는 난처한 상황도 있었습니다. 만약 결정했더라도, 그 결정에 대해 CEO나 임원과 같은 상사^{상위} 리더가 결정을 바꾸거나 번복하는 일도 있습니다. 이러한 사례 하나하나가 팀장으로서의 평판에 영향을 미치게 될 텐데, 어떤 일들은 상사에게 빨리 보고해서 이후 진행사항을 모니터링하면서 경과보고에 집중해야 하는 것들이 있는가 하면, 또 어떤 일들은 심사숙고하면서 의사결정을 해야 합니다. 이러한 일들을 결정하는 어떤 기준이나 가이드가 있는지 궁금합니다.

A 이렇게 한번 해보면 어떨까요?

의사결정에 있어 해결책 도출만큼이나 타이밍이 중요합니다. 경중을 따지는 것도 중요하지만 상황에 따라서는 선행조치가 해결책에 가장 중요하게 작용하는 일도 많기 때문입니다. 결정의 타이밍에 대한 의미가 쉽게 이해되지 않는다면, '지금 당장 이 일에 대해 어떤 대책을 세우지 않고 놔둔다면 어떤 일이 일어날까?'에 대해 자문해 보면 좋습니다. 만약 무슨 일이 생길 것 같다면 의사결정 과정을 늦추는 것도 하나의 방법입니다.

　의사결정을 빨리해서 좋은 점은 '그만큼 실행도 빠를 수 있다'는 점을 들수 있습니다. 좋은 성과를 내면 추진력과 실행력이 좋다는 평판과 함께 팀원들로부터 카리스마 있는 팀장이라는 칭찬도 듣게 됩니다. 하지만 좋은 결과가 나지 않았을 때 심사숙고하지 않고 결정했다는 이유로 '사려가 깊지않다, 독선적이다' 등의 평가를 받으며 팀장으로서의 자질에 대해 의심받게될 수도 있습니다.

　반대로 심사숙고하면서 의사결정을 했을 때의 좋은 점은 문제에 대한 부족한 정보를 보완할 수 있는 시간도 확보할 수 있고, 여러 가지 대안들도 모색하며 각각의 것들을 평가할 수 있습니다. 그만큼 실패할 확률을 줄일 수있다는 장점이 있습니다. 더불어 '사려 깊다'는 주위의 평판을 얻을 수도 있을 것입니다. 그러나 좋은 결과로 이어졌다 하더라도 '우유부단하고 과감성과 도전정신이 부족하다'는 주위 평판도 예상할 수 있습니다.

　의사결정의 타이밍을 생각하기 전에, 우선 되어야 할 것은 자신이 다루어야 할 문제에 대한 의사결정의 수준이 어디인가입니다. 팀장이 내리는 의사결정은 회사 전체의 전략과 목표를 수립하는 것부터 매일 매일의 활동에 대한 세부적인 결정까지 다양합니다. 단기적 실행을 위한 것들이 있는가 하면, 어떤 것들은 전사적인 관점에서 장기적인 의미도 있습니다. 팀장 관점에서의 의사결정은 크게 3가지로 구분할 수 있습니다.

　첫째, 전략적 의사결정입니다.

　전략적 의사결정은 비즈니스 전체에 영향을 미칠 수 있는 행동들에 대한의사결정으로 회사의 목표 달성에 직접 영향을 미치며 장기적인 관점에서이루어집니다. 일반적으로 이러한 의사결정은 비구조적인 경우가 많아 리더는 문제를 정의할 때, 자신만의 경험적 판단과 평가 및 직관을 활용해야만 합니다. 이러한 의사결정들은 불확실하고 변화무쌍한 환경 요소에 대한 부분적인 지식과 정보를 바탕으로 하고 있습니다. 보통 이런 수준의 의사결정은 최상위 경영진에 의해 이루어집니다.

둘째, 전술적 의사결정입니다.

이는 전략적 의사결정에 대한 실행을 위한 의사결정들과 관련이 있습니다. 부서나 팀의 사업계획을 수립, 작업 흐름의 구조화, 유통망 설계, 자재나 자금, 인력을 확보하는 일 등과 직접 연관이 있습니다. 이러한 의사결정은 일반적으로 중간 단계 관리자들에 의해 이루어집니다.

셋째, 운영적 의사결정입니다.

운영적 의사결정은 일상적인 팀이나 조직운영과 관련된 것으로 단기적이며 반복적으로 이루어집니다. 이러한 의사결정은 발생하는 이벤트나 사건과 관련된 사실에 바탕으로 두고 있으며 비즈니스적인 판단을 요구하지 않습니다. 운영적 의사결정은 실무적 수준에서 이루어집니다. 팀장이 이성적이며 제대로 의사결정을 할 수 있도록 지원할 수 있는 정보가 필요합니다. 따라서 이를 지원하기 위한 의사결정의 프로세스에 초점이 맞춰진 정보시스템이 있어야 합니다. 소위 팀 장악력으로도 해석될 수 있습니다. 팀 내 또는 팀원들의 업무 수행 중 예상되는 문제나 혹은 갑작스러운 사고에 대해 어떻게 팀장에게 보고할 것인가에 대한 매뉴얼을 작성하고 이것이 제대로 작동할 수 있는 체계를 만들어야 합니다. 이를 위해서는 업무 배분을 명확히 하여 일을 하는 팀원들의 권한과 책임을 명확히 해야 합니다.

팀장으로서 자주 접하게 되는 의사결정의 수준은 '전술적 의사결정'과 '운영적 의사결정'입니다. 이러한 것들은 빠른 의사결정을 내린다고 했을 때 크게 문제가 되지 않습니다. 오히려 잘못된 결정이다 하더라도 수정과 보완할 수 있는 시간을 확보할 수 있으므로 빠른 의사결정이 더 좋습니다.

하지만 전략적 의사결정은 팀장이 경영층의 의사결정을 위한 정보제공의 역할을 합니다. 자세한 정보도 없이 보고서를 만들어야 하고 수차례의 미팅과 회의를 거쳐 최종 보고를 하지만 CEO나 임원이 결정을 바꿔 버리는 상황이 훨씬 많습니다. 이런 때에는 빠른 의사결정이 아니라 최고경영층의 옳은 의사결정을 위해 정보를 제공하고 의사결정이 내려지면 빨리 실행하는 것으로 받아들여야 합니다. 만일 팀장으로서 부서의 비전과 목표의 수립과 같은 전략적 의사결정을 해야 한다면 다각적인 접근을 하길 바랍니다. 신중하면 신중할수록 좋습니다. '사려가 깊지 않다, 독선적이다' 또는 '우유부단하고, 과감성과 도전정신이 부족하다' 등의 주위 평판은 전략적, 전술적, 운영적 의사결정 등 그 수준에 맞춰 행동한다면 그리 크게 문제시되지는 않을 것입니다.

Q 의사결정에서 발생하는 갈등은 어떻게 해결해야 하나요?

올해 초, 지금의 회사에 팀장으로 입사하고 한 3개월이 지났을 즈음입니다. 회사 적응도 어느 정도 한 것 같고 팀원들과도 사이도 원만한 관계를 유지할 수 있겠다 싶을 정도로 시간이 지났다고 생각했습니다. 새롭게 팀 비전과 역할, 세부 사업 목표도 수립할 겸 워크숍을 진행했습니다. 대표이사와 본부장님이 저를 채용하면서 요청했던 것들에 대해 허심탄회하게 논의했고 이에 따라 지금의 팀의 비전과 목표, 성과로는 그것들을 달성할 수 없으며 수정할 필요가 있다는 것에 관해서도 얘기를 했습니다.

문제는 이때부터 발생했습니다. 차장급 D 팀원이 팀장의 요구는 충분히 이해는 하지만 현재 상황이 그렇지 못하고, 자신들도 최대한 노력했지만 어려움이 많으므로, 제가 경영진을 설득해야 한다고 주장했습니다. 다른 팀원들도 비슷한 생각을 하는 듯했습니다. 몇 차례 서로의 주장으로 논쟁만 하게 되었습니다. 어렵게 팀원들과 좋은 관계를 만들었는데 그것마저 위태로워졌습니다. 이럴 때는 어떻게 해야 할까요?

A 이렇게 한번 해보면 어떨까요?

새로운 조직에 부임한 상황이라면 경영진의 요구를 무시할 수는 없을 것입니다. 하지만 무리한 요구를 받아들여 실패하는 것보다는 할 수 있는 현실적인 목표로 조정하여 성공하는 것이 더 바람직합니다. 결국 일을 하는 것은 팀원들이고 이들의 협조가 없이는 성과를 장담할 수 없습니다. 팀장의 역할은 일하는 사람이 아니라 일을 할 수 있는 환경을 만들어 주는 사람입니다.

어떠한 의사결정이라도 팀원들의 욕구가 다르기 때문에 갈등을 불러일으킨다는 것은 너무 당연합니다. 따라서 의사결정 과정에서 갈등 해결 과정은 당연히 포함되어야 합니다. 하지만 대부분의 결정들은 감정적인 요소도 갖고 있기 때문에 팀장은 의사결정에 따라 영향을 받는 사람들의 욕구에 대해 민감하게 반응해야만 합니다.

이런 상황에서는 여러 사람들의 의견을 모아 결정하는 프로세스를 거치라고 합니다. 하지만 실제 경영 환경에서 모든 사람들의 의견을 모아 의사결정을 한다는 것은 다소 실현 불가능한 상황도 종종 있습니다. 다들 자신이 우선하는 사안을 주장하기 때문입니다. 개개인의 요구들을 받아주는 것도 중요하지만 더 중요한 것은 조직의 이익입니다. 이렇게 하기 위해서는 팀원들이 의사결정 과정에 참여하게 허용은 하되, 자신들의 아젠다를 이유로 의사결정의 방향을 바꾸어버리게 해서는 안 됩니다. 모두를 만족시킬 수 없다면 팀장은 인내심을 갖고 이들이 자신의 의견을 충분히 할 수 있는 기회를 주어서 이들이 감정적으로 의사결정에 충분히 참여했다는 느낌을 들게 하는 것이 좋습니다.

앞서 살펴본 사례에서는 팀장이 팀원들의 의견을 충분히 듣고, 그들의 사정을 충분히 반영하겠다는 의지를 보여야 합니다. 팀장은 '팀원들과 같은 배를 탔다, 나는 팀원들의 편이다'라는 모습을 보여야 합니다. 상위 리더인 임원이나 CEO를 설득할 수 있는 자료나 정보를 확보하여 팀원들의 의견이 관철될 수 있도록 최선의 노력을 기울이겠다는 의지를 보여야 합니다.

물론 이러한 과정에서 팀장으로서 회사의 사정을 알려 충분히 설득해야 합니다. 이렇게 감정적인 유대감을 형성한 후에 최종 결정을 상위 리더인 의사결정권자에게 맡기는 것도 방법입니다. 만약 팀원들이 요구한 바를 CEO나 임원이 승인하여 팀 목표를 수정한다면, 팀원들은 자신들의 의견이 경영층에 받아들여졌다는 것으로 더 크게 동기유발될 수 있습니다. 설령 그렇게 되지 않는다고 하더라도 팀원들은 '어쩔 수는 상황이지만 해낼 수 있다'는 의지를 갖게 될 것입니다.

리더십이란 인력 관리를 포함하고 있기 때문에, 효과적인 팀장은 좋은 의사결정을 할 수 있는 팀 구성을 독려합니다. 이를 위해서는 긍정적인 의사결정 환경을 조성하고 성공적인 의사결정을 방해하는 요소를 제거해야 하며, 결정된 사항의 실행력을 높이기 위해 결과에 악영향을 받는 팀원들과 반대하는 팀원들까지도 함께하도록 설득해야 합니다. 의사결정은 결정했다는 것으로 끝나는 것이 아니라, 결국 의사결정에 따라 일을 해야 하는 사람들이 따라와야 하기 때문입니다.

CHAPTER 10

스스로 움직이는
팀원이 많은
최고의 조직을 만드는 법

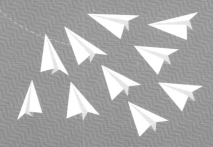

업무 동기유발

혁신하고 개발하고 동기를 부여하고 영감을 불어넣고 신뢰하라.
그러면 리더가 될 것이다.
-마크 트웨인

"올해의 매출 목표는 '전년도 대비 30퍼센트 이상을 달성하자'입니다. 이를 이루면 인센티브를 받을 수 있습니다!"

"목표를 어느 정도로 잡으면 좋겠습니다. 이에 대한 의견을 최대한 반영하겠습니다."

처음의 내용은 외적인 동기 독려를 위함이고 두 번째의 것은 내적인 동기 유발을 위한 발언입니다. 이처럼 사람은 단순히 상여금이나 연봉 같은 보상이 아니더라도 일의 성취감이나 자신에게 주어진 선택권 등으로 내적인 동기를 자극할 수 있습니다. 이러한 동기動機에 대한 정의도 다양하고 관련된 이론 역시 다양하게 연구되어 왔습니다.

그렇다면 동기란 무엇일까요? '하고 싶어 하는 마음을 행동으로 나타나게 만드는 일'입니다. 생체 에너지를 활성화시켜 목표를 향하여 그 생체 에너지의 방향을 결정짓는 내적인 동인, 유기체로 하여금 목표 지향적인 행동을 하도록 하는 심리적, 정신적 에너지 등으로 표현하기도 합니다.

아울러 동기는 인간 행동을 활성화시켜 일정한 방식으로 행동하도록 촉발시키는 개인 내면의 활성화된 힘입니다. 인간 행동의 방향을 설정하거나 목표를 지향하도록 통로화하는 행동, 인간 행동을 유지하거나 지속하게 하는 측면으로 추동의 강도와 에너지의 방향을 계속해서 유지시키는 힘이라는 의미도 있습니다. 동기유발 이론은 크게 나누어 전통적 이론으로 동기가 어떤 세부 요인으로 구성되어 있는지를 궁금해하고 연구했던 '내용 이론'과 현대적 이론으로 동기가 어떤 과정을 거쳐 실제 행동으로 이어지는지를 연구했던 '과정 이론'이 있습니다.

전통적 동기유발 이론에는 대표적으로 3가지가 있습니다. 먼저 매슬로 Maslow가 주장한 욕구 단계설이 있습니다. 이 이론은 한 단계의 욕구 발생과 충족하려는 행동은 그보다 하위 욕구가 충족되었을 때라야 비로소 가능하다고 합니다.

그 다음으로 데이비드 맥클리랜드David Clarence McClelland가 주장한 성취동기 이론이 있습니다. '인간의 성취동기는 사람마다 그 크기가 다르기 때문에 팀원들의 성취동기를 측정하여 과업 난이도에 맞도록 배치한다면 사기도 높아지고 일의 효율도 오를 것'이라고 합니다.

다음은 '허즈버그Frederick Herzberg의 2요인 이론'이 있습니다. 이 이론은 어느 욕구를 충족시키느냐에 따라 사기가 오를 수도 있고, 아무리 충족시켜 주어도 사기가 오르지 않는 욕구가 있다고 하였습니다. 만족 요인과 불만족 요인은 한 스펙트럼상의 양극단이 아니고, 별개로 존재하는 서로 다른 요인이라고 하였습니다.

반면에 현대적 동기유발 이론 특히나 '과정 이론'에서는 동기는 구성원 개인의 성격과 능력, 다양한 조직 변수, 환경적 요인이 추가로 설명되어야 하므로, 개인의 욕구와 목표만을 중심으로 완전히 설명하기 어렵다고 합니다. 여러 다양한 동기유발 이론에서 제시하는 동기의 과정에 대한 설명은 매우 다양합니다. 대표적으로 2가지 이론이 있습니다.

블룸은 기대 이론에서 동기는 ① 행동함으로써 얻어질 결과의 가치V : Valence, ② 결과가 얻어질 수 있는 확률인 기대E : Expectancy에 의해, 동기M : Motive = 가치V : Valence × 기대E : Expectancy로 결정된다고 하였습니다.

다음으로 애덤스는 공정성 이론에서 직원과 회사 사이의 교환관계, 심리적 계약에 의거, 팀원들은 내 것과 남들의 것을 비교하여 본인 행동의 동기로 삼는다고 주장하였습니다. 무조건 보상만 많이 한다고 해서 팀원들이 만족하는 것이 아니라 형평의 원칙을 지켜야 한다고 하였습니다.

이러한 여러 다양한 이론에서는 공통으로 동기가 행동으로 이어지기 위해서는 외적 자극이나 내적 자극이 필요하다고 합니다. 특히나 외적 자극보다는 내적 자극에 의한 동기유발이 더 지속적이라 하며 동기유발의 방향성 역시도 중요하다고 지적합니다. 동기가 동기에서 그치지 않고 행동으로 이어지기 위해서는 '자극', '방향성' 최종적으로는 '지속성'이 필요합니다.

자극, 방향성, 지속성. 이 3가지 요인 중, 일을 할 수 있도록 자극을 촉발하고 그 방향성을 제시하는 것은 팀장이나 가르침을 주는 사람의 역할입니다. 하지만 지속성만큼은 팀장이 아닌 팀원들 스스로가 챙겨야 하는 요인입니다. 오늘날 모든 사람들을 현재의 위치에 있게 한 것은 뭐가 되었건 간에 그들 각자가 하기 싫어했던 일들을 반복하고 반복한 지속성 덕분입니다. 공부와 수많은 시험을 위한 암기, 운동, 생활습관 등 모두 다 지속성의 결과물입니다. 하지만 팀장은 팀원들의 그러한 지속성을 맡겨만 두지 않고, 점검하고 격려하고 때로는 질책하면서 지원하는 역할도 수행해야 합니다. 이것이 바로 팀원들에 대한 동기유발입니다.

Q 수동적으로 일하는 팀원은 어떻게 해야 스스로 움직이게 할 수 있을까요?

제조 분야 중소기업에서 총무팀을 담당하고 있는 T 팀장입니다. 저희 부서에는 일을 꼼꼼하게 잘 처리하는 G 대리가 있습니다. 그는 지시하는 일은 완벽하게 잘 해내지만 스스로 무엇인가를 찾아서 하는 경우는 많지 않습니다. 성과를 위해 혹은 팀원 전체가 함께 일할 때, 일의 범위를 확장하거나 새로운 업무를 생각해 낼 수 있을 듯한 데 그렇지가 않습니다. 팀 또는 조직 전체를 위해 고민해보는 전략적 사고, 시스템적 사고가 부족해 G 대리에 대해 아쉬움이 큽니다. G 대리가 조금만이라도 적극적으로 생각하고 움직여주면 주변 팀원들도 긍정적인 자극을 받을 수 있을 텐데요. 어떻게 그를 독려하면 좋을까요?

A 이렇게 한번 해보면 어떨까요?

팀원들이 스스로 업무를 처리하거나 성과를 내기 위해 생산적인 생각을 하고 행동한다는 것은 정말 중요한 포인트입니다. 팀원들 스스로 일을 하면 참 좋겠지만 그렇지 않을 때는 그렇게 할 수 있도록 설명하고 설득하는 작업이 분명히 필요합니다.

설득에는 여러 가지 방법이 있습니다. 힘을 활용하여 강요, 주입시키거나 보상과 관련해서 순종하게 만들거나 회유할 수도 있습니다. 중요한 것은 설득을 당한 것이 '외부에 의해서 하게 된 것이 아니라 스스로 하게 되었다'는 생각을 할 수 있도록 도와주었을 때 그 효과가 더 오래 갈 수 있다는 것입니다. 팀원들도 스스로 결정하고 주도적으로 해냈다는 생각으로 인해 다음에도 스스로 움직이게 됩니다.

여기서 생각해야 하는 것은 '팀원들의 의지와 역량'입니다. 특히 긴급한 상황이 되었을 때 의지와 업무 역량이 모두 부족한 팀원에게는 직접 설명하고 속도감 있게 진행해야 합니다.

그렇다면 '업무 역량은 있으나 의지가 약한 팀원'을 어떻게 스스로 동기부여할 수 있을까요? 우선 지금까지 팀원들에게 어떤 방법을 활용하여 움직이게 했는지 생각해 보기 바랍니다. 내가 움직이게 했는가, 그들이 움직이도록 했는가?' 하고 말입니다. 경험이 부족한 팀장일수록 팀원들을 위한다는 마음으로 하나씩 챙겨준다고 합니다. 이것은 오히려 팀원들이 스스로 움직이고자 하는 의지를 꺾어버릴 수 있습니다. 동기유발은 중·장기적인 관점에서 접근해야 합니다. 따라서 팀원들 스스로 움직이게 하기 위해 어떻게 할 것인가를 단계로 나누어서 보겠습니다.

먼저, 팀원 각각의 행동의 출발점을 파악합니다.

'조직의 팀원은 부여받은 일을 열심히 하면서, 조직의 성장을 위해 일을 찾아서 해야 하는 존재이다'라고 정의합니다. 하지만 과연 팀원들이 자발적으로 이렇게 행동할까요? 절대 그렇지 않습니다. 따라서 개개인이 무엇에 의해 의욕이 나고 성취감을 느끼는지 파악하는 노력이 필요합니다. 기본적으로 급여가 되겠지만 사람에 따라 프로세스, 일의 재미, 자신감 등 여러 가지 요소가 각기 다릅니다. 누군가를 동기유발시키기 위해서는 논리적인 부분뿐만 아니라 감성적인 고려도 필요합니다. '칭찬은 고래도 춤추게 한다'는 말이 과연 과장된 표현일까요?

두 번째, 참여를 유도하기 위해 제안합니다.

팀원들의 동기유발을 위한 미팅 시간은 편안한 분위기를 만드는 것이 좋습니다. 사례의 경우, G 대리와의 미팅을 주변의 동료들로 하여금 문제가 있어서 개별 면담을 하는 듯한 분위기를 만들지 않아야 합니다. 그래야 G 대리도 자신이 중요하게 생각하는 것을 생각할 수 있게 됩니다. 함께 하는 시간에는 자신이 생각하는 G 대리의 꼼꼼함과 강점에 대해 칭찬합니다. 그러한 모습이 어떻게 발휘되기를 원하는지 구체적으로 제안합니다. "이렇게 했으면 좋겠습니다."가 아니라, "이런 생각을 해 보았는데, 어떻게 생각하나요?" "이 문제가 잘 해결되지 않는다면, 어떤 부분을 더 생각해 봐야 할까요?"와 같은 부드러운 어투가 좋습니다. 여기에서 중요한 것은 강요나 명령이 아닌 제안이라는 점을 기억하세요.

세 번째, 동기를 파악하고 다음을 약속합니다.

'제안했으니 알아서 하겠지'라고 생각하면 안 됩니다. 제안은 팀장인 나의 생각이기 때문입니다. 팀원이 스스로 움직이게 하려면 제안을 들은 팀원이 어떻게 반응하는지 살펴야 합니다. G 대리의 표정이나 자세 등을 관찰하고 그의 이야기의 맥락을 이해하면서 공감하며 들어야 합니다. 그가 가지고 있는 걱정이나 바라는 사항을 질문으로 확인합니다.

그것이 처음에 언급한 단계에서 파악한 그의 동기 요인과 맞는지도 확인해 보아야 합니다. 여기서 중요한 포인트는 '팀장인 나의 제안을 관철하는 것이 아니라 그가 중요하게 생각하는 것을 확인하는 것'입니다. 지금 당장에 시키는 일을 빨리하도록 하기 위한 것이 아님을 잊지 말고 향후 스스로 움직이도록 하기 위한 것임을 명심하세요.

파악한 G 대리의 걱정이나 우려 사항을 내가 할 수 있는 범위 안에서 해결을 해주면 됩니다. 이 시간은 '이미 잘하고 있는 G 대리와 앞으로도 함께 일하고 싶다'는 팀장의 마음이 담겨있음을 표현합니다. 면담이 끝난 뒤에는 그가 생각을 정리할 수 있도록 시간을 줍니다. 면담 후에 바로 다른 업무를 진행하게 되면 면담 시간의 의미를 다르게 해석하게 될 수 있기 때문입니다. 긍정적인 분위기로 면담을 마무리하면서 잠시 생각할 수 있는 시간이 필요한 것은 팀장과 팀원들 모두에게 필요합니다.

네 번째, 동기유발을 위해서는 때로는 질책도 필요합니다.

개성이 강한 요즘 세대 젊은 팀원들의 기분을 상하게 하지 않으려고, 오히려 팀장이 그들의 눈치를 보고 속을 끓이며 스트레스를 받기도 합니다. 하지만 때로는 팀장의 말을 통해 팀원들의 근본적 변화를 끌어내는 영감을 주는 동기유발이 필요합니다. 특히나 재능과 실력은 있는데 자신이 가진 역량을 100퍼센트 다 발휘하지 않으면서 열심히 하지 않는 팀원들에게는 이러한 따끔한 질책이 더욱더 필요합니다.

상황, 타이밍, 대상을 잘 맞춘 질책은 팀원들을 근본적으로 변화시키는 동기유발이 됩니다. 하지만 잘못 실행된 질책은 팀원들에게 감정적 상처만을 남길 뿐입니다. 그렇다면 팀원들의 잘못, 업무 미숙에 대한 질책은 어떻게 이루어져야 할까요?

"한 번 혼을 낼 때는 제대로 혼을 내야 한다."라는 말이 있습니다. 한 번 혼을 낼 때는 대충 혼을 내고 넘어가면 안 되고, 다시는 그런 실수를 반복하지 못하도록 정말 따끔하게 제대로 혼을 내야 한다는 말입니다. 물론 틀린 말은 아닙니다. 하지만 착각하지는 말아야 합니다. 혼을 내거나 업무 미숙 및 잘못에 대한 질책을 할 때에는, 그 사람 자체와 그 사람의 행동을 분리해서 대응해야 합니다. 그 사람의 태도와 행동도 분리합니다. 다른 사람과 비교하면서 질책해서도 안 됩니다. 잘못된 행동과 일에만 초점을 맞추어 질책해야 합니다. 다음과 같이 해서는 안 됩니다.

"당신은 사람이 왜 그 모양입니까? 기본이 안 되어 있어요."

"당신은 보고하는 태도와 자세부터 문제가 있습니다."

"그렇게, 정시에 퇴근하고 토요일, 일요일도 안 나오는데, 일이 진행되겠어요?"

"T 대리는 같이 시작했는데, 일을 벌써 마무리했어요. 알고 있습니까?"

"T 대리가 가지고 온 보고서를 보면 고칠 게 없는데, 당신의 보고서는 내용은 둘째
　치고 오탈자가 너무 많고 무슨 말을 하는 지도 모르겠네요."

　다시 말해, 그 사람의 업무능력 개선과 발전을 바라는 진정성만 감정 이입을 하면 됩니다. 사람 됨됨이를 문제 삼거나 태도에 시비를 걸고, 다른 사람과 비교하면 그건 잘되라는 질책이 아니라 미워서 하는 화풀이이자 감정적 폭력일 뿐입니다. 하지만 우리 주변의 많은 팀장들은 그 반대의 실수를 저지릅니다. 팀원들은 자신을 질책하는 그 상황과 사실팩트를 인정하면서도 동시에 감정적 앙금으로 인해 그 팀장에게 반감을 갖게 됩니다. 사람 됨됨이와 태도, 행동을 구분하여 행동에만 초점을 맞추어 제대로 꾸짖는 기술의 연습을 많이 하기 바랍니다.

Q 동기유발을 위해 업무를 통한 개인의 성장을 어떻게 설득력 있게 제시할 수 있을까요?

　금융업에서 홍보팀을 담당하고 있는 K 팀장입니다. 부서에 신입 팀원인 P 주임이 배치되었습니다. 요즘 신세대들은 문서작성뿐 아니라 정보검색 능력이 좋아서 회사와 관련된 중요 정보를 파악하여 고객 상담 현장에 공지 메일링을 하는 업무를 지시했습니다.

　P 주임은 정보 검색에 심혈을 기울이며 회사 이슈 및 고객 상담에도 활용할만한 팁이 되는 정보를 잘 찾았고, 깔끔하면서도 세련된 문서로 정리했습니다. 처음에는 직접 검수를 했으나 주도적, 적극적으로 하는 모습에 믿고

위임하게 되었습니다.

그런데 현장에서 들리는 목소리가 좋지 않았습니다. 자료가 쓸데없이 많고 반복되는 자료도 많아서 읽지 않는 경우가 다반사라는 의견이 많았습니다. 확인을 해보니 문서의 양식은 좋았지만 내용에 문제가 많다는 것을 알게 되었습니다. P 주임에게 자료 정리에 조금 더 신경을 쓰라는 피드백과 함께 검수 후 발송을 지시했는데, 일일이 체크를 하다 보니 잔소리만 늘어가는 상황이 되었습니다. 이러다 보니 P 주임의 업무 몰입도는 떨어지는 것 같고 불만도 많아 보입니다. 더 큰 문제는 P 주임에게 추가적인 업무를 부여하는 것이 부담됩니다. 이럴 때 어떻게 하면 좋을까요?

A 이렇게 한번 해보면 어떨까요?

요즘은 조직 내에서도 세대 차이에 대한 이슈가 많이 있습니다. 신세대들은 정보검색 능력이 기성세대보다 우수합니다. 하지만 그렇다고 해서 P 주임도 정보검색 업무를 좋아하고, 더 나아가 잘하는지에 대해 점검은 하셨는지 궁금합니다. '일반화의 오류'라는 것이 있습니다. 요즘 세대들이 그런 성향이 있다는 것이지 모든 이들이 다 그런 것은 아니라는 의미입니다. SNS를 자주 많이 활용하는 것과 '필요한 정보를 가공하여 문서를 만드는 업무'에는 차이가 있습니다. P 주임이 심혈을 기울이는 것은 네트워크상에 떠도는 정보를 모으는 것인지 아니면 콘텐츠 자체를 세련되게 문서화하는 데 있는지 확인해 보아야 합니다. 이렇듯 개인 특성에 대한 파악이 우선시 되어야 합니다.

자포스Zappos의 직원들은 '출근하고 싶은 열망에 월요일을 기다린다'는 인터뷰를 했습니다. 이렇게 직원들이 자기 자신과 회사를 관련 짓고 업무에 헌신하게 되면 업무 성과는 40퍼센트가 증가되고 재무성과는 4.5배가 증가

하며 이직률도 14퍼센트가 감소했다고 합니다. 회사의 성과적인 측면뿐 아니라 팀원들도 회사에 대한 만족도가 18퍼센트 증가했다고 합니다. 이렇듯 조직 내의 동기유발은 '하면 좋은 일'이 아니라 '최선의 성과를 내기 위해 팀장이 반드시 해야 하는 일'입니다.

하지만 팀원들이 특정 업무를 수행해야 하는 이유를 찾지 못하는 상황도 늘고 있습니다. 다시 말해 성취감 등, 일이 주는 고차원적인 의미 이전에 일의 이유조차 이해하기 어려워진 것입니다. 그러나 의미가 없다면 몰입도 없습니다. 따라서 업무를 지시할 때 어떻게 하는지 상세한 부분까지 점검하는 것과 그 일을 왜 하는지에 대해 깨닫게 하는 것이 중요합니다. 개개인이 업무를 하는 것은 팀의 성과와 직결되고 결국 조직의 비전과 전략과도 연결되어 있습니다. 업무의 중요성과 그 업무를 하는 이유에 대해 설명해주고, 그로 인해 팀원 개인이 얻을 수 있는 성장 이익도 알려주면 팀원들은 일의 의미를 찾으면서 즐겁게 할 수 있습니다.

'일을 한다'는 것은 조직의 부속품이 되는 것이 아니라 개인의 성장과 조직의 성과에 연결이 되어 있는 것입니다. 물론 개인이 추구하는 성장 가치와 조직이 추구하는 성과 가치가 일치될 수 없는 모순의 관계, 제로섬Zero-Sum의 관계에 있는지도 모릅니다. 이래서 진정한 내적 동기유발을 통해 조직의 일에 몰입해 있는 팀원들이 극히 드문 지도 모릅니다.

하지만 개인과 조직을 이러한 애매한 상태로 방치해 두어서는 안 됩니다. 변혁적 리더십 이론은 팀원들을 개별적으로 배려하고 지적인 자극을 하며 영감에 의해 동기유발을 하라고 합니다. 팀장은 팀원과의 개별 면담과 모니터링을 통해 팀원이 이 조직에서 개인적으로 얻고자 하는 가치를 확인해야 합니다.

팀원들이 그들의 본성인 이기심에 기반을 두어 조직에서 얻어가고자 하는 포인트가 무엇인지를 찾고 이것을 조직의 일과 연결시켜 주어야 합니다. '이 일을 하면 당신에게도 이익이 된다'고 명확하게 제시해 주어야 합니다. 팀원들이 명확하게 자신의 이익을 예상할 수 있게 합니다. 이를 인식하게 되면 팀원들은 자율적으로 움직이게 됩니다. 그 일을 잘하기 위해 필요한 학습도 합니다. 이것이 바로 자발적, 주도적, 영감적 동기유발입니다.

요즘의 Z세대는 자기 자신의 전문성과 실력에 자부심이 강합니다. 젊은 팀원들은 이 조직이 나의 성장과 발전에 도움이 된다고 하면 계속 함께 일할 것이고, 그러지 않다고 하면 그것이 가능한 시점까지만 머무르려고 할 것입니다. 반면에 요즘 젊은이들이지만 공무원, 공공 부문에 근무하는 팀원들은 좀 다를 수도 있습니다. 이들은 조직이 나의 성장과 발전에 도움이 안 될지라도 근무의 안정성과 영속성, 경제적 이유 등과 자신의 자유, 의미, 성장 기회 제공 등을 상호 트레이드오프Trade-Off 하고 있는지도 모르겠습니다. 빈부의 격차만 있는 것이 아니라, 요즘 세대 젊은이들이지만 사고의 격차, 가슴에 품은 야망의 격차도 천차만별인 듯합니다.

'주인 의식을 가지라'는 말은 하기는 쉽지만, 말처럼 실천은 쉽지 않습니다. 조직의 팀원이었던 월급쟁이가 가질 수 없었던 주인 의식은 그 월급쟁이가 독립해 자기 사업을 하게 되는 순간 불가피하게 생깁니다. 애당초 조직의 주인이 아닌 대리인이었던 팀원들에게, 이러한 주인 의식을 요구하는 것 자체가 무리일지도 모릅니다. 하지만 팀장은 조직 내에서 팀원들이 일의 의미를 깨닫고 스스로 동기유발이 되어 정말 주인 의식을 가지고 일하도록 독려하는 역할을 해야 합니다. 어렵지만 그러한 영향력을 행사해야 합니다.

사람은 자신이 갖지 못한 것에 관해 동경합니다. 나의 업무보다 다른 사람의 업무가 더 쉬워 보이거나 더 좋아 보이고 의미나 재미도 더 있어 보이고 왠지 더 멋져 보입니다. 그러나 막상 내가 그것을 하게 되면 마음과 같지 않다는 것을 알게 됩니다. 따라서 조직의 팀장들은 팀원들 한 명 한 명이 하는 일이 얼마나 의미가 있는지 알려줘야 합니다.

첫 번째, 비전을 제시하고 현재 조직이 직면하고 있는 상황을 알려줍니다.

경쟁의 심화, 시장과 고객, 법규의 변화와 같은 상황도 알려줍니다. 물론 알려주는 방법에는 전달일 수도 있고, 스스로가 파악할 수 있도록 질문을 던지는 것도 있습니다.

두 번째, 조직과 팀이 성취하려는 것이 무엇인지 사명, 방향, 목표를 구체적으로 정리합니다.

팀원들에게 바라는 역할과 목표 기대를 명확하게 공유합니다. 이는 구체적일수록 좋습니다. 그래야 결과와 과정을 모두 객관적으로 피드백, 평가할 수 있기 때문입니다.

마지막으로는 이로 인해 개인이 얻게 되는 이점을 생각할 수 있도록 도와줍니다.

팀장이 생각하는 부분을 제시해 주어도 좋고, 팀원들에게 물어보는 것도 좋습니다. 이를 통해 자신에게 어떤 이익이 되는지를 확실하게 인지하여 성취감은 높아지고 업무 효율도 고취됩니다.

앞서 살펴 본 사례에서 P 주임의 현재 업무는 고객 상담을 지원하기 위한 정보 제공자의 역할입니다. 그렇다면 함께 생각해 볼 방법을 제시해 봅니다. 사회, 경제적 이슈가 고객의 심리 변화에 어떤 영향을 주는지 스스로 생각해보게 합니다. 고객 상담의 중요성을 일깨워주고, 고객 상담에서 그러한 정보가 어떻게 활용되는지 알려줍니다. 이를 통해 일하면서 어떤 가치를 알고 진행해야 하는지 설명해줍니다.

이런 과정과 스스로의 트레이닝을 통해 P 주임은 경제의 흐름을 읽게 되고, 보기 쉽고 이해하기 쉬운 문서를 작성하게 되며 정보를 분석하는 능력도 점점 좋아질 것입니다. 이는 팀원으로서의 역할뿐만 아니라 개인적으로도 매우 긍정적인 역량을 얻게 되는 셈입니다. 물론 이러한 능력을 갖추게 되는 것은 P 주임과 사전에 공감대를 형성했다는 전제를 필요로 합니다. '말해주지 않아도 알 것'이라고 여기지 마세요. 객관적으로 바라보면 문제점이 보여도 정작 업무를 하고 있는 당사자는 왜 일하는지 알지 못한 채 힘들어할 수 있습니다. 그것을 놓치지 않고 계속 알 수 있도록 점검하고 지원하는 것이야말로 바로 팀장의 역할입니다.

CHAPTER 11

팀원들의 역량을
최대치로 끌어내는
서번트 리더십의 핵심

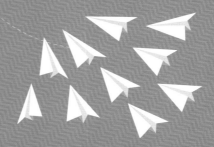

성장 지원

나는 항상 팀장들에게 팀원들이 잘하고 있는 것을 찾아내는 데
적어도 일주일에 한 시간씩은 투자하라고 충고한다.
- 캔 블랜차드

'팀원들이 스스로 역량을 개발할 수 있도록 환경을 조성해주는 것'

이는 서번트 리더십의 핵심입니다. 팀원들의 성장과 역량 개발을 돕는 가장 빠른 길은 업무 현장에서 도전적인 업무를 수행할 기회를 제공하는 것입니다. 이런 기회 속에서 팀원들은 업무의 성취를 통해 자신감을 얻게 될 뿐만 아니라, 업무에 능동적으로 대처할 수 있는 실전적인 역량도 갖출 수 있게 됩니다.

'경영은 인재(人才)다'라고 마쓰시타 고노스케는 말했습니다. 그만큼 성과는 바로 사람에게서 나오는 일입니다. 사람으로 구성된 조직, 여기서 성공을 끌어내기 위해서는 팀원들에게 적절한 성장 기회를 제공하고 적극적으로 지원해야 합니다. 서번트 리더십은 진정한 리더가 되기 위한 몇 가지 요건

을 돕니다.

먼저, 잘 듣고 이해하는 것, 바로 경청Listening이 필요합니다.

개인이나 집단의 의지를 명확히 알기 위해서 듣는 것은 매우 중요합니다. 대부분, 조직의 문제점을 다수 팀원들의 의견을 듣는 가운데 문제의 핵심이나 대안을 파악합니다. 경청은 서번트 리더의 가장 기본적인 자질입니다. 서번트 리더는 팀원에게 질문하고 대화함으로써 문제를 정확히 인식하고, 필요에 따른 도움을 줍니다. 경청은 팀원들에 대한 존중과 수용적인 태도로 이해하는 것입니다. 팀장은 적극적이고 능동적인 경청을 해야 팀원이 바라는 욕구를 명확히 알 수 있습니다.

둘째, 마음을 열어 상대방의 마음에 닿는 것, 공감Empathy해야 합니다.

공감이란 상대방의 처지에서 생각해보는 것이라고 할 수 있습니다. 팀장은 팀원들의 감정을 이해하고 이를 통해 그들에게 필요한 것이 무엇인가를 알아내고 이끌어야 합니다. 공감은 모든 조력 관계에서 가장 결정적인 요인입니다. 공감을 공유된 정서라고 하는데, 공감은 '자기 자신의 상황보다는 다른 사람이 처한 상황에 보다 부합하는 정서적 반응'이기도 합니다. 다른 사람의 정서적 상태나 조건의 이해로부터 촉발된 그와 부합하는 정서적 상태입니다.

셋째, 힘들고 아픈 부분을 보살피는 것, 치유Healing해야 합니다.

치유는 팀장이 팀원들을 이끌어 가면서 보살펴 주어야 할 문제가 있는가를 살피는 것입니다. 지나친 업무로 인한 건강의 악화, 관계의 악화와 같은 상처로부터 오는 팀원들의 감정적인 아픔과 좌절감이 치유될 수 있도록 팀장은 도와야 합니다.

넷째, 상황을 객관적으로 파악하여 포용하는 능력, 인식Awareness해야 합니다.

인지는 똑같은 상황에서도 다른 사람들보다 더 많이 깨닫는 것입니다. 인식은 더 나은 통찰력과 비전을 제시하는 데 도움이 되기도 합니다. 결국 인식은 다른 사람들보다 주변 환경에 관해 더 잘 아는 것이고, 어떤 상황에서나 영향을 주는 요소들과 전체적인 상황을 잘 파악하는 것입니다.

다섯째, 상대의 마음을 진심으로 얻어내어 공감하게 하는 설득Persuasion을 해야 합니다.

설득해야 하는 팀장은 팀장이라고 해서 권위를 내세우거나 지시만 하는 것이 아니라 대화나 설득, 상대에 대한 존중을 통해 팀원들과 공감하게 됩니다. 이를 통해 팀원들은 하나의 공동체로서 결속을 다지고, 팀원들 개개인이 주인 의식을 갖고 자발적으로 업무에 참여할 수 있게 됩니다.

여섯째, 공동의 목표와 나아갈 방향을 가지는 것, 비전 제시Conceptualization를 해야 합니다.

팀장은 회사에서 요구하는 비전과 이를 실현하기 위한 팀 비전을 제시할 때 그 비전들을 분명하고도 구체적인 목표와 연결시켜야 합니다. 성과 부진의 여러 가지 요인 중 구체적이고도 명확한 개별화된 목표가 없었다는 조사 결과도 있습니다. 팀원들 각각은 태어나 살아온 환경도 각기 다르고, 경험 또한, 많고 적음의 차이도 있습니다. 그래서 이로 인한 인식 능력의 차이가 분명히 존재합니다. 명확하지 않고 모호한 목표 제시는 서로 다른 해석의 차이를 낳습니다. 이로 인해 일하는 방식, 일의 결과물에도 차이와 오류를 가져옵니다. 최종적 오류를 막기 위해서라도 팀장은 비전과 목표가 어떻게 구체적으로 연계되는지를 명확히 제시해야 합니다.

일곱째, 과거의 경험을 바탕으로 미래를 내다보고 현실을 예측하는 것, 통찰력Foresight을 가져야 합니다.

통찰력은 과거의 경험과 직관을 가지고 경험 유형을 미래에 투입하여 현재의 결과를 예측할 수 있는 능력을 말합니다. 과거의 경험만으로 미래를 알 수 없기에, 여기에서 통찰력이 필요한 것입니다. 팀장에게 이런 직관과 통찰력이 중요한 이유는 이것을 통해 미래에 대한 비전을 제시할 수 있기 때문입니다.

여덟째, 팀원의 성장 Commitment to Growth**을 도모해야 합니다.**

서번트 리더십을 통해 조직을 성공으로 이끌기 위해서는 팀원들에게 적절한 성장 기회를 제공하고 적극적으로 지원함으로써 팀원들이 스스로 역량을 개발할 수 있도록 환경을 조성해 주는 것이 필요합니다. 팀원들의 개인적 성장, 정신적 성숙 및 전문 분야에서의 발전을 위한 기회와 자원을 제공해야 합니다. 성장은 새로운 일을 시도하고 그 일에서 성취감을 얻을 때 이루어집니다. 성장에는 팀원들에게 많은 재량권을 주고, 능동적으로 업무를 수행하도록 하는 것이 포함됩니다. 우선 팀원들에게 바라는 목표와 기대치가 무엇인지 명확히 합니다. 그리고 나서 특정 업무를 처음으로 수행하는 팀원이라면 그 업무를 수행하는 기본적인 방법과 규칙에 대해 알려주어야 합니다.

마지막으로 팀원들이 자신의 스타일이나 방법대로 일하도록 하고, 필요로 하는 자원을 지원하며 불필요한 외부의 간섭을 막아 줍니다.

이를 통해 팀원들의 역량을 최대한 발휘할 수 있도록 지원하는 역할을 해야 합니다. 이런 과정을 통해 팀장은 팀원들에게 잠재력을 발휘할 기회와 이런 잠재력의 바탕이 될 학습의 기회를 주어야 합니다.

Q **팀원이 바라는 목표와 조직이 원하는 목표가 다른 상황이라면 어떻게 대응해야 할까요?**

공기업에서 조직문화를 담당하고 있는 U 팀장입니다. 요즘 젊은 세대 신입 팀원들은 스펙은 압도적으로 좋은데, 지향하는 가치는 기성세대인 선배 팀원들과는 확연히 다릅니다. 신입 팀원들과 막상 같이 일을 하다 보니, 스펙의 우월함보다는 이들이 일을 대하는 태도와 본인들이 지향하는 바인 개인적 가치관이 일을 공동으로 수행하는 데 걸림돌이 되었습니다.

신입 팀원들은 정말 치열했던 수백 대 일의 입사 경쟁을 뚫고, 원하고 원했던 신의 직장인 공기업에 입사했으니, '이젠 모든 것이 끝났다'라고 생각을 하는 것도 같았습니다. 입사와 동시에 더는 성장을 위해 노력하지 않는 것 같습니다. 일을 위한 고민도, 일을 통해 자기 인생을 어떻게 일구어 나갈지에 대한 고민도 하지 않으려는 듯합니다. 다만, 한 팀원은 학창시절, 로망이었던, 연극배우의 꿈은 포기하지 않았는지 주말 시간과 틈틈이 빈 시간을 이용해 아마추어들끼리 모여 하는 연극 공연 준비는 정말 열정적으로 하는 듯했습니다.

일에 대한 고민을 별도로 하지 않으니 이래서는 개인의 성장은 물론이고 조직의 성장에도 도움이 되지 않을 것 같아 걱정입니다. 이런 팀원들의 성장은 어떻게 도와야 하는지, 인생의 선배로서 후배에게 어떤 조언을 해야 할까요?

A 이렇게 한번 해보면 어떨까요?

팀원들의 성장에 관해 고민하고 계시는군요. 그렇다면 먼저 팀원들에 대한 이해와 공감, 그에 바탕을 둔 코칭을 준비해야 합니다. 혹시라도 팀장이 지향하는 바와 다른 가치관을 갖고 있고 그로 인해 일을 대하는 태도가 기대 수준에 미치지 못할지라도, 그걸 잘못된 행동이라고 단정하지 말아야 합니다. 팀원들을 질책할 일이 정말 생겼다 하더라도 잘못된 행동이 초래한 일에만 초점을 맞추어 질책해야 합니다. 그럼에도 그 사람의 업무 능력 개선과 발전을 바라는 진정성은 느껴질 수 있어야 합니다. 다음과 같은 단계로 코칭해보시기 바랍니다.

첫째, 요즘 젊은 세대들은 어떤 가치를 중요시하는지 이해해야 합니다.

요즘 세대들을 이른바 '비주얼, 동영상 세대'라고도 표현합니다. 정보를 검색하고 확보하는 매체부터가 다릅니다. 텍스트 세대가 네이버나 구글 검색을 통해 얻은 글을 이해하고 분석했다면, 비주얼 세대는 페이스북이나 인스타그램, 유튜브와 같은 영상이나 이미지 위주의 콘텐츠를 선호합니다. 자신이 모르는 지식과 정보의 검색, 심지어 뉴스 시청도 유튜브를 통해서 합니다. 요즘 젊은이들은 집 장만을 위한 적금은 안 들어도, 1년에 한두 번 해외여행은 가려 합니다. 집을 월세로 살면서도 수입 자동차를 몰고 다니려 합니다. 하지만 이러한 현상을 '우리 때는 이랬는데, 요즘 친구들은 ○○○ 하지도 않고 도대체 어쩌려고 그러지'와 같은 몇 마디 말로 단정해 버릴 수는 없습니다. 어차피 받은 월급 중 일부를 모아도 집을 장만하기에는 역부족인 현실에 이러한 상황도 벌어지기 때문입니다. 젊은이들이 그렇게 살 수밖에 현상과 그 이면의 배경까지도 최대한 이해해야 합니다. 결과가 이런 것에는 그렇게 될 수밖에 없는 원인이 있을 것입니다.

둘째, 이러한 이해를 바탕으로 팀원의 관심 분야를 소재로 대화를 시작합니다.

"그래, 지난주 연습했던 그 공연은 잘 시작한 거야?" "나도 시간 되면, 다음 주 토요일 저녁 공연 보러 가볼게, 식구들이랑 같이 가도 되지?" 등과 같이 조직 구성원이 가장 중요시하는 가치, 취미에 적극적인 관심을 표명합니다. 그럼으로써 라포Rapport도 형성하고 공감대를 구축합니다. 조직 구성원은 자신의 관심사에 대한 얘기로 대화를 시작하면 말문을 쉽게 열고 마음도 열게 됩니다. 대화가 초반부터 활기를 띠면서 시작됩니다. 다만 의례적이거나 가식적인 관심 표명에 그치지 않게 유의해야 합니다. '코칭의 ○○단계 스킬'과 같이 어딘가에서 습득한 지식을 단계를 한 단계, 한 단계 진행하는 것과 같은 인상을 팀원에게 주어서는 안 됩니다.

셋째, 팀원의 역할과 의무에 관해 정확히 설명합니다.

직장을 다니는 근로자는 일을 통해 성과를 내고, 자신이 일한 노동의 대가로 생계를 꾸려가게 됩니다. 그런데 이를 제대로 이해하지 못하는 경우가 많습니다. 학교 생활에 너무 익숙한 나머지 당시의 생활 패턴을 유지하고 자신의 행동에 책임을 다하지 못하는 이들이 많습니다. 급여는 집에서 받는 용돈과는 다릅니다. 자신이 책임감 있게 한 일에 대한 정당한 보상입니다. 따라서 직장인은 현실에 충실한 리얼리스트가 되어야 합니다. 하지만 그렇다고 하더라도 이루고자 했던 꿈까지 포기할 필요는 없습니다. 학창 시절 이루지 못한 꿈이 있다면 포기하는 대신, 다른 형태로 그 꿈을 충족시키는 방법을 찾으면 됩니다. 현재의 일과 병행하는 방법은 있을 것입니다. 이 꿈을 충족시키는 과정을 통해 팀원들은 정신적 안정과 인생의 만족감을 얻을 수 있으며, 개인적 스트레스 해소도 가능할 것입니다. 하지만 조직의 일원으로서 자신이 해야 할 일에 온 힘을 다해야 하고 현실과 꿈 모두에 관해 노력해야 합니다. 따라서 이 양자 간의 균형을 잘 잡을 수 있도록 팀장은 팀원들을 지원해 주어야 합니다. 좋은 예시를 통해 이해할 수 있도록 잘 얘기해 주어야 합니다.

넷째, 다음은 팀원들의 새로운 가치관 정립을 지원해 주어야 합니다.

팀원들 각자가 추구하는 여러 다양한 가치들을 회사의 일을 중심으로 통합시킬 수 있게 유도해야 합니다. 회사 퇴직 이후 자신이 따로 할 일, 자신이 개인적으로 추구하는 꿈과 현재의 직무가 관련이 있는 것이라면 팀원들은 저절로 열정을 갖게 됩니다.

'현재의 직무 수행이 자신의 미래와 관련이 있고, 자신이 미래에 해야 할 일에 도움이 된다'라는 판단이 선다면 팀원들은 자발적으로 몰입할 것입니다. 팀장은 이러한 연결을 잘 해주는 역할을 해야 합니다. 다만, 이러한 팀원들에 대한 코칭 활동이 팀원들에게 어떻게 받아들여지는가도 매우 중요합니다.

팀장이 조직 내에서의 승승장구를 위한 이기적인 목적에서 출발한 코칭활동은 팀원들을 좀 더 쉽게, 말을 잘든 게 이용하려는 단순 도구로 여겨질수 있습니다. 하지만 이를 팀원들 역시 모를 리는 없습니다. 팀원들의 진정한 성장과 발전을 기원하는 팀장의 마음이 느껴질 수 있게 코칭해야 합니다.

다섯째, 지속적인 관심을 기울이고 조언을 해야 합니다.

이후의 과정이 정말 더 중요합니다. 팀원이 새로운 가치관을 정리하고, 현재의 일을 중심으로 조직도 성장하고, 자기 자신도 성장하는 길로 인도하는 것이 쉬운 일은 아닙니다. 이후로도 주기적으로 코칭 면담을 해야 합니다. 지속적, 주기적으로 팀원들의 의식, 생각, 변화의 정도를 점검합니다. 장기적인 관점에서 인내심을 갖고 접근해야 합니다. 그러기 위해서는 마음의 인정, 상호 공감대, 열린 마음이 필수입니다. 그러므로 이를 형성하기 위해 노력해야 합니다.

Q 의욕은 높지만 능력이 조금 부족한 팀원은 어떻게 지원하나요?

대형 마트 본사에서 마케팅 기획을 담당하고 있는 J 팀장입니다. 저희 팀에서 마케팅 실무 기획을 담당하고 있는 T라는 팀원이 있습니다. 이 팀원은 자신이 기획 보고서를 아주 잘 작성하며, 한 마디로 여러 팀원들 중에이스로 평가받고 있다고 생각하고 있고, 스스로에 대한 자부심도 강합니다. 하지만 팀장인 저나 동료 팀원들은 T 팀원의 자기 인식에 고개를 갸웃거릴 때가 많습니다. 아직 여러 면에서 보완하고 개선해야 할 부분이 많기 때문입니다. 성격이 치밀하고 집요하며 맡은 일을 하나 완수하기 위해서는 철야 작업도 불사하는 열정이 있는 것은 분명합니다. 그런데 기획 보고서의 아웃 라인을 잡은 다음 세부 내용을 구조화하는 것은 미흡합니다.

보고서의 내용 역시 많지만 핵심이 없습니다. 잘못된 문장을 쓰거나 불필요할 뿐만 아니라 기술해서는 안 되는 예민한 내용까지 작성하여 적지 않은 문제를 발생시킬 뻔한 적도 여러 번 있었습니다. 하지만 가장 큰 문제는 '본인의 이렇게 부족한 부분에 대한 자기 인식이 없다는 것'입니다. 오히려 정반대로, 주변의 평가와는 다르게 아주 뛰어난 능력과 자질을 보유한 것으로 스스로 생각하고 있고, 이에 따라 어느 정도의 우월감도 갖고 있습니다. 이러한 팀원은 어떻게 코칭해야 할까요?

A 이렇게 한번 해보면 어떨까요?

팀장은 물론이고 팀원들에게도 그들의 성장을 위해 자기 수용성을 길러주어야 합니다. 이렇게 제고된 자기 수용성을 통해, 팀원들은 자신의 모자란 부분을 진정으로 깨달으며 부족하다고 느끼는 만큼 더 발전하고 성장할 수 있게 됩니다.

SNS와 인터넷의 발달로 세상만사에 관해 모르는 것이 거의 없을 정도로 각자가 보유하고 있는 지식과 정보의 양이 비슷합니다. 아울러 조직 내부만을 보더라도 우리는 팀원 각자에 관해 공적 영역, 사적 영역을 가리지 않고 알만큼은 모두 다 알고 있습니다. 팀원들은 동서남북을 투명하게 들여다볼 수 있는 '어항 속에 갇혀 있는 것이 존재'이기도 합니다. 팀장이나 동료들은 내가 생각하고 있는 것 이상으로 확실히 나에 관해 많이 알고 있습니다. 그런 의미에서 주변 사람들은 다 알고 있는데, 본인만 내가 어떤 실수를 저지르고 있는지 모르는 절망적인 상황이 자주 연출됩니다.

결국 이를 모르는 팀원은 홀로 섬과 같은 존재가 되어 발전하지 못하고 도태됩니다. 반면에 그 반대로 자기 수용성이 높은 팀원은 성장합니다. 2011년 실행되었던 미국의 한 실험 결과에 의하면, 유사한 조건을 가진 팀 간의 비교에 있어서 팀의 성과와 효율성에 영향을 미친 요인은 다름 아니라 '팀장과 팀원들의 수용성'이었다고 합니다. 팀장과 팀원들 모두 독선과 독단을 버리고 다른 팀원의 창의적이고도 혁신적인 의견을 잘 수렴하고 수용할수록 조직학습이 이루어집니다. 결국에는 팀원들 모두의 사기와 업무 열정도 제고시켜, 궁극적으로는 팀의 성과 향상에 긍정적 영향을 미친다는 것입니다.

여기에서의 자기 수용성이란 주변 사람들, 팀원들의 팀장에 대한 평가에 관해 수긍을 잘하는 정도를 말합니다. 팀장은 물론이거니와 팀원들 역시 마찬가지입니다. 팀장을 포함한 팀원들 모두의 자기 수용성이 팀, 조직의 효과성을 높게 됩니다. 팀원들의 의견을 잘 경청하고 그들의 평가에 화를 내거나 기분 나빠하지 않아야 합니다. 팀원이 자신보다 더 잘하는 부분에 관해서는 순수하게 인정합니다.

"솔직히 나보다 잘하네요" "그건 어떻게 하는 건가요?" "나에게도 알려주세요."

이와 같이 배우고자 하는 팀장이 더 성장합니다. 팀장이 팀원들보다 더 모른다고 하는 것은 자존심 상하는 일이고, 체면이 깎이는 일이라고 생각해서는 안됩니다. 보다 나아지려는 노력, 배우고자 하는 의지, 겸손한 태도가 역설적으로 역량을 키우는 원동력이 됩니다.

뛰어난 능력과 자질을 보유하고 높은 성과를 내고 있더라도 '나도 당연히 틀릴 수 있다'고 생각해야 합니다. 절대 자신이 모든 상황에서 100퍼센트 다 옳다고 생각하지 않고 자신을 있는 그대로 인정해야 합니다.

자신을 향한 다른 사람의 판단을 두려워하는 근본적인 이유는 자신의 모습을 냉정하게 수용하지 못하기 때문입니다. 따라서 자신을 받아들이는 연습을 해야 합니다. 자신의 장점뿐만 아니라, 인정하기 싫은 자신의 단점도 정직히 인정합니다. 이렇게 자기 잘못이나 부족함을 적극적으로 인정하고 그것을 고치고 보완하려는 노력이 필요합니다. 이를 통해서 제대로 배울 수 있고 성장할 수 있으며 개선할 수 있습니다. 상사뿐만 아니라 후배 팀원, 동료, 고객을 가리지 않고 모두 배움의 대상으로 여겨야 합니다. 그렇게 끊임없이 배우고자 하는 의지가 있어야 성장하고 발전합니다.

팀원이 자신의 실수와 약점, 나약함을 솔직하게 인정할 때 팀원 간 훨씬 밀접한 관계가 형성됩니다. '실무자인 내가 항상 모든 문제에 답을 갖고 있어야 하며, 나는 뛰어난 존재, 우월한 존재이어서 어떤 위험이 닥쳐도 절대 두려워하지 않아야 한다'는 집착에서 벗어나야 합니다. 팀원이 담당하는 모든 업무에 관해 혼자서 해결하려 하기보다 다른 이들과 함께 문제에 대한 답을 찾고, 실행할 수 있도록 해야 합니다.

사실 담당자가 해당 문제에 관해 모두 알아서 잘 처리해주기를 기대하기 쉽습니다. 실제로 이렇게 하면 나머지 사람들은 당장은 편할 수 있습니다. 어찌 됐건 문제가 해결됐으니 좋고, 팀장은 아랫사람을 격려하고 지원해서 할 일을 했다고 생각할 수 있습니다. 하지만 결국 이런 상황에서는 팀원들의 근본적인 성장은 기대하기 힘듭니다.

역량 있는 팀장, 성장을 바라는 팀장이라면 당장은 답답해도 궁극적으로 팀원들이 최상의 결과를 낼 수 있도록 협업과 협력으로 일을 성취할 수 있게 구조를 만들어야 합니다. 그때야 비로소 팀원들 모두가 공유하는 목적을 향해 함께 나아갈 수 있게 됩니다.

CHAPTER 12

팀원들에게
여유와 행복감을 주는
팀장이 되는 비결

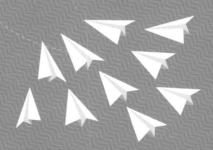

정서 관리

부정적인 기업문화를 긍정적인 문화로 바꾸는 데는 2~6년이 걸린다.
반면 팀원들의 사기와 생산성을 떨어뜨리는 데는 5분도 안 걸린다.
-찰스B.다이저트

당신의 팀 분위기는 어떠한가요? 늘 웃음소리가 들리고 활기찬 얼굴로 업무를 하고 있습니까? 아니면 고요함이 지나쳐서 자칫 누군가 기침이라도 하면 다들 쳐다보는 엄숙한 분위기인지요? 조직의 분위기는 무척이나 중요합니다. 분위기라고 하면 가볍고 사소한 일로 치부해 버릴 수 있으나 절대 그렇지 않습니다. 조직에서의 분위기, 다시 말해 정서Emotion는 조직구성원의 만족감, 업무 몰입도, 성과에 직결되는 매우 중요한 요소입니다.

정서는 팀원들의 만족감, 무기력증, 팀워크와 같이 눈에 보이지 않은 것부터 재무적 실적이나 지각, 결근처럼 눈에 보이는 수치에도 영향을 줍니다. 정서는 일을 대하는 방식, 참여도와 창의성, 조직에 대한 헌신, 의사결정 방식에도 영향을 준다는 연구 결과도 있습니다. 팀원들이 공유한 긍정적 정서는 결국 더 나은 품질과 성과, 고객서비스로 연결됩니다. 반면에 분노, 성냄, 우울함, 두려움 등의 부정적인 정서는 형편없는 성과와 높은 이직률의 원인이 됩니다.

팀장에게 있어서 정서 관리란 무엇일까요? 조용하거나 시끌벅적한 상황을 통제하라는 것이 아닙니다. 팀장은 팀원들이 자신들의 감정을 조정하고 통제하도록 도와줌으로써 좀 더 조화롭고 생산적인 작업환경을 조성하게 됩니다. 따라서 팀장은 팀원들의 정서적 문화를 잘 이해하고 있어야 합니다. 팀원의 정서를 무시한다면 팀원과 조직을 움직이는 주요한 원동력을 제대로 활용하지 못하게 됩니다.

그렇다면 어떤 점이 팀원들의 정서에 영향을 미치게 될까요? 바로 조직 내에서 일어나는 모든 것들이 해당합니다. 팀원들은 한 가지 사건에 관해 다양하게 반응합니다. 예를 들어, 팀원들은 같이 일하는 동료를 외면하기도 하고 상처를 주기도 합니다. 팀장은 자신의 민감한 태도와 신중하지 못한 의사결정, 합리적이지 못한 기대, 융통성 없는 관행적 행동 등으로 팀원들의 마음에 상처를 줄 수도 있습니다.

조직 외부의 요소들, 즉 팀원 개인적인 문제도 정서에 영향을 미칩니다. 자녀 문제, 재정 문제, 가족 건강, 부모형제 간 문제, 이혼 등 개인적인 문제가 조직에서 일할 때 그 자신뿐만 아니라 동료들에게도 영향을 끼칩니다. 어떤 이는 개인적인 문제에 더 많이 극도로 민감하게 반응하기도 합니다. 팀장은 조직 내에서 부정적이고 감정적인 문제들을 제거하기 위해 노력하기보다는 그런 것들을 인정할 필요가 있습니다. 부정적인 감정을 일으키는 상황을 방지하고자 노력해야 합니다. 이미 일어난 상황에 관해서는 최대한 관리하여 문제에 관해 부정적으로 대응하는 팀원들을 효과적으로 다루는 데 많은 시간을 할애해야 합니다.

팀장들 중에는 '팀원들의 정서 관리'를 시간 낭비나 쓸데없는 일로 여기는 이들도 있습니다. 하지만 팀장이 이를 제대로 관리하지 않아서, 팀원들이 자신의 성과에 관심을 기울이지 않거나 문제 해결에 몰두하지 않는다면, 팀장이 감당해야 하는 기회비용은 엄청날 것입니다. 잠깐의 시간을 내어서라도 조직 내부의 정서적 분위기를 감지하고자 주의를 기울어보아야 합니다. 팀장인 자신의 결정으로 인해 팀원이 겪게 될 감정적 비용과 혜택을 고려해 보세요. 팀원들의 목소리를 경청하고, 그들이 겪고 있는 여러 문제들을 해결하는 것을 도와주시기 바랍니다.

팀장은 팀원들이 자신들의 감정적 문제를 해결하느라 낭비하고 있는 시간을 줄일 수 있게 적극적으로 도와야 합니다. 그들이 좀 더 안정적인 분위기에서 생산성을 높일 수 있도록 도움의 손길을 내밀어야 합니다. 다음은 팀원들의 정서 관리를 위한 몇 가지 팁입니다.

첫 번째, 독립적이고 안정적인 공간을 확보해 주어야 합니다.

팀원들이 자신의 감정을 자유롭게 표현할 수 있는 독립적이고 안정적인 공간을 만드세요. 건물 뒤 공터나 빈 회의실도 좋습니다. 누구나 스트레스를 해소할 수 있는 수단이 필요합니다. 잠깐의 산책은 몸과 마음을 가볍게 합니다. 잠깐 눈을 감고 쉴 수 있거나 부정적인 에너지를 해소할 수 있으면 더욱더 좋습니다. 그렇게 잠시 휴식을 취하거나 스트레스를 해소할 수 있다면 조금은 나은 기분으로 일할 수 있게 됩니다.

두 번째, 팀장과 협의와 공유를 할 수 있는 열린 환경을 조성합니다.

팀원들의 문제를 함께 얘기할 수 있도록 열린 환경을 만들어야 합니다. 팀장은 팀원들의 문제에 관심을 기울이고 있고, 그들을 소중하게 생각하고 있다는 것을 알고 있다는 그 자체만으로도 좋습니다.

'제 사무실은 언제나 여러분께 열려 있습니다. 언제든지 부담 갖지 말고,

오서서 차라도 한잔하면서 여러 가지 얘기를 나눴으면 좋겠습니다…' 새로 부임한 팀장과 팀원들 간의 첫 만남에서 쉽게 듣는 얘기입니다. 실제로 이 것을 실행하는 팀원들은 거의 없을 것입니다. 그렇다고 하더라도 팀장이 이 러한 열린 환경을 지향하기 위해 노력하는 것만으로도 팀원들은 만족하기 도 합니다.

세 번째, 상황이 발생하면 즉각적인 조치를 취합니다.

감정적으로 너무 과격한 표현이나 행동을 하는 팀원이 있다면, 즉각적인 조치를 취하세요. 그 자리에서 바로 신경질적으로 대응하기보다는 회의실 이나 별도의 다른 공간으로 이동하여 감정을 추스를 수 있도록 합니다. 어 느 정도 시간이 지난 다음 왜 그런 행동을 했는지에 관해 얘기를 나눕니다. 정도에 따라서 휴가를 권유하거나 혹은 새로운 환경에서 일할 수 있도록 다 른 일을 부여하는 것도 한 가지 방법입니다.

네 번째, 갈등관리 프로그램을 활용합니다.

모든 팀원들에게 갈등관리 교육을 받도록 하세요. 감정이 격한 팀원은 다 른 팀원들과 논쟁이나 갈등을 불러일으키는 일이 많습니다. 갈등의 원인, 원인별 해결법, 갈등 대처, 갈등 해결 및 시뮬레이션 등의 갈등관리 프로그 램을 통해 팀원들은 그런 문제에 관해 긍정적으로 대응할 수 있는 방법을 배울 수 있습니다. 한 시간, 또는 하루의 교육으로는 효과가 크지 않습니다. 여러 주에 걸친 지속적인 방법이 보다 좋습니다.

다섯 번째, 직원지원 프로그램EAP, Employee Assistance Program**을 활용합니다.**

만약 가능하다면, 직원지원 프로그램을 활용하세요. 외부 전문가로부터 일 대 일 개인 상담을 받을 수도 있습니다. 외부 프로그램의 장점은 개인의 익명성이 보장되고 조직 내부의 문제뿐만 아니라 개인 문제도 다룰 수 있어 매우 효과적입니다. 팀원들이 화가 나거나 슬프거나 울적해 있을 때, 팀장은 정서 관리를 통해 그들에게 좀 더 다가갈 수 있으며, 팀원들이 팀장에게 더 많이 의지하도록 할 수 있습니다. 평소 정서적으로 문제가 있다고 여기고 있는 팀원이 있다면, 그 팀원의 정서 관리에 관심을 기울이세요. 이를 좋은 관계 형성의 기회로 삼을 수 있습니다.

Q 프로젝트 진행 시 팀원들에게 화를 내지 않았다면 더 좋은 결과로 이어졌을까요?

오랜 시간 집중하여 하나의 프로젝트성 업무를 끝내고 나니 팀원들은 모두 너무 지쳐 있는 상황입니다. 처음에는 프로젝트 업무가 끝나서 그런가 보다 했는데, 육체의 피로감이 아닐 수도 있다는 생각이 듭니다. 일이 일정대로 되지 않고, 결과물도 만족스럽지 않은 상황이 지속되다 보니 팀장인 제가 팀원들에게 소리도 지르고 비난도 했었던 것 같습니다. 의도와 다르게 팀원들의 마음을 헤아리지 못했습니다. 성과를 위해 밀어붙이다 보니, 팀원들의 심적 피로감을 많이 주었던 것 같습니다. 만약 제가 화를 내며 재촉하지 않았더라도 프로젝트는 잘 마무리되었을까요?

A 이렇게 한번 해보면 어떨까요?

그리 어려운 일이 아닌 것을 아무렇지도 않게 했었는데, 상사로부터 "힘든 일이었는데 고생했네…."라는 말을 들어 본 적이 있나요? '평소 상사가 나의 능력에 관해 어떻게 생각하고 있기에 이렇게 말을 하는 거지?' 하며 오히려 기분이 상하지는 않았나요? 이와 반대로 정말 어려웠던 일을 노력해서 해결했을 때, 상사가 너무 당연하다는 듯이 받아들이고, '수고했다'는 말 한마디 듣지 못해서 섭섭했던 적도 있었을 것입니다.

이렇듯 누군가의 마음을 알아서 제대로 격려한다는 일은 쉽지 않습니다.

따라서 정서 관리라는 문제는 단순히, 어떤 시점에 어떻게 행동해야 하는 가로만 다루어서는 안 됩니다.

중요한 것은 '신뢰와 진정성'입니다. 팀장이 팀원을 진정성 있게 대하고 평소 팀원의 성장에 대한 관심과 믿음을 주었더라면, 아무리 심하게 야단을 친다고 하더라도 팀원은 이를 팀장이 자신에게 보여주는 관심이자 개발의 기회를 주는 것이라고 받아들입니다. 반대로 그렇지 않은 관계에서는 아무리 칭찬을 하고 추켜세워도 팀원은 칭찬을 있는 그대로 받아들이지 않습니다.

'프로젝트가 완료된 것'을 축하하는 의미로 조촐한 회식을 진행해 볼 것을 권합니다. 이때, 평소 신뢰와 진정성을 제대로 보여줬다면 솔직하게 팀원들의 노력과 성과에 고마움을 보여주고 질책을 할 수밖에 할 수 없었던 상황에 관해 사과하면 됩니다. 하지만 평소 그렇게 하지 못했다고 생각한다면 이번 기회로 자신이 달라질 것을 팀원들과 약속하세요. 혹시라도 본의 아니게 그 약속을 어기게 된다면 그때마다 경고성 멘트를 해달라고 부탁하세요. 이런 노력을 통해 팀원들과 협력을 이루고 서로 신뢰할 수 있는 관계를 형성할 수 있습니다.

조직에서의 분위기, 다시 말해 정서Emotion는 조직 구성원의 만족감, 업무 몰입도, 성과에 직결되는 매우 중요한 요소입니다. 정서는 팀원들의 만족감, 무기력증, 팀워크와 같은 눈에 보이지 않은 것부터 재무적 실적이나 지각, 결근처럼 눈에 보이는 수치에도 영향을 줍니다. 정서는 일을 대하는 방식, 참여도와 창의성, 조직에 대한 헌신, 의사결정 방식에도 영향을 준다는 연구 결과도 있습니다. 팀원들이 공유한 긍정적 정서는 결국 더 나은 품질과 성과, 고객서비스로 연결됩니다. 반면에 분노, 성냄, 우울함, 두려움 등의 부정적인 정서는 형편없는 성과와 높은 이직률의 원인이 됩니다.

CHAPTER 13

팀이라는 배를
이끌어 가기 위해
팀장이라는 선장이
가야 할 방향

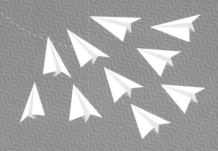

방향 설정

조직이 성과를 내기 위해서는 방향이 확실한 공통된 사명을 가져야 한다.
-피터 드러커

'팀이라는 배를 이끌어 가는 선장'

이는 팀장의 역할을 잘 표현한 말입니다. 배가 항구라는 목표에 도달하기 위해서는 선장인 팀장과 선원인 팀원들이 한마음으로 함께 하는 노력이 필요합니다. 물론 나침반이나 항해술도 필요하지만, 그런 것들도 배가 가야 할 방향을 정한 다음에 제대로 가고 있는지 점검할 때에야 비로소 도움이 됩니다.

여기에서는 조직 관리의 수장으로서 팀장은 팀이 나아가야 할 방향을 어떻게 정하는지 살펴보겠습니다. 역사 속에서도 방향을 잘못 정하여 결과적으로 팀원들 모두가 좋지 않은 결과를 맞았던 때가 있었습니다. 예를 들어, 임진왜란 발발 당시에 조선 조정에서 일본의 계획에 대하여 대응 방향을 제대로 잡았더라면 이후 전쟁의 판도가 크게 달라졌을 겁니다.

그렇다면 팀장은 팀의 리더로서 방향을 언제 설정해야 할까요? 아마도 팀이 새롭게 만들어졌거나, 새로운 일을 시작할 때가 아닐까 싶습니다. 대개 특별한 상황이 아니라면 1년 단위의 주기로 업무가 마무리되고 시작될 것입니다. 조직의 구성이나 개편도 그 시점에 맞춰서 진행됩니다. 큰 단위로 본다면 1년 이내의 단기 방향과 5~10년 단위의 장기 방향을 설정해 볼 수 있습니다. 방향은 수시로 상황에 따라 설정하기보다는 주기적으로 업데이트하는 경우가 많습니다. 다시 말하면, 방향은 한 번 설정한 이후에 고정불변이 아니라 주변 상황과 조직 내의 이슈에 따라 계속 변화하게 됩니다. 방향 설정은 크게 2가지 접근 방식에 따라 이루어집니다.

첫 번째, 팀의 상위 조직 및 의사결정자가 제시하는 방향에 따른 접근입니다.

상위 조직은 상위 부서 혹은 회사 전체가 될 수도 있습니다. 대개 회사 전체의 큰 방향이나 비전을 수립하면, 사업부 단위로 방향을 설정하고 하부 팀들 단위로 세부 방향을 설정하게 됩니다. 때로는 하부 조직의 방향을 모아 상부 조직의 방향을 수립하는 일도 있습니다. 하지만 아이디어 모집 차원의 일이거나 팀원의 관심을 끌기 위한 경우일 뿐입니다. 대부분 조직의 큰 그림 차원에서 방향을 제시하고, 각 팀은 그에 따른 구체적이고 세부적인 방향을 수립하는 일이 많습니다. 이때 팀장은 큰 방향이 어떤 것인지 정확하게 이해해야 합니다. 팀원들에게 큰 방향을 알려주고 팀의 방향을 설정해야 하기 때문입니다. 필요하다면 상위 의사결정자와 팀의 방향에 관해서 추가 협의를 할 수도 있습니다.

두 번째, 팀원들이 생각하는 방향에 따른 접근입니다.

팀에서 설정한 방향에 대한 추진력의 핵심은 결국 팀원들에게 달려 있습니다. 팀원들과 방향을 협의하거나 공유하지 않고 일방적으로 방향을 설정한다면 강력한 저항이나 무관심에 맞닥뜨리게 됩니다. 실제로 상사들경영진의 방향과 팀원들의 방향이 서로 맞지 않을지라도 그 간격을 좁히려고 노력해야 합니다. 따라서 우선 팀원들이 생각하는 방향에 관해 귀를 기울여 들어야 합니다.

비록 그 방향이 팀장인 자신을 포함한 상사들의 방향과 다르더라도 그들의 의견을 자신이 확실히 이해하고 있음을 보여주어야 합니다. 팀원들의 의견이 나오면 바로 반론을 펼치거나 무시하지 말고, 그들의 입장과 견해가 충분히 정리될 때까지 기다려야 합니다. 그런 다음, 비로소 상사들의 방향과 팀원들의 방향의 차이와 간격을 명확하게 정리할 수 있습니다. 그렇지 않으면 팀원들의 마음속에는 방향 설정에 대한 불만이 쌓여갈 것입니다.

상사들과 팀원들의 방향이 정립되면 합리적인 절충 방향을 찾습니다. 가능하다면 상사들의 방향을 수용하면 좋겠지만, 상식적으로도 이해가 힘든 부분이 있다면 팀을 대표하는 사람으로서 건의를 해보거나 이해할 수 있는 피드백을 받을 필요가 있습니다. 그에 대한 추가 보완을 마무리하고, 최종적으로 방향을 설정했으면 다시 한 번 팀원들과 공유하고 다짐을 받을 필요가 있습니다. 비록 팀원들의 생각과 완전히 일치하지 않는 방향이라도 일단 설정되면 그 방향으로 팀의 전력을 다해야 하기 때문입니다.

정해진 방향 외에는 가능한 예외 사항을 두지 않는 게 좋습니다. 특별한 상황을 허용하기 시작하면, 향후 전체의 방향이 흔들릴 수 있기 때문입니다. 따라서 다음 방향 설정의 시점까지는 현재의 방향을 그대로 유지하는 추진력이 필요합니다.

팀장 한 명의 생각이 아니라 여러 팀원의 생각을 모아 방향을 설정하기는 쉽지 않은 일입니다. 하지만 방향을 설정하기까지 정성을 들이면 들일수록, 방향 설정 이후의 운영에 크게 도움이 됩니다. 뿐만 아니라, 팀원들과 윗

선의 큰 방향을 공유하고 함께 고민할수록 팀장에 대한 믿음과 동료의식도 늘어납니다. 방향 설정에 대한 책임과 의무를 홀로 맡으려 하지 말고 가능한 팀의 방향 설정에 팀원들이 많이 참여할 수 있도록 팀장의 배려와 관심을 보여주세요. 다음 방향을 설정할 때에는 팀원들의 생각도 한층 더 성장해 있을 것입니다.

Q 어떻게 하면 외부 환경에 잘 흔들리지 않는 미래 비전을 수립할 수 있을까요?

저는 반도체와 관련된 설비를 제작하는 회사에서 기술영업팀을 맡고 있습니다. 팀이 직접 영업 현장을 개척하는 것은 아니지만, 아무래도 영업 실적과 관련하여 경영진으로부터 많은 압박을 받는 것은 사실입니다. 게다가 매출이나 영업 실적에 따라서 상위 리더인 임원도 언제든지 교체될 수 있는 상황입니다. 그렇다 보니 전략이나 목표 설정은 모두 당장 실적을 위해 단기적으로 가야 할 방향에 맞춰져 있습니다. 하지만 팀원들은 기술 엔지니어의 자부심을 바탕으로 팀이 장기적으로 가야 할 방향을 궁금해 합니다. 경영진을 비롯한 외부의 변화무쌍한 환경에도 변함없는 미래의 비전은 어떻게 만들어야 할까요?

A 이렇게 한번 해보면 어떨까요?

팀이 존재하는 이유는 무엇일까요? 이에 관해 생각해 보신 적이 있으십니까? 대부분의 조직에서 어떤 업무라도 혼자 하는 경우는 그리 많지 않습니다. 대개 여럿이 힘을 합쳐서 하거나 그렇게 같은 목적을 갖는 사람들끼리 모여 팀을 이루게 됩니다. 팀은 최초의 시점부터 존재의 목적을 갖고 만들어집니다. 필요가 없는 팀은 애초에 존재하지 않습니다. 하지만 많은 팀원들은 자신의 팀이 존재하는 이유를 잘 모르는 경우가 많습니다. 팀이 먼저 만들어지고 나서 팀에 합류한 이들이 대부분이기 때문입니다. 원래부터 있던 팀에 들어왔으니, 그 존재 이유도 잘 알지 못하는 것입니다. 그냥 팀이 있으니 팀원인 자신도 함께 있는 것이라고 생각합니다. 따라서 지금이라도 자신의 팀이 존재하는 이유를 다시 확인할 필요가 있습니다. 누구 또는 어느 부서나 조직을 돕고 있는지, 무슨 목표와 목적을 가지고 있는지 알아야 합니다. 다시 표현하자면 팀의 고객은 누구이고 그 고객들을 위해 무슨 일을 해야 하는지 질문해야 합니다. 그래야 팀이 가려는 방향을 정할 수 있습니다.

팀의 방향은 팀장 혼자서 정하는 게 아니라 모두 함께 정해야 합니다. 경영진이나 오너십을 가진 대표 등이 직접 정하는 일도 있습니다만, 대개는 팀에서 스스로 방향을 정해야 합니다. 여기에서의 팀이란 팀원들 모두를 말하며, 방향을 정함에 있어 팀원 전체의 조율이 필요하다는 것을 의미합니다. 한두 사람에 의해서 일방적으로 정해진 방향은 팀원들에게 쉽게 와닿을 수 없습니다. 이를테면 주어진 목표나 할당량과 마찬가지로 달성했느냐 달성하지 못했느냐의 결과만 남게 됩니다.

방향은 목표를 넘어서거나 혹은 미치지 못할지라도 지금 우리 팀이 업무나 프로젝트를 지속하게 하는 힘입니다. 방향을 함께 정해야 하는 이유는 그렇게 해야 팀원들 모두의 약속이 되기 때문입니다. 나의 의견이 반영되지 않은 방향이라면 수동적으로 따를 수밖에 없고, 조금이라도 역경이나 한계를 만나게 되면 팀 전체가 길을 잃고 방황하게 됩니다. 함께 정한 방향은 곧 팀원들 모두가 한배를 타고 가는 상황임을 일깨워 줍니다.

업무나 특성에 따라 단기/장기의 기준이 다를 수 있습니다. 시시각각 변화하는 환경에 맞춰 일하는 조직이라면 분기나 반기 단위로도 목표와 방향을 수립할 수 있고, 일의 결과가 몇 년에 걸쳐 나타난다면 의도적으로 진행 기간을 더 크게 쪼갤 수도 있습니다. 하지만 대부분의 조직에서는 업무가 한 바퀴 사이클을 돌게 되는 1년 이내의 기간을 단기적 방향 수립 기간으로 잡습니다. 반면, 장기적 방향을 수립한다면 최소 1년 이상에서 수년 내지 10년을 넘게 볼 수도 있습니다. 대부분 단기적 방향은 구체적이고 수치로 표현되며 수시로 달성 수준을 파악할 방법을 활용하여 수립합니다.

장기적 방향은 수치로 표현하더라도 상징적인 숫자이며 당장은 결과가 나오기 힘들고 단기적 방향을 수립하는데 참조하는 형태로 수립합니다. 큰 틀에서 보자면 단기적 방향의 성과들을 모아 봄으로써 장기적 방향이 제대로 수립되었는지 가늠해 보기도 합니다. 중요한 점은 단기적 방향과 장기적 방향이 서로 각자의 방향을 향해 따로 움직이지 않도록 하는 것입니다. 따라서 어떤 방향을 수립할 때에는 늘 2가지 방향을 함께 보아야 합니다.

장기적 방향을 수립할 때 가장 어려운 점이라면 향후 어떤 일이 발생할지 모른다는 점입니다. 바꿔 말하면 우리가 예상하는 결과 그대로 비즈니스를 지속하기 힘들다는 얘기입니다. 실제로 위기 또는 리스크를 예측하기 위한 다양한 방법이 있습니다. 이를테면 예상 시나리오 등을 작성해 볼 수 있습니다. 우리가 예측한 상황을 가상으로 시뮬레이션을 해보면서 단계마다 발생 가능한 실패 요인들을 나열하고 그에 대한 후속 조치나 예방법을 미리 검토합니다.

다시 말하면, 일의 각 단계가 넘어갈 때마다 성공 가능성보다는 실패 가능성을 염두에 두고 플랜 A 이외에도 플랜 B와 플랜 C를 마련합니다. 실제로 위기 상황이 발생하면 예상한 대처 시나리오에 맞춰 대응함으로써 팀 전체가 우왕좌왕하거나, 전혀 예상치 못한 조치로 인해 발생하는 또 다른 위기 상황을 미리 방지할 수 있습니다. 특히, 장기적 방향은 오랜 기간 동안 지속성을 가져야 하므로, 리스크를 만나 엉뚱한 방향으로 팀이 가지 않도록 사전에 철저히 검토해야 합니다.

팀에서 장기적 방향을 수립하듯이, 상위의 조직이나 회사 차원에서도 장기적 방향이나 비전을 수립합니다. 많은 조직에서 방향을 수립하는 기본 방식은 상위 조직에서 큰 방향을 수립하고, 그에 근거하여 하위 조직에서 방향을 수립하는 하향식이 많습니다. 반대로 하위 조직에서 설정한 방향을 모아 상위 조직의 큰 방향을 정하는 상향식도 있기는 하지만, 수직 계열화된 대기업이나 계열사 단위로 방향을 정하는 경우가 아니라면 하향식이 대부분입니다. 다만 상위 조직의 방향이나 비전이 장기적 관점에서 존재하지 않거나, 또는 수시로 변한다면 팀 자체적인 비전을 수립할 수 있지만 상위 조직의 비전에 비해서 더 강한 실행력을 가질 수는 없습니다.

결과적으로 상위 조직의 비전이 더 우선권을 지니기 때문에, 가능한 상위 조직에 맞춰 방향을 수립하되, 부족한 부분을 추가로 보완하여 팀의 특성이나 고유의 스타일로 만듭니다. 가능하다면 상위 조직의 조언이나 도움을 받는 것도 좋습니다.

비교적 먼 미래의 일이라면 당장 해야 할 부담을 지지 않기 때문에 긍정적으로 설계하는 일이 많습니다. 부족한 부분은 중간에 채워 나갈 수 있으리라는 기대를 하기도 합니다. 그렇다 보니 꿈에서나 이룰 법한 비전을 수립하는 일도 생깁니다. 현재 상황에 대한 일종의 대리만족인 셈입니다. 언젠가 혹은 장기간의 시간이 흘러가면 자동으로 이루어질 것 같은 상상을 합니다.

하지만 장기적인 방향도 결국 단기적 방향을 실행해 나가면서 조금씩 다가서야 합니다. 단기적 방향을 검토하며 장기적 방향을 함께 수립하는 이유도 여기에 있습니다. 장기적 방향은 미래의 어느 한 시점에 갑자기 이루는 것이 아니라, 일정한 기간이 지남에 따라 계속 이루어 가는 것입니다. 다만 지금의 단기적 방향이 잠깐 주춤하거나 돌아가는 일이 있더라도 언젠가 장기적 방향에 도달할 것이라는 믿음을 가져야 합니다. 따라서 단기적 방향처럼 수시로 현재의 수준을 측정하지는 않더라도 장기적 목표에 얼마나 가까이 다가가는지 가늠해 볼 수 있어야 합니다.

단기적 방향보다 장기적 방향은 짧은 시간 내에 구체적으로 수립하기 어렵습니다. 대부분의 사람은 단 한 번에 근사하고 멋있는 비전을 만들고 싶어 합니다. 몇 시간의 워크숍을 며칠로 늘린다고 해서 보다 멋있는 비전이 나오리라는 법은 없습니다. 무엇이든 초안에서부터 출발하여 계속 끊임없이 다듬는 방법이 최선입니다. 작년에 세운 10년 장기 비전을 올해에도 반드시 유지할 필요는 없습니다. 그렇다고 매년 장기 비전을 업데이트할 필요는 없습니다.

팀에서 1년간 단기와 장기 방향을 함께 운영하다가, 바꿀 필요를 느낄 때 바꾸면 됩니다. 단기적 방향이건, 장기적 방향이건 궁극적으로 팀이 더욱 성장하기 위한 목적으로 수립하는 것입니다. 그 필요성은 누구보다 팀원 각자가 제일 잘 알고 있습니다. 팀원이라는 개인이 지금 내가 이 일을 하는 이유를 안다면 일을 더욱더 잘할 수 있고, 재미있게 할 수 있기 때문입니다. 우선 한 개의 커다란 장기적 방향이라는 기둥을 세웁니다. 다음에는 그를 지지하는 기둥을 하나씩 세워갑니다. 이런 모습은 상황은 조직의 믿음을 굳건히 하는 것에 비유할 수 있습니다. 비전은 누군가 한 명이 만드는 것이 아니라 팀원들과 팀장, 상사라는 모두의 공감을 바탕으로 그 힘이 발휘되는 것이니까요.

팀장 한 명의 생각이 아니라 여러 팀원의 생각을 모아 방향을 설정하기는 쉽지 않은 일입니다. 하지만 방향을 설정하기까지의 과정에 정성을 들이면 들일수록 방향 설정 이후의 운영에 크게 도움이 됩니다. 뿐만 아니라, 팀원들과 상위 리더들의 큰 방향을 공유하고 함께 고민할수록 팀장에 대한 믿음과 동료의식도 늘어납니다. 방향 설정에 대한 책임과 의무를 홀로 맡으려 하지 말고 가능한 팀의 방향 설정에 팀원들이 많이 참여할 수 있도록 리더의 배려와 관심을 보여주세요. 다음 방향을 설정할 때에는 팀원들의 생각도 한층 더 성장해 있을 것입니다.

CHAPTER 14

조직의 미래를 위해
과거의 성공에
머무르지 않는 법

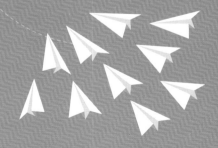

변화 관리

변화를 두려워하고 지금의 상황이 유지되길 원하는 사람들 모두가
내부의 가장 위험한 적이다.-마이클 해머

4차 산업혁명은 기업에 커다란 위기이자 기회를 동반하는 변화입니다. 이
처럼 급변하는 내/외부의 변화에 빠르게 적응하기 위해서는 다양한 전략과
자원을 활용해야 합니다. 창의적인 혁신 프로젝트를 수행하다 보면, 성공적
인 결과로 이어지기보다는 실패할 확률이 높습니다. 이는 새롭게 도입하는
시스템이나 불합리한 업무 프로세스에서 발생하는 문제보다는 조직의 구
성원들이 변화를 받아들이고 조직에 적용하는 과정에서 많은 어려움을 호
소하고 있기 때문입니다.

  조직의 혁신은 팀원들이 변화를 어떻게 수용하고 해당 조직에 실제로 적
용하느냐에 따라 성공 여부가 달라진다고 볼 수 있습니다. 혁신이 실패하는
주요 원인은 경영진의 리더십 부재 및 변화 활동의 지원 부족, 변화에 대한

충분한 이해와 커뮤니케이션의 부재, 조직원들의 변화에 대한 저항 등 체계적인 변화 관리 활동이 부족하여 발생합니다. 변화 관리란 조직의 목적을 달성하기 위해서 구성원의 업무 수행 방식과 행동의 변화를 끌어내는 혁신의 과정이며 변화를 조정하고 관리하는 모든 활동을 말합니다.

보스턴 경영대학원의 리처드 베카드Richard Beckhard 교수는 변화 관리의 성공을 결정하는 요소와 이들 간의 관계를 규명하는 변화 방정식Change Equation을 만들어 냈습니다.

리처드 베카드와 해리스의 변화 방정식(1977년)

$$C = D \times V \times F > R$$

Change　　Dissatisfaction　　Vision　　First Step　　Resistance

위의 변화 방정식에서 보면, 변화는 현실에 대한 불만족Dissatisfaction, 미래 비전Vision, 비전 달성을 위한 확실한 초기 조치First Step라는 요소들의 곱셈이 저항Resistance to Change 보다 클 때 가능합니다. 조금 더 설명하자면, 불만족 Dissatisfaction 요소가 현재 상태에서 팀원들 사이에 강하게 표출되지 않으면 변화는 일어날 수 없는 것입니다.

조직의 비전Vision이 없거나 명확하지 않으면 변화는 일어나지 않으며 비전 달성을 하기 위한 초기 조치First Step도 실현성이 없으면 변화는 일어나지 않는다고 변화 방정식을 통해 알 수 있습니다. 변화는 반드시 저항을 불러일으키며 저항 없는 변화는 본질적으로 변화가 아니라고 판단할 수 있습니다. 결국 저항보다 강하게 변화가 작용할 때 진정한 변화가 이루어진다고 볼 수 있습니다.

변화에 저항하는 이유는 크게 개인적인 관점과 조직적인 관점으로 생각해 볼 수 있습니다. 구성원의 개인적인 관점에서 볼 때, 변화에 대한 긍정적인 인식이 정확히 전달되지 않거나 불확실성에 대한 공포가 일어날 때, 새로운 기술을 취득하면서 부담을 느낄 때 변화에 저항하게 됩니다. 조직의 권력 관계의 변화가 발생하여 불이익 예상되어 회피하고 싶을 때나 기득권을 상실할 걱정과 우려가 앞서면 일반적으로 변화에 저항하게 됩니다.

조직적인 관점에서는 조직이 안정적인 구조일 때, 보수적인 조직문화를 가지고 있을 때 변화에 대한 저항이 크며, 부서 간의 협력이나 공조가 부족할 때에도 변화에 대한 저항이 크다고 볼 수 있습니다.

Q 변화를 이끌어가려고 하는데 다양한 방식으로 팀원들이 저항합니다. 어떻게 대처하면 좋을까요?

대기업에서 품질 보증 업무를 담당하고 있는 D 팀장입니다. 올해로 11년 차가 되었습니다. 10년 전 회사에서 맡았던 업무와 지금의 업무는 많은 변화가 없습니다. 품질 업무 속성상 업무가 크게 변하지 않은 일들이 많습니다. 하지만 제 나름대로 업무상에서 필요한 개선 사항을 꾸준히 도출하여 회사에서 공식 건의하여 업무 프로세스의 효율성을 높이기도 하였고, 외부에서 업무 관련한 기술 세미나와 트렌드를 듣고 와 자세히 분석하여 상사와 동료에게 공유하는 등, 외부 변화에도 꾸준히 관심을 두고 노력해 왔습니다. 동기들보다 팀장이 먼저 된 이유도 업무 개선에 대한 제안과 대내적인 변화에 대한 인사이트를 가지고 노력했던 결과라고 보입니다.

현재는 제가 팀장이 된 이래, 팀 내의 업무 변화를 꾀하고 있습니다. 외부 환경 변화, 외부 고객의 심층 인터뷰, 품질 기술 이슈 등을 분석해서 팀원들과 세세히 공유하고 업무 변화를 이끌어 가고 있는 상황입니다. 하지만 어느 순간부터 팀원들의 저항이 심해지기 시작했습니다. 처음에는 A 대리가 업무 변화를 꾀하려는 저에게 '왜 굳이 자신이 그렇게 해야 하냐'며 강하게 반발하는 것이 시초인 듯 싶습니다.

처음에는 그냥 넘어가려고 했는데, A 대리와 친한 B 대리와 C 사원까지 가세하여 요즘은 팀원들의 저항이 더욱 심해졌습니다. 반면에 D 과장은 항상 변화에 수용적이고 주도적입니다. 새로운 시스템과 프로세스를 실행하면서 유용하고 가치 있는 방법들을 찾아보고 해결책을 적극적으로 제안합니다. 이렇게 변화에 관해 다양한 모습을 보이는 팀원들을 팀장으로서 어떻게 대처해야 좋을까요?

A 이렇게 한번 해보면 어떨까요?

변화에 대한 반응은 상황에 따라 각양각색일 수 있습니다. 피터블락Peter Block의 《스튜어드십Stewardship : Choosing Service Over Self-Interest, San Francisco, Berrett-Koehler Publishers, Inc., 1993, pp. 221-231에서 인용》에서는 팀원들의 변화에 대처하는 방법을 4가지 유형으로 구분하였습니다. 변화에 굴복해 버리는 희생자형, 변화에 비평만 늘어놓는 비평가형, 옆에서 보기만 하는 방관자형, 개인적으로 혹은 다른 사람들과 함께 능동적으로 변화를 리드해 나가는 주도자형으로 구분했습니다.

이 유형들은 모두 정상적이고 자연스러운 것들입니다. 하나의 유형으로만 고착되어 있지도 않습니다. 변화를 처음 접했을 때는 주도자형이었다가도 추가적인 정보들을 접하게 되면서 희생자형으로 바뀔 수도 있습니다. 중요한 점은 희생자형이나 비평가형, 또는 방관자형에서 방황하지 않도록 해야 합니다. 이 3가지 유형은 모두 변화를 향해 나아가는 데 방해가 되기 때문입니다. 각 유형을 이해하게 되면, 저항을 극복하고 다른 사람들을 도와주는 데도 도움이 될 것입니다. 지금부터는 4가지 유형에 관해 구체적으로 살펴보겠습니다. 변화를 대하는 행동과 사고태도로 구분해 볼 수 있습니다.

희생자형

행동	사고 (태도)
·변화에 저항하거나 굴복한다. ·화를 내거나 의기소침해진다. ·과거의 방식으로 회귀하고자 한다. ·자신을 고립시킨다. ·다른 사람들에게 도움을 청하지 못한다.	·'왜 이런 일이 또 내게 일어나는 거지?' ·'왜 원래 하던 대로 내버려 두지 못하는 걸까?'

비평가형

행동	사고 (태도)
·변화가 성공할 수 없는 이유를 찾는다. ·변화의 긍정적인 결과를 보지 못한다. ·변화가 필요하고 적합한 것인지 계속 의문을 품고 생각해본다.	·'이것은 과거에 실패했었어. 이번에도 잘 될 거 로 생각하지 않아.' ·'이 변화를 통해 개선되는 것은 아무것도 없을 거야.'

방관자형

행동	사고 (태도)
·변화에 마지못해 합류한다. ·다른 사람들이 의사결정을 하고 주도하길 기다린다.	·'내가 무시해버리면 이런 변화도 그냥 지나쳐 가겠지, 뭐.' ·'안전하다는 것이 확실해질 때까지 뛰어들지 말아야지.' ·'나보다 경험 많은 사람들이 이 길을 닦을 때까지 기다려야지.'

주도자형

행동	사고 (태도)
·부정적 반응들을 최소화할 방법들을 찾아본다. ·변화 뒤에 숨어있는 원인을 밝혀낸다. ·변화를 수용하고 실행하는데 있어 유용하고 가 치 있는 방법들을 찾아본다. ·개선할 기회를 찾는다. ·변화의 영향권 안에 있는 다른 이들과 협력 관 계를 형성한다.	·'이 변화는 일을 다른 방식으로 처리해 볼 기회 를 제공하는 거야.' ·'좀 더 나아질 기회가 될 거야.' ·'이 변화를 통해 우리가 얻을 수 있는 새로운 가 치는 무엇이 있을까?' ·'우리가 변화를 통해 지금보다 성장하려면 누구 와 먼저 협력을 해야 하지?'

앞에서 살펴본 것처럼, 희생자형이나 비평가형, 또는 방관자형은 변화를 적극적으로 수용하고 조직이 앞으로 나가는 데 방해가 됩니다. 그렇다면 이런 유형의 팀원들을 어떻게 하면 변화의 주도자형으로 바꾸어 나갈 수 있을까요?

첫째, 변화해야 하는 이유와 배경을 충분히 설득합니다.

사람은 본능적으로 안정을 추구합니다. 따라서 당연히 변화에 거부하려는 성향을 보입니다. 하지만 조직은 변화하지 않으면 도태하기 마련입니다. 그러므로 변화를 해야 할 수밖에 없는 이유와 근거, 배경에 관해서 충분히 제시하며 설명해야 합니다.

둘째, 변화에 대한 이익을 자세히 설명합니다.

팀원들이 변화를 통해 얻을 수 있는 다양한 이익에 관해서 설명하고 변화의 긍정적인 측면을 인식할 수 있도록 돕습니다. 변화에 따른 부정적인 이슈는 최소화하고 긍정적인 이익을 깨닫도록 최대한 표현하며 팀원들의 변화를 도모합니다.

셋째, 팀원들의 감정을 세심하게 살피며 열린 마음으로 경청합니다.

팀원들이 느끼는 변화에 대한 두려움이나, 근심, 요구 사항들을 표현하도록 해주면, 공감하려고 노력하는 팀장에게 마음을 조금씩 열게 됩니다. 경청을 통해 그들의 감정을 이해함으로써 서로에 대한 신뢰감이 깊어지고 변화에 대한 저항은 차츰 사라지게 될 것입니다.

넷째, 변화에 관해 적극적인 자세로 팀장 자신이 솔선수범하는 모습을 보여줍니다.

변화를 주도하게 될 때, 팀장 자신도 변화의 상황을 통제하기가 어려워질 수 있습니다. 한 번에 모든 것이 변화되지는 않습니다. 따라서 변화에 대한 리더십을 발휘하여 나 자신이 할 수 있는 일을 하나씩 맡아 솔선수범하는 모습을 의도적으로 보여주어야 합니다. 그리고 팀원들도 변화에 적극적으로 행동하도록 도와줍니다.

다섯째, 변화에 적응할 시간을 줍니다.

우리는 흔히 '사람들은 변화를 잘 받아들이지 못한다'고 생각하지만, 사실은 정도의 차이가 있을 뿐 변화를 두려워하거나 의심하는 마음은 시간이 지남에 따라 천천히 사라지기 마련입니다. 습관을 바꾸기는 좀처럼 쉽지 않은 일입니다. 그러므로 기존의 방식과 변화된 방식을 접목하여 천천히 적응하도록 시간을 충분히 주며 기다리는 것도 중요합니다.

앞서 제시한 방법과 예시에 따라, 먼저 A 대리와 B 대리, C 사원, D 과장이 어떤 유형에 속해 있는지 또는 변화에 어떻게 대처하는지 구분해 보길 바랍니다. 각 유형대로 구성원을 구분하였다면 희생자형과 비평가형, 방관자형은 언제든지 변화에 능동적으로 대처하는 주도형으로 바뀔 수 있다는 긍정적인 시각과 관점을 가지고 팀원들을 지원해 주는 게 어떨까요.

CHAPTER 15

유기체인 조직의
업무 효율을 최대치로
끌어올리는 조직 만들기

조직 설계

리더의 성공은 그 사람이 뭘 하느냐가 아니라 그가 이끄는 팀이
어떤 성과를 내느냐에 달려 있다.-잭 웰치

'성과 중심의 팀제'

이것이 현재 우리나라 대부분의 회사 및 조직 설계의 현황입니다. 팀은 팀
장과 팀원들로 구성되며, 팀장은 만들어져 있는 팀을 맡아서 관리하게 됩니
다. 간혹 새로운 팀을 만들어서 운영해야 하는 팀장도 있지만, 이런 상황에
서도 회사 조직의 전체 구조 안에서 주어지는 인력으로 팀 구조를 설계하게
됩니다. 어떠한 팀이라도 팀장과 팀원들이 함께 성과를 만들어나갑니다.
따라서 팀장의 입장에서는 팀원을 잘 이끌어야 하며 성과를 내기 위해서는
적정 인원이 필요합니다. 정원 관리는 업무를 수행하는데 필요한 팀원 수를
결정하여 그 인원을 배치하고, 결원이 생기면 그 인원을 보충하는 일련의
과정입니다. 동시에 그다음 업무량의 증감과 업무 프로세스 등의 변화에 대

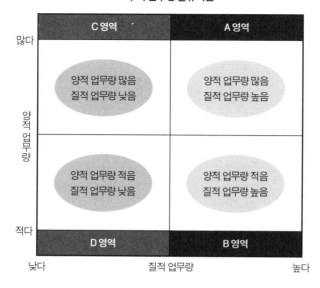

부서 업무량 분류기준

응하기 위하여 정원의 타당성을 검토하여 업무 수행에 필요한 최적의 구성원을 유지하는 것입니다.

팀 인력의 운영 기준을 확립하기 위해서는 업무량과 적정 인원수, 인력 배치를 고려해야 합니다. 업무량은 업무 내용의 수준을 확인하게 되는 질적 업무예, 기획와 투입되는 시간의 양을 보는 양적 업무예, 운영로 나눌 수 있습니다. 팀의 직무기술서, 업무 분담표, 인원 구성을 파악하여 팀 안에서 조직 개편을 할 수 있습니다.

팀장이 팀 안에서 조직을 재설계하기 위해서는 팀의 비전, 특성을 고려하고 팀 문화에 어떤 영향을 미칠 것인지를 파악하여 의사결정을 해야 합니다. '팀장이 관리하는 효율적인 인원 구성'에 관해서는 조직이나 학자마다 다양한 의견을 가지고 있습니다. 하지만 팀제와 연결해 보면 적어도 '팀은 3명 이상이어야 한다'는 의견이 많습니다. 3명은 업무의 효과성과 연속성,

전문성을 위해 팀이 가져가야 하는 최소 인원입니다. 성과를 책임지는 팀장과 함께 기획 업무와 팀장을 보좌하는 차·과장급의 시니어, 업무를 실행하고 시니어를 보조하는 대리, 사원급의 주니어를 말합니다.

그렇다면 모든 팀이 팀장을 포함하여 인력을 3명씩 보유하고 있을까요? 현실은 조직 규모에 따라 팀당 인원이 1~2명이거나 많게는 20~30명씩 되기도 합니다. 이처럼 팀의 구성 인원은 다양합니다. 인원이 적은 소 팀제는 팀원 개인이 하나의 업무를 모두 책임지면서 업무 배분을 하는 일이 많습니다. 이런 상황일 때 구성원 한 명의 역량과 성과의 상관관계가 높아지기 때문에 관리가 쉽다고 생각할 수 있지만, 팀장의 리더십은 실무를 중심으로만 발휘하게 될 수도 있고 팀의 문화가 개인의 성향에 좌지우지되기 쉽습니다. 상위 조직 리더예. 본부장가 팀장의 역할을 하게 되기도 합니다. 인원이 많은 7명 이상의 대 팀제에서는 팀장의 역할 범위가 넓어지고, 팀을 파트로 나누어 파트장과 함께 조직을 이끌어가기도 합니다. 파트 안에서 팀원들은 서로 다른 임무를 수행하면서도 같은 팀의 목표를 위해 일하게 됩니다. 파트는 팀의 특성에 따라 전체를 살필 수 있도록 기획-운영 파트로 나눌 수도 있고, 경쟁이나 고객 군에 따라 A파트-B파트의 형태로 만들 수 있습니다. 대 팀제 팀장은 팀을 혼자 통솔하는데 물리적 한계가 있고, 팀 문화가 이원화될 수도 있기 때문에 파트장과 긴밀한 관계가 필요합니다.

Q 인력 효율화 방안으로 팀 내 조직을 재설계해야 합니다. 어떻게 해야 할까요?

신설된 지 2년이 조금 지난 부서에서 대고객 관리 및 마케팅 인력을 관리하는 C 팀장입니다. 워낙 다양한 업무를 담당하다 보니 회사 안에 또 다른 회사 같은 느낌입니다. 예를 들면 회사에 인사팀이 있지만, 저희 부서 소속의 고객관리 업무 담당자는 저희 팀에서 직접 채용, 배치하는 일을 합니다. 상품 마케팅이나 상담 업무를 위해서 별도로 마케팅, 교육 업무를 담당하는 팀원도 있습니다. 현재 저희 팀은 구성 인력도 최대로 많이 확보했고, 업무도 다양하게 하고 있습니다. 그런데 지금 전사적으로 '인력 효율화 방안'에 관해 고민하는 시점입니다. 팀 내부적으로는 팀원들의 담당 업무가 고르게 배분되어 있지 않아 문제가 되고 있습니다. 그래서 팀을 재설계해야 합니다. 어떻게 하면 좋을까요?

A 이렇게 한번 해보면 어떨까요?

조직 개편은 조직의 변화를 일으킵니다. 변화는 원하는 이들도 있지만 위협으로 느끼고 저항하는 이들도 있기 마련입니다. 따라서 큰 반발이나 혼란 없이 의도하는 방향으로 조직 변화를 일으키기 위해서는 어떻게 해야 할까요? 우선 팀의 구조를 전체적으로 파악해야 합니다. 사전적 의미에서 '구조란 하나의 조직을 구성하는 각 부분의 특정한 관계 형식'입니다. 이를 조직에 비유하면 '조직 내의 직무 또는 부문 사이에 형성된 비교적 고정적인 관계'라고합니다. 조직의 구조는 복잡성Complexity, 공식화Formalization, 집권화Centralization라는 3가지 요소로 구성됩니다.

첫 번째, 복잡성은 팀 안에서 과업의 분화가 이루어지는 정도를 말합니다.

업무 배분이 수평적인지, 수직적인지를 확인하는 것입니다. 요즘은 팀 안에서 직급에 따른 업무 분담 보다는 일의 성격에 따라 업무 배분을 하는 일이 많이 있습니다. 그 안에서 정-부의 개념을 두고 인력자원의 변화가 발생했을 때를 대비해야 합니다. 예를 들어, 하나의 업무를 전문성이라는 명목으로 한 명이 전담하게 된다면, 담당자의 부재 시 그 기간 업무에 지장이 생기고, 해당 팀원이 타 부서 발령이나 퇴직이 발생했을 때 그 문제의 심각성은 더 커지게 됩니다. 따라서 이러한 상황이 발생하지 않게 조치가 필요합니다.

두 번째, 공식화는 팀 내의 직무가 표준화되어 있는 정도입니다.

일반적으로 단순하게 반복적인 직무일수록 공식화의 정도가 높고, 고도로 전문화된 직무일수록 공식화될 가능성은 그만큼 줄어들게 됩니다. 업무의 담당자들에게 업무의 중요성, 규칙, 절차, 체크리스트 등을 정리해 놓으면 정-부 관계에서 업무를 처리하는데도 일관성을 가질 수 있으며, 만약의 상황에 대비할 수 있게 됩니다.

마지막으로 집권화는 의사결정과 관련된 부분입니다.

의사 결정은 단위 업무별 팀장과 담당자, 팀장과 파트장, 담당자의 관계에서 발생하는 보고, 회의, 자원 배분 등의 커뮤니케이션 방식으로 볼 수 있

〈팀 업무 구조도〉 제시 예

	업무 구분		세부 업무	담당자	기타/특이사항
○○○팀 **팀장 1명**	기획(7) 파트장 1명 파트원 6명	A 상품	·실적관리 ·상품 유관부서와 업무 협조채	·(정) K 과장 (부) D 대리	
		B 상품	·실적관리 ·상품 유관부서와 업무 협조채	·(정) K 차장 (부) P 대리	
		기타	· · ·	·(정) D 대리 (부) L 주임	
	운영(9) 파트장 1명 파트원 8명	인사/ 교육	·채용 ·인력배치 ·현장직원소양교육	·(정) L 차장 (부) C 주임 ·(정) L 차장 (부) C 주임 ·(정) K 과장 (부) C 주임	
		고객 상담	·상담력 강화 ·상품 지식 강화 ·고객만족도 강화	·(정) K 과장 (부) 부재	
		기타	·		

습니다. 그렇다면 이를 어떻게 활용할 수 있을까요? 빈 종이에 팀원들의 이름과 업무를 매트릭스로 기록하여 팀의 조직 구조를 한눈에 파악해 봅니다. 181페이지의 예시처럼 〈팀 업무 구조도〉를 기록해보면 업무 분담의 현황을 시각적으로 보면서 조직 개편의 방향을 고려할 수 있으며, 팀원들과의 면담에도 객관적인 자료로 활용할 수 있습니다.

이러한 〈팀 업무 구조도〉를 보면서 질문사항을 점검합니다.

첫째, 팀 내에서 진행되는 업무가 겹치거나 누락 없이 잘 배분되어 있습니까?

둘째, 유연한 업무 처리를 위한 기준직무기술서, 체크리스트 등이 준비되어 있습니까?

셋째, 팀 내 인력 배치는 업무에 따라 적절하게 되어 있습니까현재 모습을 유지했을 때 좋은 점과 아쉬운 점 포함?

넷째, 팀 내 의사소통은 실제로 양방향으로 원활하게 이루어지고 있습니까?

다섯째, 팀 내 조직 개편을 하는 진짜 이유는 무엇입니까?

이 중에서는 맨 마지막의 '조직 개편의 진짜 이유'에 대한 고민이 가장 중요합니다. 애써 조직을 개편하였지만, 그 결과가 항상 성공적일 수만은 없습니다. '팀 내 조직의 구조를 변경' 하는 목표는 대부분 수치적인 목표 달성을 위한 때가 많습니다. 이럴 때는 조직의 전략, 이익, 시기 등에 관해 고민하는 것부터 시작되어야 합니다. 이에 더해 개편으로 발생할 수 있는 팀원들의 정서 관리까지 고려해야 합니다. 조직이 재편되는 것에 관해서는 공지사항처럼 통보해서는 안 됩니다. 사전 워크숍이나 개인 면담 등을 통해 정보를 수집하고, 반영된 사항을 정리하여 실행합니다. 회사 차원의 조직 개편과 마찬가지로 팀 차원의 조직 개편도 방향성과 정보의 공유를 통해 투명하게 진행해야 합니다.

아무리 철저하게 준비한 조직 개편이라고 해도 모두가 만족할 수는 없습니다. 처음에는 적응하는 시간이 필요합니다. 단계적으로 바꿔야 하는 부분도 있고, 획기적으로 전체 개편을 하는 부분도 있을 것입니다. 조직 개편 초반에는 발생하는 문제점들을 파악하고 해결하기 위해 팀원들의 목소리를 듣고 대책을 마련합니다. 문제점을 불만으로 듣지 않고 해결해야 하는 것으로 받아들이는 것이 중요하며, 팀장과 팀원들 서로가 기다려줄 수 있는 마음의 여유도 필요합니다.

Q 팀 내 참 다른 스타일의 파트(워킹그룹), 팀원 재배치로 하나의 스타일을 만들 수 있을까요?

30명의 팀원들과 함께 일하고 있는 H 팀장입니다. 부서의 인원이 많다 보니 팀 내 파트워킹 그룹를 3개로 나누어 파트장들과 실제적인 커뮤니케이션을 하고 있습니다. 파트장들이 처음에는 힘들어했지만 나름의 리더십을 발휘하며 팀의 업무를 잘 이끌어가고 있어 믿고 맡기고 있습니다. 그러던 어느 날, 급한 회의도 없고 의사결정에 대한 고민도 적어, 팀원들의 일하는 모습을 관찰하게 되었습니다. 팀원들 개개인의 특성이 참 다양하다는 것은 알고 있었지만, 개인의 특성이라기보다는 파트별 특성을 확인하게 되었습니다.

A 파트는 팀원들이 자신의 의견을 파트장에게 이야기하며 수시로 커뮤니케이션했습니다. B 파트는 파트장이 구성원 한 명, 한 명을 자리로 불러서 업무 점검을 오래 하다 보니 파트장의 의사결정을 기다리는 다른 구성원들이 타이밍을 잡기 위해 신경 쓰면서 업무를 수행하는 것을 알 수 있었습니다. C 파트는 구성원들이 참 조용하게 일을 하더군요. 숫자상의 성과는 모두 나쁘지 않습니다. 하지만 팀장으로서 불편한 마음이 생기면서 무엇인가 해야 하지 않을까 싶습니다. 파트장을 서로 바꾸거나 팀원들의 업무 배

치를 바꿔보면 어떨까 고민하게 됩니다. 어떻게 하면 좋을까요?

A   이렇게 한번 해보면 어떨까요?

사람들이 많으면 모인 만큼 많은 일들이 일어나기 마련입니다. 그런데 30명이라는 팀원은 절대 적은 숫자가 아닙니다. H 팀장님이 걱정하는 것은 어쩌면 당연합니다.

하지만 걱정에는 몇 가지 종류가 있다고 합니다. 브라이언 트레이시는 걱정을 100으로 보았을 때, 40은 일어나지 않은 일에 대한 걱정, 30은 과거에 이미 일어난 일에 대한 걱정, 12는 걱정을 위한 걱정, 10은 사소한 걱정, 4는 통제 밖의 걱정, 마지막 4가 걱정다운 걱정이라고 합니다. 그런데 이 또한 막연한 걱정은 아닌지, 정말 도움이 되는 문제 해결을 위한 현실적인 걱정인지 먼저 파악해야 합니다. 걱정다운 걱정이 되기 위해 아래와 같이 질문하겠습니다. 이러한 질문에 관해 솔직한 생각과 현상을 정리해 보기 바랍니다.

- 파트별로 특성이 다른 모습을 보고 마음이 불편해진 이유는 무엇입니까?
- 파트장들의 현재의 업무 처리 모습에 관해 이야기해 본 적이 있습니까?
- 팀의 현재 구조가 파트장 상호 교체 시 원활하게 업무가 진행되는 상황입니까?
- 전체 팀원들의 재배치를 한다면, 지금보다 나은 성과를 보일 수 있을까요?
- 팀장은 팀원들 개개인의 특성을 얼마나 알고 있습니까?

첫째, 파트별 특성이 다른 모습이 불편한 이유는 무엇입니까?

중요한 것은 '팀장님의 마음이 불편하다'는 것입니다. 그렇다면 불편한 이유를 생각해 볼 필요가 있습니다. 파트의 특성이 다르면 안 되는 이유가 있을까요? 그것이 성과의 문제인지, 팀장의 관리에 대한 타인의 시선을 의식한 것인지 생각해 보아야 합니다. 성과에 직·간접적으로 부정적인 영향이 있다면 색깔이 다른 것은 문제가 될 수 있겠지요. 그렇다면 이는 해결해야 하는 문제가 됩니다. 하지만 팀장 자신의 권위나 다른 부서, 혹은 '팀장의 상사가 이를 좋지 않게 보지 않을까?' 하는 우려에서 하는 걱정이라면 팀장 개인의 불편함을 중심에 두는 것이 아니라 부서의 비전과 목표 등을 염두에 두고 다시 생각해 보아야 합니다.

둘째, 파트장들의 현재의 업무 처리 모습에 관해 이야기해 본 적이 있습니까?

파트장들도 자신의 리더십을 발휘하고 있습니다. 그들이 리더십을 제대로 발휘하는지는 그를 평가하는 팀장의 생각도 중요하지만, 파트장 자신과 파트 내 팀원들의 이야기를 들어보는 것도 중요합니다.

A, B, C 각 파트의 모습은 다를 수밖에 없습니다. 어떤 모습이 정답이라고 할 수는 없습니다. A 파트는 자율성이 높아 보이지만, 정작 파트장은 그런 대화의 모습에서 어수선함을 느껴 정작 본인의 업무의 집중력에 영향을 받을 수도 있습니다. B 파트는 팀원들의 업무를 한 명씩 점검한다고 합니다. 그런데 이는 꼼꼼하게 업무처리를 한다고 볼 수도 있지만, 시간의 효율성이나 팀원들의 성장에 어떤 영향을 주게 되는지도 생각해야 합니다. C 파트의 분위기가 '조용하다'는 것은 업무 몰입도가 높다고 봐야 하는지, 파트 내 팀원들 간의 소통 문제가 있지는 않은지를 파악해야 합니다. 이는 파트장에게만 하는 것이 아니라, 팀원들의 의견도 들어보아야 합니다.

셋째, 팀의 현재 구조가 파트장 상호 교체 시 원활하게 업무가 진행되는 상황입니까?

파트장을 상호 교체한다는 것은 팀의 조직 구조에 따라 달라집니다. 조직의 구조는 크게 기능적 조직과 사업부 조직으로 나누어서 생각할 수 있습니다. 기능적으로 같거나 관련이 깊은 직무를 맡은 팀원들이 함께 있는 조직을 기능적 조직이라고 합니다. 팀 내에서 기획 파트, 관리운영 파트, 지원 파트처럼 나누어져 있는 것을 말합니다. 기능적 조직은 조직 내에서 자체적으로 수행 방식과 운영 방식을 결정하게 됩니다. 사업부 조직은 단위적 분화의 원리에 따라 사업부 단위를 편성하고 각 단위에 관해 생산, 마케팅, 재무, 인사 등의 독자적인 관리 권한을 부여함으로써 제품별, 시장별, 지역별로 이익중심점을 설정하여 각 부서가 마치 하나의 독립적 경영을 하는 분권적 조직입니다.

예를 들어 파트가 분류가 영업혹은 R&D 1, 2, 3파트로 구성되어 있거나, 국내 담당-유럽 담당-중국 담당처럼 지역별로 파트가 나누어져 있다거나, 특수 고객층에 따라 파트가 나누어져 있는 것을 말합니다.

현재 H 팀장님의 파트는 어떤 구조로 되어 있습니까? 파트장 상호 교체 후, 업무를 파악하고 주도적으로 업무를 수행하는 데 어느 정도의 시간이 걸릴지부터 팀원들의 업무 스타일 파악, 긍정적 관계 형성까지 고려해야 합니다.

넷째, 전체 팀원 재배치를 한다면, 지금보다 나은 성과가 나올 수 있을까요?

이 질문에 대한 답변 역시 파트장 상호 교체와 비슷한 맥락에서 파악할 수 있습니다. 더 많은 인원의 변동으로 인해 의견 수렴의 시간도 더 확보해야 합니다. 더군다나 누구를 현재 자리에 남겨둘 것이고 누구를 이동시키느냐에 따라 팀원들의 업무에 변화가 크게 생길 수 있는 문제입니다. 따라서 민감하게 반응할 것을 염두에 두어야 합니다.

놓치지 않아야 할 것은 '성과가 올라갈 것인가'의 여부입니다. 팀원 전원 재배치의 목적은 숫자상의 성과를 포함하여 재배치하는 목적과 부합하여 파트가 아니라 팀의 특성을 위해서 정말로 효과가 있을 것인지를 고려해야 합니다. 그렇지 않다면 단순히 '재배치를 위한 배치'가 되어버릴 수 있습니다.

다섯째, 팀장은 팀원 개개인의 특성에 관해 얼마나 알고 있습니까?

조직 내 팀장과 팀원들은 한 파트의 구성원이기도 하지만 공식적으로는 ○○ 회사의 ○○부서에 소속되어 있습니다. 담당하는 과업의 다양성과 인원수라는 기준으로 파트를 나누었지만 결국은 상위 개념인 팀 내의 팀원이지요.

팀원들 개개인의 특성을 알고, 그들의 성장을 도와주며 조직의 성과를 끌어내는 것은 리더십의 기본입니다. 그렇기 위해서는 팀원들의 업무적 역량뿐 아니라 성격적인 특성까지 알고 있어야 진정한 관리가 가능합니다. 팀장이 팀원의 특성에 관해 잘 파악한다는 것은 파트를 넘어 팀 안에서 팀원 재배치를 해야 하는 상황에서도 유용하게 활용할 수 있는 정보가 됩니다. 여기에 더해지는 질문은 '팀원들에 관해 파악한 정보가 팀장이 개개인의 관찰, 코칭, 면담을 통해 직접 파악한 것인지, 파트장에게 들은 것인지에 대한 것'입니다.

팀원들의 수가 많아지면 관리의 영역을 파트장에게 위임하는 일이 많이 있습니다. 파트장에게 권한 위임을 하는 것은 매우 중요합니다. 하지만 위임했다고 직접적인 팀원 관리에 소홀함을 보인다면 팀원들은 팀장에 대한 신뢰를 쌓을 수 없습니다. 대 팀제일수록 팀장들이 놓치기 쉽지만 반드시 해야 하는 것이 팀원과의 일 대 일 면담입니다.

인원이 많아서 파트장에게 위임했다는 이유로 팀원들과의 시간을 만들지 않으면 파트원들은 더욱 팀원이 아닌 그냥 파트원이 됩니다. 그렇다고 한 달에 한 번씩 매일 팀원들과의 면담 시간을 가져야 하는 것은 아닙니다. 단지 공식적-비공식적으로 아주 짧은 시간이라도 팀원들과의 시간을 가질 필요가 있습니다. 파트 내 팀원들이 팀장이 자신을 관심 있게 바라보고 있음을 느끼게 하는 것이 중요합니다.

CHAPTER 16

필요한 인재를
적절하게 배치하고
효과적으로 퇴직을
지원하는 기술

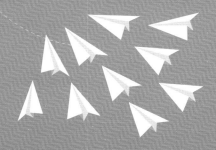

인력 확보 및 퇴직 관리

조직에서 가장 중요한 것은 사람이고, 전략이나 그 외의 것들은 그다음이다.
- 잭 웰치

'얼마나 시의적절하게 부서에서 필요한 인재를 확보할 수 있는가?'

이는 조직 관리 및 팀 경영 차원에서 팀의 성패를 가름할 정도로 중요한 문제입니다. 자신의 부서 상황에 적합한 차별화되고 경쟁력 있는 인재 확보를 위해 노력하는 것은 팀장에게 있어 당연한 과업이자 숙명입니다. 통상적으로 '인재 확보'라 하면 연내 공채인 정규 신입 채용이나 경력 채용 혹은 정기적인 채용 활동부터 떠올립니다.

그러나 현업 팀장들에게 있어 인력확보는 특정 시기가 정해져 있지 않습니다. 늘 관심을 두고 신경 써야 하는 일상 업무입니다. 실제 조직을 운영하다 보면 갑작스러운 퇴직, 병가 등의 예기치 않은 결원 발생으로 당장 충원을 해야 하는 상황이 빈번하게 일어납니다. 주어진 사업 목표 달성을 정기 채용 및 인사이동 때까지 미룰 수도 없습니다.

　무엇보다 갑작스러운 결원 발생으로 바로 추가인력 투입이 필요하게 되면 시간에 쫓겨 인재의 역량이나 자질에 대한 검증도 제대로 하지 못하고 충원해야 하는 상황도 있습니다. 너무 급한 나머지 한마디로 '일단 누군가 공석을 채우고 보자'는 식의 충원을 하기 쉽습니다. 말 그대로 부족 인원을 확보한 것에 만족해하는 것이지요. 그런데 이렇게 경황없이 채용한 팀원들이 조직 내에서 문제를 일으키거나 부적응 행동을 보이기 쉽습니다.

　따라서 팀장은 '인재 확보는 중요한 일상 업무'라는 생각을 가져야 합니다. 당장 팀 운영을 위해서뿐만 아니라 향후 부서의 업무와 필요 인력의 상황을 고려한 인력 수급 계획을 장기적으로 세우고 주위에 필요 인재를 늘 물색하고 상시 확보할 수 있도록 노력해야 합니다. 무엇보다도 필요한 인력을 확보하려면 팀장은 부서의 과제 특성과 이를 수행하기 위해 요구되는 역량과 소요 인력을 산정할 수 있고 또 알고 있어야 합니다. 그래야 어느 날 갑자기 결원이 생기거나 새로운 일을 주더라도 빠르게 대응할 수 있습니다. 결원 발생 시 필요한 인력을 충원하는데 일정 시간이 소요됩니다. 당장 처리해야 할 업무에 관해서는 팀원들 간에 업무 조정 과정을 거쳐 수행하고, 그렇지 않다면 충원시까지 미뤄 둘 수도 있습니다.

　원하는 인재를 확보하기 위해서는 평소 인사 부서나 직속 상사들과의 긴밀한 관계를 유지하는 것이 도움이 됩니다. 인사 부서는 조직 전체의 직원에 대한 정보를 관리하고 있습니다. '일을 잘하는 사람, 성과가 좋은 사람은 누구인지? 다른 팀원들과의 관계와 동료들의 평판은 어떠한지?' 등, 일을 하면서 필요한 중요한 정보를 보유하고 있습니다. 팀원들의 업무순환 시점이나 승진급 시기 등에 대한 정보를 알고 있기 때문에 인사 부서의 팀원들과 좋은 관계를 유지하고 있다면 필요할 때 인재를 빠르게 확보할 수 있을 뿐만 아니라 인사 부서와의 관계가 소원한 팀장 부서보다는 먼저 인원을 배치해 줄 가능성도 높습니다.

인사 부서와의 원만한 관계 유지와 직속 상사와의 관계 역시 중요합니다. 직속 상사는 인력의 충원 및 증감에 대한 실질적인 의사결정을 하기 때문에 상사와의 인력 운영에 관해서는 주기적으로 공유하고 인력의 이슈가 생기면 빠르게 보고하고 의사결정을 받는 것이 좋습니다.

지금부터는 효과적인 퇴직 관리에 관해 살펴보겠습니다. 인재를 확보하는 것만큼 팀장에게 있어 사람들을 내보내는 일, 다시 말해 퇴직을 관리하는 일도 중요합니다. 특히나 요즘 같은 경영 환경하에서는 퇴직 관리가 더욱 중요해지고 있습니다. 저성장기에 접어들면서 기업들이 과거처럼 몸집을 키우기보다 오히려 몸집을 줄여 최소 인력에 의한 조직 운영의 효율성과 생산을 추구하고 있기 때문입니다.

그러나 인재 확보와 마찬가지로 퇴직 관리는 팀장에게 있어 쉬운 일이 아닙니다. 오히려 리더에게는 더 부담스럽고 어려운 일입니다. 조직이나 개인이 퇴직을 미리 준비하지 않는 상태에서의 갑자기 퇴직을 진행하다 보면 많은 문제와 부작용을 일으킬 수 있습니다. 따라서 효과적인 퇴직 관리를 해야 합니다.

무엇보다 일시적인 충격에 의한 구조조정 같은 밀어내기식의 퇴직 관리가 아니라 상시적인 퇴직 관리가 필요합니다. 갑작스러운 퇴직은 업무 공백을 야기하고 동료들에게는 불안감 조성 등의 부작용을 초래하게 됩니다. 평소 성과 면담 등을 통해 퇴직이 불가피할 수밖에 없는 팀원이 있다면 마음의 준비를 시키는 한편, 조직에는 긴장감을 유지하고 부작용을 최소화하는 등 예측 가능한 상시적 퇴직 관리를 해야 합니다.

퇴직자를 선정할 때는 가능한 누구나가 인정하는 객관적이고 합리적인 기준에 따라 결정해야 합니다. 조건 없는 고령자 중심의 퇴직자 선정이 아니라 엄정한 업적과 능력의 평가 결과에 따라 퇴직자를 선정한 것이라는데 팀원들이 공감할 수 있어야 합니다. 그래야 조직 내 동요나 혼란이 없이 업무의 연속성을 확보해 나갈 수 있습니다.

팀원들의 퇴직 없이 기존의 생산성을 유지할 수 있는 상황이 가장 바람직합니다. 따라서 퇴직을 고려하기 이전에 다양한 방법을 통한 최선의 노력을 기울여야 합니다. 우선 근무 시간을 단축하거나 직무 재배치를 통해 직원 개개인의 역량에 맞는 직무로 이동시켜 생산성을 높여 보고, 이것이 여의치 않으면 전직이나 명예퇴직 등을 권유하는 것입니다. 그런데도 불가피하다면 그때 퇴직을 유도하는 것이 바람직합니다.

만일 누군가를 비자발적으로 퇴직을 시켜야 한다면 어쩔 수 없이 팀원을 내보내는 것을 결정하였다 하더라도, 퇴직자가 실업 상황을 잘 받아들이고, 빠른 시일 내에 이직을 하거나 새로운 직업을 가질 수 있도록 조직 내 외부에서 제공되는 전직 지원 서비스를 이용할 수 있도록 지원하는 것이 필요합니다. 이는 퇴직자들의 직업 상실에 따른 충격 완화 및 심리적 불안감을 완화해 주기 때문에 필요할 때 원활한 인력 조정을 쉽게 할 수 있게 해 줍니다. 회사도 사회의 한 구성체로서 사회적, 도덕적 책임을 다하는 것입니다. 퇴직이 조직에 미치는 부정적 영향도 최소화할 수 있습니다. 특히 팀원의 퇴직은 당사자는 물론 남은 이들에게도 심리적인 충격을 주게 되므로 팀장은 팀원들과의 충분한 대화를 통해 이를 완화시켜 주어야 합니다.

Q 다른 부서 팀원을 우리 팀으로 영입하고 싶다면 어떻게 하면 되나요?

다른 부서에 일도 잘하고 성품도 좋은 팀원이 있습니다. 그 팀원과 개인적인 면담을 해보니 '우리 팀으로 오고 싶다'는 의사도 있었고, 저도 팀장으로서 그 팀원을 영입하고 싶습니다. 그런데 과연 그 팀원이 소속된 팀의 팀장이 이를 들어줄지 모르겠습니다. 그 부서에서도 핵심인력으로 손꼽히고 있기 때문입니다. 이런 팀원을 저희 부서로 영입할 수 있는 좋은 방법이 있을까요?

A 이렇게 한번 해보면 어떨까요?

어느 조직, 어느 팀장이라 할지라도 자기 부서의 우수한 인재를 잃고 싶어 하지 않습니다. 더구나 조직 내에서 일을 잘한다는 평판을 얻는 이들은 다른 부서에서도 모두 인지하고 있습니다. 어떤 팀장이라도 그런 팀원을 영입하고 싶은 게 인지상정입니다. 같이 일하고 싶은 인재라고 해서 무리수를 두게 되면 데려오는 팀장도, 부서에 오게 되는 팀원도 조직 내에서 불편한 관계가 만들어질 수 있습니다. 궁극적으로는 이로 인해 업무를 하는 데도 걸림돌이 될 수 있고 부서 내에서의 관계와 리더십에 악영향을 끼칠 우려가 있습니다.

성과가 안 좋거나 성향이 맞지 않아 자신과의 관계가 불편하지 않은 한 우수 인재를 기꺼이 내어줄 리더는 아무도 없습니다. 일 잘하는 사람을 데려오기 위해서는 부서로 영입하고자 하는 팀원은 물론 그의 상사로 동료들에게 많은 공을 들여야 합니다.

함께 일하고 싶은 타부서의 팀원을 영입하기 위해서는 먼저 사전에 비공식적인 미팅 등을 통해 그 직원에 대한 정보를 전 방위적으로 파악해 봅니다. 현 부서에서의 위치, 업무만족도, 향후 희망 경력 경로, 부서 내에서의 평판, 팀장 및 동료들과의 관계 등이 이에 해당합니다. 이때 해당 부서의 팀장과 원만한 관계를 유지해 두는 것이 좋습니다. '자칫 인력을 빼간다'는 인상을 심어주게 되면 부서 간의 업무 협조 등에 있어 문제가 생길 수 있기 때문입니다. 원만하게 인력을 영입하지 않으면 향후 부서에서 추진하고자 하는 일에 비협조적인 갈등 관계가 될 수도 있으니 각별히 조심해야 합니다.

다른 방법은 공식적인 조직의 계통에 따라 해당 팀원의 필요성을 인사 결정권이 있는 상위 직속 상사나 인사 부서에 얘기해서 협조를 구하는 방법입니다. 해당 직원이 부서의 업무를 수행하는데 있어 꼭 필요하다는 점을 부각하고 공식적인 절차와 프로세스를 거쳐 팀원을 영입하는 것입니다. 이는 조직의 필요성에 따라 조직적인 차원에서 진행하는 것이므로 보다 효과적으로 원만하게 원하는 인재를 영입할 수 있습니다. 그러나 이 역시 사전에 팀원이 소속되어 있는 해당 부서장에게 사전에 양해를 구하는 것이 좋습니다.

Q 정말 팀에서 중요한 역할을 하고 있는 팀원이 오늘 퇴직하겠다고 면담을 요청했습니다. 어떻게 설득해야 할까요?

팀 내에서 중추적인 역할을 도맡아 오던 A 대리가 오늘 갑자기 면담을 요청했습니다. H 팀장은 그렇지 않아도 업무적인 측면뿐만 아니라 팀 분위기 메이커인 A 대리가 최근 부쩍 말수도 줄고 팀원들과의 관계도 예전 같지 않은 것 같아 무슨 문제가 있는 것은 아닌가 싶어 신경이 쓰이던 상황이었습니다. H 팀장은 '한번 면담을 하려던 참에 내심 잘됐다' 싶으면서도 혹시나 하는 불안감도 느꼈습니다. 아니나 다를까 A 대리를 만나서 얘기를 해보니, '공부를 더 하고 싶어 퇴직하겠다'고 합니다. 그러나 그건 표면적인 이유이고, 아마도 올해 연봉 협의 때 불만으로 인해 다른 회사로 이직을 준비하고 있는 듯합니다. 올해는 특히나 팀에서 할 일이 많고 A 대리가 담당해서 진행해야 하는 일들도 상당히 많습니다. 그렇지만 회사는 이 팀원이 원하는 수준의 보상을 해줄 여력은 없습니다. 이럴 때는 어떻게 해야 하나요?

A 이렇게 한번 해보면 어떨까요?

팀원의 갑작스러운 퇴직 통보를 받게 되면 대부분 팀장은 당황스러워합니다. 특히 퇴직 처리를 처음 해보거나 퇴직 처리에 익숙하지 않다면 더욱더 그렇습니다. 신임 팀장이라면 당황스럽고 난감한 상황이라고 할 수 있습니다. 더구나 그동안 퇴직 예정자에게 많이 의존해 왔다면, 배신감마저 들고 혼자라는 공허감이 들 수 있습니다. 믿었던 인재가 사라져 정신적, 업무적으로 공백 상태가 되는 것입니다. 따라서 팀장은 퇴직자로 인한 공백을 해결하고 퇴직 절차를 순조롭게 진행하는 방법에 관해 숙지하고 있어야 합니다.

무엇보다 먼저 팀장은 회사의 인사 제도, 즉 퇴직 절차를 잘 알아해야 합니다. 회사마다 다소 차이는 있겠지만 퇴직 의사를 알게 된 즉시 정해진 인사 규정에 따라 업무에서의 배제, 인수인계, 정보 유출 방지책 등을 실행해야 합니다. 회사에 따라선 2주~1달 이내에 처리하는 것이 일반적이나 사내 이동이라면 좀 더 많은 시간과 함께 다소간의 유연성을 발휘할 수 있습니다.

다음으로 퇴직 의사를 접하였을 때 "뭐라고? 왜? 나한테 사전에 협의하지 않은 거지?"라는 마음으로 화를 내거나 서운해하지 않는 것이 좋습니다. 대신 마음을 가다듬고 기분이 다소 언짢다고 하더라도 퇴직자의 앞으로의 커리어진로에 대해 따뜻하고 친근한 대화를 시도하는 것이 좋습니다. 직장은 사람들이 입사와 퇴직을 반복하기 때문에 관계를 원만히 유지하는 것이 중요합니다. 비록 같이 근무하면서 관계가 좋지 않았더라도 퇴직 시점에는 이를 완화할 방법을 찾아야 합니다. 퇴직자가 근무하는 동안 겪었을 어려움에 공감하며 그간의 노고에 감사를 표함으로써 서로에게 좋지 않은 감정이 생기지 않도록 합니다.

팀원이 팀을 떠나겠다고 한다면 실제 팀장이 할 수 있는 것은 거의 없습니다. 하지만 퇴직자가 '왜 회사를 떠나기로 했는지를 이해하는 것'은 매우 중요합니다. 퇴직자가 다른 회사에서 더 나은 제안을 받고 퇴직 결정을 내릴 때도 있지만, 간혹 개인적인 이유로 퇴직하는 상황도 있습니다. 예를 들어, 배우자가 다른 도시로 발령받았거나 부모님을 모셔야 한다면 팀장이 재택근무를 하도록 하거나 무급휴가를 주는 대안을 제시할 수도 있습니다.

팀장은 다른 팀원들이 동료의 퇴직 소식에 어떻게 반응하느냐를 통제할 수는 없지만, 어떻게 전달되느냐는 통제할 필요가 있습니다. 다른 팀원들과 퇴직자를 잘 보내주려는 방법을 찾을 수도 있고, 퇴직 소식을 전할 때는 일대 일 미팅, 이메일 또는 전체 미팅 중 어느 방법을 선택할지 결정할 수 있습니다.

그러나 분명한 것은 팀원의 퇴직 소식을 알릴 때는 솔직하고 열린 자세를 취해야 한다는 점입니다. 다른 직원들에게 이러한 상황에 관해 명확하게 설명하고 팀장으로서 적절한 후임자를 찾기 위해 노력하고 있으며 인력을 최대한 빨리 충원하려고 하고 있음을 알리고 행동하는 것이 중요합니다.

퇴직으로 인해 결원이 발생하면 그로 인한 빈자리를 어떻게 채울지 고민해야 합니다. 한마디로 어떻게 업무를 재조정할지 결정해야 합니다. 팀원들에게 퇴직자가 하던 업무를 맡길 수도 있지만, 팀원의 퇴직을 계기로 다른 팀원들과 그들의 경력 경로나 성장 기회에 대한 솔직한 대화를 시도해볼 수 있습니다.

팀원 중 한 명이 퇴직하는데 어떻게 생각하는지, 퇴직예정자가 하던 일 중에서 배우거나 해보고 싶은 것이 있는지를 확인합니다. 이렇게 하면 팀원의 퇴직 소식을 자연스럽게 알리면서 팀 내 업무의 공백을 최소화하며 팀원들이 자신들의 역량을 발전시키는데 필요한 일을 할 수 있는 기회로 삼을 수 있습니다.

가장 큰 문제는 단순히 문서로만 업무를 인계받게 되는 경우입니다. 업무 매뉴얼이나 자세한 업무 이력이 없다면 관련 업무를 온전히 인계받아 수행하기에 어려움이 많습니다. 따라서 퇴직 예정자와 지속하여 커뮤니케이션할 방법을 모색하여 문제가 발생했을 때 이메일이나 전화로 해결할 수 있도록 조치해 두어야 합니다.

퇴직이 확정되면 가능한 한 빨리 인사 부서와 협의하여 인력 충원 계획을 세워야 합니다. 이를 통해 팀원들에게 퇴직으로 인한 업무과다는 일시적인 현상임을 알려줘야 합니다. 팀원들에게 신규 인력에게 필요한 역량과 자질이 무엇인지 의견을 구해봅니다. 팀원들이 사내 혹은 사외에서 그 업무에 맞는 적임자를 알고 있을 수고 있고, 혹은 사내 승진을 통해 인력을 보강하여 인력 한 명이 부족하다고 해도 동요하지 않도록 할 수 있습니다. 상황에 따라서는 정직원 한 명 대신 2명의 파트 타임 직원을 활용하는 것도 고려해 볼 수 있습니다.

퇴직 예정인 팀원에 관해서는 팀 전체 차원에서 그동안의 노고에 대한 고마움을 표시하고 건승을 빌어주는 것이 중요합니다. 대규모 파티는 아니더라도 환송회를 열어주는 것이 필요합니다. 회의실에 모여 커피와 간단한 다과를 곁들이는 것도 방법 중 한 가지입니다. 이는 사실상 퇴직 예정자에 대한 배려의 의미도 있지만 몇 주간 그 팀원의 일을 대신하게 될 팀원들의 수고에 대한 고마움의 표시이기도 합니다. 어떤 팀원이라 하더라도 같이 일하다가 어느 날 갑자기 떠날 수 있기 때문에 인간적인 업무 관계를 구축하기 위해서도 필요합니다.

　현명한 팀장은 팀원이 퇴직한다고 했을 때 놀라고 당황해서는 안 됩니다. 그전에 '팀장으로서 팀원들이 무엇을 하고 싶은지'를 알아야 합니다. 어떤 팀원이 일에 대한 흥미를 잃었거나 적극적이지 않거나 혹은 이사나 배우자의 전근으로 그만두게 되리라는 것을 예상할 수 있어야 합니다. 퇴직할 것이라는 기미를 알아채지 못했다면, 팀원들과 좀 더 시간을 가지고 그들이 향후 경력 경로를 어떻게 잡고 있는지를 확인해야 '갑작스러운 퇴직'을 예측하고 이러한 상황을 방지할 수 있습니다.

팀장은 '인재 확보는 중요한 일상 업무'라는 생각을 가져야 합니다. 당장 팀 운영을 위해서뿐만 아니라 향후 부서의 업무와 필요 인력의 상황을 고려한 인력수급 계획을 장기적으로 세우고 주위에 필요 인재를 늘 물색하고 상시 확보할 수 있도록 노력해야 합니다. 무엇보다도 필요한 인력을 확보하려면 팀장은 부서의 과제 특성과 이를 수행하기 위해 요구되는 역량과 소요 인력을 산정할 수 있고 또 알고 있어야 합니다. 그래야 어느 날 갑자기 결원이 생기거나 새로운 일을 주더라도 빠르게 대응할 수 있습니다. 결원 발생 시 필요한 인력을 충원하는데 일정 시간이 소요됩니다. 당장 처리해야 할 업무에 관해서는 팀원들 간에 업무 조정 과정을 거쳐 수행하고, 그렇지 않다면 충원시까지 미뤄 둘 수도 있습니다.

CHAPTER 17

허울 좋은 형식에서 벗어난
진정한 수평적 조직 구축법

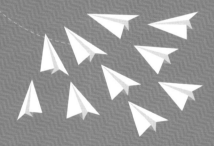

수평적 조직문화

가장 훌륭한 성과를 거두는 사람은 동료의 두뇌와 재능을 최대한 활용하는 사람이다.
-알톤 존슨

2000년대 초반부터 국내 기업들 중에도 외국계 기업처럼 직급을 떼고 'ㅇㅇ
님'으로 부르기 시작한 회사가 생겨났습니다. 복장을 자유롭게 하고, 술자
리가 아닌 문화공연을 보는 회식문화를 도입하며 직급의 단계를 축소하고
결재 체계를 줄이는 등의 조치가 이어졌습니다. 이러한 변화는 점점 더 여
러 회사들로 확장되고 또 활발해지는 추세입니다.

하지만 이러한 회사 생활의 외형적 변화를 수평적 조직문화라고 부를 수
있을까요? 물론 이러한 조치는 회사 생활의 만족도를 높일 수 있고, 스트레
스를 줄일 수 있는 방법이 될 수 있습니다. 하지만 회사라는 조직은 업무의
수행과 성과 창출에 그 존재 이유가 있습니다. 문제와 기회를 파악하여 이
에 대한 의사결정을 하고, 그 결과 업무를 수행하는 프로세스에 있어 직급

에 의해 누군가의 의견이나 인격이 무시되지 않고 반영될 수 있는 구조를 갖는 것이 진짜 수평적 조직문화의 핵심이라고 할 수 있습니다.

말로는 서로 'ㅇㅇ님'이라고 부르지만 실제 의사결정은 일방적으로 이루어진다거나, 지시받은 업무에 대하여 부하 직원이 반론을 제기하지 못하고, 질문하기도 불가능한 상황을 우리는 많이 겪어왔습니다. 형식적으로는 수평적인 조직을 만들어 놓았지만 실제로 일하는 방식은 그대로 유지되는 일이 그만큼 많이 일어납니다.

그렇다면 수평적인 조직문화는 우월하고 좋은 것이고, 수직적 업무체계는 잘못된 것일까요? 과거의 사회 경제 환경을 돌이켜보겠습니다. 과거에는 시장에 대한 수요를 예측하고, 이를 달성하기 위한 고도의 전략과 생산 계획이 필요했으며, 또 이를 얼마만큼 빠르게 실행할 수 있는지가 회사의 성공과 실패를 좌우했습니다.

이러한 환경에서는 다수의 의견보다는 소수 전문엘리트나 경영진의 경험과 그에 따른 직관이 중요하였고, 그들의 의사결정을 빠르게 조직이 이어받아 실행하여 결과물을 만들어 내는 것이 핵심이었습니다. 하지만 시장 환경은 지속해서 빠르게 변하여 왔습니다. 점차 공급이 수요를 초과하고, 빠른 정보화로 인해 트렌드와 수요를 예측하는 일이 예전에 비교할 수 없을 만큼 복잡하고 어려운 문제가 되었지요.

이제는 아무리 뛰어난 전문가라고 하더라도 시장의 변화 방향을 정확히 예측한다는 것은 불가능에 가까우며, 빠르게 생산해놓은 물건들이 팔리지 않아 어려움을 겪는 일이 일상이 되었습니다.

경제학에서 리스크란 변동성, 예측 불가능성을 말합니다. 현대 사회는 빠르게 변동하고 그만큼 리스크가 증폭된 상황입니다. 이러한 사회에서는 하나의 계획을 빠르게 수행하는 것보다 시장의 변화를 빠르게 감지하고 이에 적절히 적응하는 역량이 무엇보다 중요해졌습니다. 수평적인 조직문화가 수직적인 조직문화보다 우월한지 아닌지와 상관없이, 지금은 회사의 적응력이 무엇보다 중요합니다. 그러기 위해서는 창의성과 혁신역량을 갖추는 것이 필요합니다.

지금 세계 경제에서 뛰어난 성과를 거두고 있는 많은 회사들이 오래전부터 수평적 조직문화를 지향하고 있다는 점도 간접적인 증거라고 할 수 있겠습니다. 2012년, 구글은 '아리스토텔레스 프로젝트Project Aristotle'라는 흥미로운 과제를 진행하였습니다. 이 프로젝트는 통계학자, 사회학자, 조직심리학자 등이 참여하여 구글 내 여러 팀들을 분석함으로써 조직의 업무 성과와 조직문화적인 특성의 상관관계를 알아보기 위한 것이었습니다.

대상이 된 180여 개의 팀 중에서 업무 성과가 높으면서도 이직률이 낮고 업무만족도가 높은 팀들을 선별하여 이들의 공통적인 특성이 무엇인지를 분석하는 프로젝트였습니다. 그 결과, 이러한 조직들에는 '암묵적인 규칙Group Norm'이 존재한다는 것을 알게 됩니다. 이 공통적인 특성은 다음과 같습니다.

- **심리적 안전감 Psychological Safety**

  내 생각이나 의견, 질문, 걱정 또는 실수가 드러났을 때, 처벌받거나 놀림 받지 않을 것이라는 믿음이 있나요?

- **상호 신뢰 Dependability**

  팀원들이 정해진 시간 안에 높은 수준의 결과물을 만들어 낼 수 있으리라는 믿음이 있나요?

- **업무 구조의 명확함 Structure & Clarity**

  목표와 역할, 실행 계획이 명확하고 구체적인가요?

- **일의 의미 Meaning**

    팀의 업무가 개인적으로도 의미 있는 일인가요?

- **일의 영향력 Impact**

    내가 맡은 업무가 실제로 사업 성과를 만들어내고 변화를 만들어내고 있나요?

여기서 첫 번째로 드는 성공적인 조직의 특성이 바로 '심리적 안전감'입니다. 누구나 상대방에게 무기력하게 보이거나, 부정당하거나 부정적인 사람으로 보이기 싫어합니다. 특히 수직적인 조직문화에서는 이러한 약점을 보인다면 조직 내에서 약자나 부적응자로 매도될 것이라는 두려움이 큽니다. 그 결과 질문하지 않고 실수를 인정하거나 책임지려 하지 않으며, 아이디어를 공유하거나 문제를 드러내 개선하려 하지 않습니다. 그 결과 문제가 숨겨짐으로써 리스크가 커지고 조직의 성과에 중대한 손실을 초래하게 됩니다. 따라서 심리적 안전감이야말로 현대 사회에서 성과를 내는 조직에 꼭 필요한 요소이고, 이것이 바로 수평적 조직문화의 핵심이라고 할 수 있습니다.

수평적 조직문화에 관해서는 여러 가지 비판과 오해가 있습니다. 이러한 조직문화에 대한 담론은 활발하지만, 형식적인 수평 조직 구조가 도입되더라도 실제 업무 프로세스에서 구현되는 경우는 아직 우리나라의 업무 환경에서 찾아보기 힘든 상황입니다. 예를 들면, 수평적 조직문화에 대한 비판점들은 다음과 같습니다.

첫째, 대한민국 사회와 맞지 않는다는 것입니다.

둘째, 의사결정이 제때 이루어지지 못하고 지체된다는 것입니다.

셋째, 결과에 대한 책임이 모호하다는 것입니다.

이러한 비판은 주로 수평적 조직문화에 대한 오해로부터 기인합니다. 많은 사람들은 아직도 형식적인 직급체계나 호칭 등의 변화를 수평적 조직문화의 본질로 생각하거나, 결국 개인 이기주의로 변질될 수밖에 없다고 말합니다. 하지만 수평적 직급 체계와 수평적 조직문화는 다른 것이지요. 수평적 조직에서의 의사결정이 '다수결'에 의한 의사결정을 뜻하는 것도 아닙니다. 무엇보다도 수평적 조직문화는 구성원 개개인이 자기 마음대로 해도 된다는 '개인 이기주의'와는 전혀 다릅니다.

조직문화에 대한 고민은 결국 '어떻게 해야 위험을 회피하고 성과를 만들어낼 수 있을까?'라는 질문에서 출발하고 있습니다. 위험을 회피하기 위해서는 먼저 업무프로세스 상에 숨어있는 문제점이 밖으로 드러나야 합니다. 실제 많은 조직에서 문제가 있음을 모두 인지하고 있으면서도 상위 리더의 지시사항이라는 이유만으로 얼마나 많은 위험을 은폐하고 있는지 우리는 경험으로 잘 알고 있습니다.

해당 산업에 오래 종사한 사람들이 선입관에 사로잡혀 시장의 미래를 부정적으로 보는 사이에, 새롭게 그 사업에 합류한 구성원이나 새로운 시장의 플레이어가 산업을 혁신하고 게임의 규칙을 바꾸어버리는 경우도 많습니다. 물론 오랜 경험에서 나오는 직관을 무시할 수는 없습니다. 다만 경험만으로 감당하기에는 시장과 사회 변화의 불확실성이 점점 커지고 있습니다. 상대적으로 경험에 맞서는 새로운 시각을 갖추는 것이 더 어렵기도 합니다.

문제를 드러내고 새로운 관점에서 아이디어를 만들어내는 조직문화는 어느 날 갑자기 만들어지지 않습니다. 최고 경영자의 선언이나 형식적인 호칭과 직급체계의 변화만으로 이루어지지 않습니다. 최고 경영진에서 시작하여 현장 조직의 팀장과 팀원들이 그 필요성을 인식하고 실제 조금씩 업무 수행 방식과 조직 분위기를 개선해 나감으로써만 가능합니다.

Q

수평적 조직문화를 강조하다 보니 일이 제대로 진척되지 않고, 서로 책임을 미루는 현상이 일어납니다. 어떻게 해야 할까요?

A 팀은 경영관리 업무와 함께 매장 영업조직에 대한 지원 업무를 겸하고 있습니다. 기본적으로 각자가 맡은 관리 업무가 있는 한편, 외근이 많은 영업조직이 처리하기 힘든 지원 업무가 그때그때 발생하고 있습니다. 과거에는 이러한 지원 업무가 발생하면 주로 팀의 막내가 처리했는데 이제는 누가처리할지 모호합니다. 기계적인 순번을 정해서 한다고 해도 그때그때 업무상황이 달라 효율적으로 일 처리가 되지 않습니다. 말만 수평적이지 결과적으로는 이리저리 책임을 미루다가 결국 막내 팀원이 처리하게 되네요. 이럴 때는 어떻게 해야 할까요?

A

이렇게 한번 해보면 어떨까요?

수직적 조직문화든, 수평적 조직문화든 결국은 더욱 좋은 업무조직틀을 만들기 위한 고민의 산물입니다. '프로젝트 아리스토텔레스'에서도 얘기된 것처럼, 좋은 팀이란 결국 '성과를 만들어 내면서도 팀원들 각각의 만족도가 높은 팀'입니다.

수평적인 조직이란 업무의 원칙이나 위계질서 자체가 없는 팀을 말하는 것은 아닙니다. 수직적 조직이 암묵적이면서 업무 성과와 직접 연관되지 않는 규칙이 많은 조직이라면, 수평적 조직은 업무 성과와 연결되는 핵심적인 약속과 규칙이 잘 지켜지는 조직이라고 할 수 있습니다. 결국 팀원들 간의 협의와 합의가 중요하다는 얘기입니다. 지원 업무가 생길 때, 각각의 상황에 따라 내부적인 처리 원칙을 정해보는 것이 어떨까요?

이러한 부수적인 업무를 개선하는 방법에는 '제거 또는 축소, 분산, 명확한 업무화'를 들 수 있습니다. 문제가 되는 지원 업무들은 일반적으로 개별적인 한 건의 처리 자체는 크지 않아 명확한 업무 성과로 인정받기는 어렵지만, 해당 업무의 빈도가 높거나 비정기인 발생으로 인해 필요 이상의 업무 시간을 소모하게 되는 것들입니다. 대표적으로 비용 전표의 처리, 정형화된 전자계약이나 매입의 처리, 팀 내 소모품 관리 등이 있습니다.

이러한 일들을 누가 처리할 것인지 정하기에 앞서 먼저 어떻게 하면 이 업무들을 줄이거나 개선할 수 있을지 서로 논의해 보길 바랍니다. 이런 일들은 별것 아닌 것처럼 보이는 일이지만, 그렇기 때문에 팀원 간에 감정적인 갈등도 심한 경우가 많습니다.

먼저 이러한 업무를 제거하거나 줄일 수 없는지 고민해보아야 합니다. 비용을 들여 자동화하거나 외주로 진행하는 것도 방법입니다. 하지만 그에 앞서 처리 방법의 개선을 통해서 일 자체를 없애거나 아니면 비용 전표를 모아서 처리하는 것이 아니라 각자 처리하는 등 업무를 분산시켜 해소하는 방안도 생각해보아야 합니다.

우스운 일처럼 느껴지지만 많은 조직에서는 손님 접대용 커피나 차를 관리하는 것과 같은 사소한 일들로 갈등이 발생하기도 합니다. 이러한 일에 대해서도 특정 담당자가 매번 수량을 점검하고 관리하기보다는 어느 적정 기준선 아래가 되면 해당 시점에 발견한 팀원이 필요한 물량을 주문하는 것으로 규칙을 바꿀 수도 있습니다.

만약 위와 같은 방법으로도 도저히 해결할 수 없는 일이라면 담당자의 명확한 업무 중 하나로 인정하고 평가해줄 필요도 있습니다. 이러한 부수 업무의 가장 큰 문제점 중 하나는 생각보다 많은 에너지가 소모됨에도 명확한 업무로 인정받기 어렵고 가치 있는 일로 여겨지지 않기 때문입니다. 하지만 이에 앞서서 불필요한 업무를 제거하거나 줄이는 것이 최우선이라는 것을 잊어서는 안 됩니다.

이러한 원칙은 서로 협의하여 정하고, 실행해보면서 함께 수정해 나갈 수도 있습니다. 단순히 직급이나 연차 때문에 본질적인 업무에서 배제되거나 자신의 업무 계획이 지속해서 침해되어서는 안 됩니다. 이러한 원칙을 정하는 협의 과정에서 담당 팀원의 의견이 부당하게 배제되지 않도록 팀장이 늘 세심하게 챙겨야 합니다.

Q 똑같은 팀원이라는 생각으로 선후배 관계도 없어 때로는 팀원들이 더 불편해하고 서로 관계도 어색합니다. 어떻게 하는 게 좋을까요?

A 팀은 ERP를 개발하고 관리하는 역할을 하고 있습니다. 팀은 주로 다양한 경력직으로 구성되어 있는데, 각각 맡은 모듈별로 업무가 구분되어 있어요. 그러다 보니 평소에서 다소 개별적으로 업무를 진행하는 경우가 많은데, 회사에서 수평적 조직문화를 강조하다 보니 이제는 아예 개인주의가 만연한 조직이 되고 말았습니다.

각자가 자기 일이나 잘하자는 분위기이고, 갑자기 떨어진 수명업무의 처리나 팀 내부적인 총무 일에 관해서는 아무도 나서서 하려고 하지 않습니다. 같은 팀이라고 하기에는 너무 서먹한 상황입니다.

한편으로 경력이 짧은 팀원은 잘 모르는 부분에 관해서 도움을 요청하거나 새로운 모듈에 대한 학습을 해보고 싶어도 말을 꺼내기가 어색하고, 상대적으로 경력이 많은 팀원들도 앞으로 나서기보다는 조용히 경력을 쌓아 외부의 이직 기회를 찾는 것 같습니다. 결국의 모든 의사결정과 R&R$^{Role and}$ ^{Responsibility} 정리가 팀장에게만 집중되어 있습니다. 팀장과 팀원이라는 구성으로 조직의 외형은 수평적으로 변화한 것 같은데, 이런 모습이 과연 진정한 수평적 조직인가요?

A 이렇게 한번 해보면 어떨까요?

좋은 조직 안에서는 팀원들이 성장할 수 있어야 합니다. 경력이 짧은 팀원들은 여러 가지 코칭과 학습을 통해 업무 역량을 키워나가야 하고, 중간관리자급 팀원들은 차세대 리더로서 성장할 수 있도록 직·간접적인 리더십 경험을 쌓아야 합니다.

수평적 조직이라고 해서 무조건 계층구조가 짧아야 하는 것은 아닙니다. 모든 의사결정이 팀장 개인에게 집중되어 있다면 그것은 또 다른 의미의 수직적인 조직일 수 있습니다. 오히려 팀장에게 집중된 의사결정과 조직 관리의 역할을 차세대 리더들에게 나누어 줄 필요가 있습니다. 소 팀제나 멘토-멘티와 같은 조직구조를 고민해보면 어떨까요?

특히 IT 조직에서는 전문가 조직으로 상당 부분의 관리 권한을 차선임자들에게 위임하기 수월한 면이 있습니다. 팀장이 모든 일을 다 결정하고 나머지 팀원들은 시키는 일만 하는 조직이 된다면 실제 일이 잘못되었을 때 아무도 책임지고 수습하려 하지 않을 것이고, 차선임자들도 작은 일부터 의사결정의 경험과 책임지는 연습의 기회를 얻기 힘들 것입니다. 차세대 리더로 성장시킬 차선임자들을 발굴하고 이들과 협의하여 업무체계를 개편해보는 것이 어떨까요?

과거 개별 업무에서는 훌륭한 팀원이었지만, 팀장이 된 이후로는 오히려 성과도 안 좋고 인간적인 평판도 안 좋아진 사례를 종종 보게 됩니다. 왜냐하면, 팀원이었을때 팀장 리더십을 체계적으로 배우지 못했기 때문입니다. 이처럼 리더는 하루아침에 갑자기 만들어지지 않습니다.

과거 수직적 조직에서처럼 각자가 개별성과자로서 일하면서도 직급이나 나이만으로도 군림하는 것이 아니라, 작은 팀소 팀의 리더나 멘토-멘티 제도를 통해 차세대 리더들이 개별성과자를 넘어 조직으로서 일하는 방법을 미리 배울 수 있도록 해보면 어떨까요? 앞서 살펴본 사례에서 문제가 된 수명 업무라든가 총무 업무에 대하여도 팀장이 일방적으로 특정 팀원에게 지정하기보다는 소 팀이나 멘토-멘티에게 해당 업무를 공동으로 부과하여 해결 방안을 모색하게 해보는 것도 좋을 것입니다.

경제학에서 리스크란 변동성, 예측 불가능성을 말합니다. 현대 사회는 빠르게 변동하고, 그만큼 리스크가 증폭된 상황입니다. 이러한 사회에서는 하나의 계획을 빠르게 수행하는 것보다 시장의 변화를 빠르게 감지하고 이에 적절히 적응하는 역량이 무엇보다 중요해졌습니다. 절대적으로 수평적인 조직문화가 수직적인 조직문화보다 우월한지 아닌지와 상관없이, 지금은 회사의 적응력이 무엇보다 중요합니다. 그러기 위해서는 창의성과 혁신역량을 갖추는 것이 중요합니다.

CHAPTER 18

팀장이라면 알아야 할
올바른 성 평등을 위한
예방 및 대처법

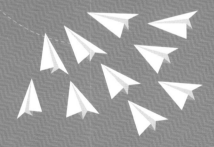

직장 내 성 평등 문화 조성

성과 창출을 위해서 우리는 동료, 상사, 자신의 강점 등
사용할 수 있는 모든 강점들을 활용해야 한다.
-피터 드러커

2018년 들어 '미투Me-Too 운동'이 사회 전반을 강타하였습니다. 이로 인해 성 인식과 양성평등에 대한 대한민국의 패러다임도 변화하고 있습니다. 한 마디로 우리 사회 전반에 내재되어 있던 잘못된 성 인식, 양성불평등, 권력형 억압에 대한 강력한 분노와 개혁 의지가 사회 전반에서 표출되고 있습니다.

회사라는 조직도 예외는 아닙니다. 성폭력에 대한 이러한 일련의 인식 변화는 직장 내 문화에도 영향을 주고 있습니다. 특히 남자 직원들은 '혹여 빌미가 될 수 있는 상황은 아예 만들지 않는 게 상책이다'라는 생각에 여자 직원과의 회식 자리를 가능한 한 피하는 기현상까지 생겨나고 있고, 급기야는 상호 간에 '서로 해로운 존재'라고 인식하기에 이르고 있습니다. 오히려 직장 내 성차별 문화가 양산되고 있는 것입니다.

한 조직 내에서 성희롱 또는 성폭력 사건이 발생하면 당사자는 물론 부서 전체가 치명적인 피해를 겪게 됩니다. 이는 사건이 발생하는 것을 어떻게 처리하는가에 초점을 맞추기보다는 사건이 일어나지 않도록 예방하는 데 초점을 맞추어야 합니다. 팀장이라면 성性과 관련된 사건 발생을 미연에 방지하고 건강한 조직문화 조성을 위해 직장 내 성희롱Sexual Harassment, 성폭력 예방에 적극적인 관심을 가지고 조치를 취해야 합니다. 팀장 스스로도 일상의 미팅 및 업무 지시 등을 할 때에 자신의 말과 행동에 관해서도 특히 주의가 필요합니다. 특히 과거와 달리 개인적인 정서나 입장을 중시하는 젊은 팀원들과 기존 질서와 문화에 익숙한 팀원들 간의 인식 차이가 있을 수 있으므로, 그 중간에서 효과적인 소통의 중심이 되어야 합니다.

조직 내 성희롱 사건을 바라보는 팀원들의 시각은 참으로 다양합니다. 그들 중 몇몇은 방관자가 되기도 하고 또 몇몇은 성희롱 피해자의 조력자가 되기도 합니다. 그런데 놀라운 것은 행위자를 비난하기에 앞서 때로는 피해자를 탓하는 사람들도 있다는 사실입니다. "분위기 좋아지자고 그런 건데 너무 유난을 떠는 거 아니야?"라며 문제를 공론화한 피해자를 비난하는가 하면 "사실, 그 직원 옷차림이 좀 야하기는 했어."라며 성희롱의 원인을 오히려 피해자에게 돌리기도 합니다.

점심 먹고 기분 좋게 티타임을 가지던 중 팀원 누군가의 야한 농담 또는 회식 자리에서의 술을 강권하거나 원치 않는 신체적 접촉 등은 또 다른 누군가를 불쾌하고 불편하게 만들게 됩니다. 이는 성희롱이 되는 것입니다. 따라서 팀장은 올바른 조직문화를 조성할 수 있도록 늘 고민해야 합니다. 위험수위를 넘나드는 팀원들의 성적 언행은 없는지, 불쾌한 표정을 짓는 팀원들은 없는지 표정이나 모습을 늘 예의주시해야 합니다.

Q 성희롱을 경험한 팀원으로부터 도움을 요청받았습니다. 팀장으로서 어떻게 대처해야 하나요?

회식 다음 날, 결국 신입 여자 팀원이 병가를 내고 출근하지 않아 J 팀장은 걱정입니다. 팀원들은 삼삼오오 모여 전날 회식 자리에서 목격했던 성희롱 장면에 관해 이야기하고 있습니다. 선임 남자 팀원이 신입 여자 팀원을 자기 옆에 앉히고 러브 샷을 한 것에 관해 남자 팀원이 너무 과했다는 의견에는 다들 공감하면서도 "그런데 평소에 보니까 그 여자 팀원이 맞장구도 잘 쳐주더만, 뭘 새삼스럽게 그런지 몰라" "맞아, 사실 먼저 그럴만한 상황을 만드니까 그렇게 되는 거 아니겠어?"라며 성희롱의 원인을 피해 여자 팀원에게서 찾고 있습니다. 나아가 이번 사건과 상관없는 신입 여자 팀원의 옷차림까지 언급합니다.

부서 내에 잘못된 성 문화가 조직 깊숙이 배어 있음을 다시금 체감한 J 팀장은 어제 회식 자리에서 어떠한 조치도 하지 않고 침묵만 지키고 있던 자신에게 자책감을 느끼고 있습니다.

며칠 후 피해 여자 팀원이 면담을 요청해 왔습니다. 사실 평소에도 성희롱이 만연한 조직 분위기에 적응하기 힘들었는데, 특히 며칠 전 남자 팀원의 성희롱 발언과 행동은 정말 참기 힘들었다고 합니다. 몇몇 팀원들에게 도움을 요청했지만 오히려 "팀 분위기 어색하게 만들지 말고 참아" "그러니까 평소에 좀 얌전하게 다니지!" 등의 답변만 들었다며 흐느낍니다. 게다가 이후로 같이 점심 먹자는 팀원도 없고, 업무에서도 자신만 의도적으로 배제해 고립된 느낌이 들었다며, 성희롱을 신고하기로 마음먹었다며 J 팀장에게 도움을 요청합니다. 이 상황에서 J 팀장은 어떻게 해야 할까요?

A 이렇게 한번 해보면 어떨까요?

조직 내에 성희롱 사건이 발생했다면 피해를 당한 당사자는 누구나 조직 내 관련 부서에 신고해야 할 의무가 있으며, 조직에서는 함께 해결하려는 자세가 필요합니다. 하지만 많은 사람들은 행여나 자신이 받을 불이익을 우려해 도와주길 꺼립니다. 앞서 살펴본 사례에서 피해자는 주변인들의 외면과 질책으로 인해 힘들어하고 있습니다. 이런 상황에서 피해자는 '도와주겠다'는 사람이 있는 것만으로도 큰 힘을 얻게 됩니다. 주변의 방관은 피해자를 더욱 고통스럽게 하므로 리더는 우선 피해자의 심정을 헤아리고 공감해야 합니다. 사건의 문제점을 밝힌 피해자에게 잘못이 있는 게 아니라 행위자 및 주변의 잘못된 편견과 조직 분위기가 문제라는 것도 알려주어야 합니다. 그래야 피해자가 자괴감에 빠지지 않고 사건 해결의 의지를 키울 수 있습니다.

피해자로부터 전해 들은 성희롱 사건의 날짜, 시간, 장소, 기타 세부사항, 피해자의 당시 심정 등을 기록해 보관해야 합니다. 기록은 될 수 있는 대로 앞뒤 상황을 일관되게 진술해야 합니다. 나중에 증거로 활용될 가능성이 높고, 이후 해결 과정에서 결정적 요소로 쓰일 수 있기 때문입니다.

팀장은 사건 해결 과정이나 사건 해결 이후 피해자나 협력자의 불이익을 막기 위한 조직 차원의 대책을 마련해야 합니다. 무엇보다 먼저 피해자인 여자 팀원이 가해자로부터 공식 사과를 받도록 하고, 가해자와 피해자를 분리 배치함으로써, 피해자가 안전한 근무 환경에서 일할 수 있도록 해야 합니다. 피해자의 의사를 확인하여 조직 내에서 운영하는 피해자 사후관리 프로그램을 통해 심리 상담, 2차 가해 여부 점검, 법률 구조 서비스 지원 등을 받을 수 있도록 해 주어야 합니다. 지금부터 제시하는 다양한 팁을 통해 보다 현명하게 성희롱을 예방하고, 혹시라도 발생한다면 최선의 방법으로 대처해야 합니다. 그 구체적인 방법은 다음과 같습니다.

무엇보다도 팀원들의 인권 보호가 최우선입니다.

올바른 팀장은 조직의 성장에 가려 팀원들의 인권이 침해당하고 있지는 않은 지 항상 점검해야 하고 인권 침해의 문제에 그 누구보다 민감하게 반응해야 합니다. 특히, 성희롱 같은 성적 자기 결정권을 침해하는 사건을 마주할 때면 더욱 그러합니다. 인권은 조직의 성장이나 발전보다 훨씬 더 중요하게 다루어져야 할 영역임을 명심해야 합니다.

두 번째, 객관적으로 판단하기 위해 노력해야 합니다.

옳고 그름의 가치 판단에 관한 명확한 기준이 없다면 팀장은 문제가 생길 때마다 일관성 없는 판단과 대응을 하게 될 것입니다. 이러한 팀장의 태도는 팀원들에게 혼란을 일으킬 뿐 아니라 더 나아가 조직에 관한 불신으로 이어질 수 있습니다. 팀장의 객관적이고 일관된 판단과 행동은 문제 해결에 효과적일 뿐만 아니라 팀원들의 조직에 대한 신뢰를 더욱 더 굳게 합니다.

세 번째, 성희롱의 개념이 정확히 무엇인지 올바르게 인지하고 예방해야 합니다.

〈양성 평등기본법〉 및 〈남녀 고용평등과 일·가정 양립 지원에 관한 법률〉에 따르면 국가기관, 지방자치단체, 공공기관 종사자뿐만 아니라 모든 민간 사업장의 사업주와 근로자는 의무적으로 성희롱 예방 교육을 받아야 하며, 성희롱뿐 아니라 성폭력 예방 교육도 의무화되어 있습니다. 하지만 이러한 교육을 형식적인 과정으로만 인식하거나 팀장 스스로 성희롱을 대수롭지 않은 문제로 치부한다면 팀원들의 문제의식이나 성희롱에 대한 민감도는 더더욱 약화될 수밖에 없습니다.

성희롱의 기준, 성희롱의 발생 원인 등 근본적인 이해뿐만 아니라 조직 내에서 실시하고 있는 성희롱에 관한 제도적 장치, 사후 피해자와 가해자에 대한 관리자의 올바른 대처 과정 등 시스템적인 영역까지 정확하게 인식하고 있어야 팀장으로서 성희롱 예방 및 사후 올바른 대처가 가능할 수 있습니다.

다음은 서울여성노동자회에서 발간한《직장 내 성희롱 타파 신개념 학습서》에서 요약 발췌한 '성희롱의 오해와 진실들'입니다. 이를 통해 성희롱에 대한 올바른 개념을 정립하고 예방에 더욱 힘쓰기 바랍니다.

먼저 '성희롱은 사소한 문제'라는 오해입니다.

조직 내에서 성희롱을 경험한 사람은 성적 모욕감과 위협을 느낍니다. 게다가 정상적인 업무 수행이 불가능할 정도로 정신장애나 두통, 위장장애를 일으키거나 심각한 상황이라면 회사를 그만두기도 합니다. 반면 성희롱 행위자는 자신의 위신과 직장의 대외적 이미지를 실추시키게 됩니다. 나아가서 조직 내에서 징계를 당하거나 성희롱 피해자에게 금전적 손해배상을 지급해야 할 수 있습니다. 이처럼 성희롱은 피해자와 가해자 모두에게 정신적·경제적·사회적 손실을 가져다주는 심각한 문제임을 명심해야 합니다.

다음으로 '성희롱은 개인 사이의 일일 뿐이다'는 편견을 깨야 합니다.

절대로 그렇지 않습니다. 직장 내 성희롱은 공적인 관계에서 발생하는 문제입니다. 이는 개인의 노동권과 인격을 침해하는 불법행위이며, 명백한 사회적인 문제입니다.

혹시 아직도 성희롱은 무시해버리면 그만이라고 생각하고 있지는 않은지요?

때로 피해자로서는 상황에 따라 성희롱을 무시하는 것이 효과적인 방법일 수도 있습니다. 그러나 소극적인 행동이 상대방으로 하여금 성희롱을 당연한 행동으로 오인하게 만들어, 오히려 성희롱을 지속시킬 수도 있습니다. 따라서 성희롱을 당했을 때는 문제를 제기하고 교정하려는 적극적인 자세가 필요합니다.

성적인 농담, 신체접촉을 직장 생활의 활력소가 된다고 여기지는 않습니까?

동등한 관계에서의 유머나 가벼운 스킨십은 일상의 활력소가 될 수 있습니다. 그러나 원치 않는 성적인 농담, 신체접촉은 상대방에게 성적 모멸감이나 혐오감을 주게 됩니다. 피해자의 업무 수행을 방해하고 업무 효율성을 떨어뜨리는 결과를 가져와 이러한 행위는 업무 능률에도 부정적인 영향을 줍니다. 혹여 친밀감의 표시였다고 하더라도 상대방이 불쾌해한다면 정중히 사과하는 것이 건강한 인간관계의 기본이라는 것을 명심해야 합니다.

성희롱에 준하는 언행들이 농담처럼 받아들여지는 조직에서는 누구나 성희롱의 잠재적 피해자, 또는 행위자가 될 수 있습니다.

자신이 속한 조직, 자신이 관리하는 부서는 과연 성희롱에 있어 안전한지, 성희롱에 대해 관대한 조직 분위기가 남아 있지는 않은지 보아야 합니다.

간혹 자신에게 닥칠 피해를 최소화하기 위해 소수의 의견이 옳음에도 불구하고 다수의 의견에 동조하는 일이 있습니다.

개인이 바뀌어야 조직도 바뀝니다. '다른 누군가가 도와주겠지'라고 방관하는 사이 성희롱 피해자는 점점 더 고립되고 급기야는 극단적인 선택에 이를 수도 있습니다. 따라서 피해자의 고통에 관해 진심으로 공감하고 동반자가 되어 적극적으로 돕고자 하는 행동이 또 다른 성희롱의 피해를 막는 방법입니다. 소신대로 움직이는 개인이 모여 다수가 되고, 그런 다수가 한층 더 나은 조직문화를 완성할 수 있음을 늘 기억해야 합니다.

CHAPTER 19

일과 삶의 균형,
워라밸을 제대로 실행하는
리더십의 기본

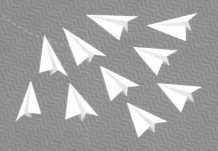

워라밸

> 일만 알고 휴식을 모르는 사람은 브레이크가 없는 자동차와 같이 위험하기 짝이 없다.
> 그러나 쉴 줄만 알고 일할 줄 모르는 사람은 모터 없는 자동차와 마찬가지로 아무 쓸모가 없다.
> - 헨리 포드

젊은 직장인을 중심으로 워라밸워크 앤드 라이프 밸런스, Work and Life Balance은 거스를 수 없는 트렌드로 자리를 잡아가고 있습니다. 어떤 회사에서는 워라밸을 회사의 고유한 문화로 선정하고, 이를 고급 인력 유치를 위한 홍보의 전략으로 삼기도 합니다.

워라밸은 무조건 일하는 시간을 줄이자는 게 아니라 생산성이 낮은 쓸데없는 업무를 줄여서 업무의 효율성을 높이자는 것입니다. 어찌 보면 당연한 업무 문화이지만 그동안 관습적으로 행해 온 불필요한 야근과 잔업이 많았다는 뜻이기도 합니다.

이렇듯 워라밸의 문화가 퍼진 이면에는 '번-아웃Burn-Out'이라는 안타까운 직장인의 모습이 있습니다. 개인의 열정과 체력을 모두 쏟은 나머지, 모든 일에 의욕을 잃고 빈껍데기만 남은 상태를 말합니다. 문제는 이러한 상황이 개인은 물론 회사나 조직에도 큰 손실을 초래한다는 점입니다. 굳이 번-아웃까지는 아니더라도, 가족과의 유대감 단절이나 만성 피로감을 이유로 조직을 떠나는 직장인들도 늘어나고 있습니다. 우리나라의 고도성장에 기여했던 산업 역군 시대의 조직문화는 이미 과거의 얘기가 되었습니다. 인적 자원의 보존을 위해서라도 워라밸은 이제 소수 젊은이들의 외침을 넘어섰습니다. 충분한 휴식을 통한 신체적/정신적 회복 없이는 생산적인 업무 성과를 기대하기 어렵습니다.

하지만 워라밸은 개인이 풀기는 어려운 과제입니다. 따라서 조직문화 차원에서 접근해야 합니다. 특히 리더의 전폭적인 이해와 협조가 필요합니다. 우선 워라밸이 개인의 이기주의에서 비롯되었다는 오해가 없어야 합니다. 아직도 '일하고 있는 상사나 동료를 배려하지 않고 본인의 안락함만 추구한다'는 색안경을 끼고 바라보면 안 됩니다. 그러한 시선이 남아 있는 한, 팀원들은 소위 주변의 눈치를 볼 수밖에 없고 쓸데없이 시간만 낭비하는 결과를 초래할 수 있습니다. 오히려 주어진 업무시간의 강도를 높여서 효율적으로 업무를 처리하고 제시간에 퇴근하는 고성과자의 인식이 확대되어야 합니다. 팀장을 비롯하여 모든 팀원들이 그러한 업무 효율 확대로 워라밸을 인식하게 된다면, 조직 전체의 성과 효율도 함께 높아질 수 있습니다.

그러기 위해서는 팀장의 솔선수범이 따라야 합니다. 물론 현실적으로는 특별히 업무가 많이 몰리는 바쁜 기간도 있을 수 있고, 아무도 없는 주말에 출근하면 효율이 더 높을 수도 있습니다. 그런데 어느 조직에서나 일괄적인 잣대의 적용은 부작용을 불러올 수 있습니다. 바쁜 일이 있음에도 이유 여하를 막론하고 무조건 일찍 퇴근하자는 게 워라밸의 진정한 뜻은 아닙니다. '바쁜 일이 없는 데도 단지 상사나 주변인들의 눈치를 보느라 늦게까지 자리를 지키기를 그만두자'는 것입니다. 더 나아가서 바쁜 일이 발생하는 근본 원인을 개선하는 것도 목표가 됩니다. 늘 바쁘다는 것은 주어진 일에 비해서 인력이 부족한 것일 수도 있으며, 이것을 당연하게 받아들이는 시각도 바꾸어야 합니다. 팀장이라고 모범을 보이기 위해 팀원들 업무량보다 훨씬 많이 일하는 것도 달라져야 하는 모습입니다.

아무리 워라밸이 주요 트렌드로 자리를 잡는다고는 하지만 하루아침에 직장 문화가 바뀌기란 쉽지 않습니다. 워라밸의 다른 한 축인 라이프Life의 관점에서도 생각해보아야 합니다. 워크Work 부분이 줄었다고 해서, 자연스럽게 라이프 부분의 만족도가 올라가는 것은 아닙니다. 오히려 늘어난 여가시간에 체력과 열정을 낭비하여, 업무에서 지장을 초래할 수도 있습니다. 워라밸이라는 단어가 뜻하는 것처럼 워크와 라이프가 균형을 이루어서 서로에게 긍정적인 시너지를 낼 수 있어야 합니다. 이를 통해 개인 스스로도 성장할 수 있고, 조직에도 이익을 줄 수 있습니다. 이제 워라밸을 신세대의 철없는 주장이라 생각하지 말고, 팀장과 팀원이 워라밸을 달성하기 위한 구체적인 목표와 방안이 무엇일까 함께 고민해 보아야 할 때입니다.

Q 워라밸을 강조하다 보니 서로 비협력적이 된 조직의 단합을 위해 어떻게 하면 좋을까요?

회사에서 워라밸을 강조하다 보니 근무시간은 줄어든 반면, 근무 강도는 예전보다 높아졌습니다. 온종일 자신의 업무만 처리하기에도 근무 시간이 모자랄 지경입니다. 그렇다 보니 옆 동료가 바쁘다고 해도 도와줄 틈이 없고, 여러 명이 함께 서로 분담하여 처리하는 일도 드물어졌습니다. 동료를 도와주면 상대적으로 자신이 피해를 본다는 생각으로 경쟁의식은 더욱 커지고, 오히려 견제하는 상황까지 발생하고 있습니다. 하지만 팀장으로서 프로젝트를 진행하다 보면 팀 전체를 위해 협력해야 하는 경우도 있고, 서로 도움을 주고받는다면 일이 더욱 효율적으로 진행될 수도 있습니다. 이러한 상황에서 다시 조직의 단합을 끌어내려면 어떻게 해야 할까요?

A 이렇게 한번 해보면 어떨까요?

조직은 여러 사람들이 모인 집단입니다. 다양한 사람들이 모이다 보니, 팀원 각자의 성향도 다양할 수밖에 없습니다. 바꿔 말하면 조직을 바라보는 팀원의 시각도 서로 다를 수 있습니다. 여러 사람들과 일을 함께 하고 싶은 사람이 있는가 하면, 방해를 받지 않고 혼자서 조용히 하고 싶은 사람도 있습니다.

우리 사회에서 일의 형태가 갈수록 다양해짐에 따라 반드시 여러 사람의 협업을 해야 하는 상황도 많이 줄어들고 있습니다. 이를테면 홀로 일할 때 오히려 업무의 생산성이 높아질 수도 있습니다. 산업 근대화의 초기처럼 '모든 사람이 한마음 한뜻으로 일해야 업무의 효율이 오른다'는 믿음은 많이 약해졌습니다. 오히려 각 개인의 다양성을 장점으로 살려 창의적인 아이디어를 더 많이 발굴하는 것을 장려하기도 합니다. 어떤 성향의 팀원들이 모여 일을 하느냐에 따라 팀의 분위기와 업무 수행 방식이 달라질 수 있습니다. 조직의 단합은 단순히 함께 모여 일한다는 범위를 넘어 각자의 역량을 최대한 발휘할 수 있도록 배려하고 인정하는 것입니다. 그렇다면 워라밸의 실질적인 안착을 위해 팀장은 어떤 점을 생각해 보아야 할까요?

제일 먼저 공과 사의 영역을 정확하게 구분합니다.

팀원은 기본적으로 자신의 팀을 위해서 일해야 할 의무가 있습니다. 특별한 상황을 제외하고 대부분 조직이나 회사와 근로계약을 맺었기 때문입니다. 그래서 사전에 협의하여 근로의 시간을 명시하거나 일의 분량을 정해 두었습니다. 그러므로 하루 24시간 중에서 회사를 위해 근로를 하는 공적인 영역과 개인을 위해 시간을 보내는 사적인 영역이 나뉘어 있습니다. 워라밸은 이 2개의 영역이 서로를 침범하지 않는다는 전제를 두고 있습니다. 워라밸이라는 단어가 등장하기 전까지는 많은 사람들이 하루의 대부분을 공적인 영역에서 보냈습니다. 심지어 집과 같은 사적인 공간에서도 공적인 일을 하곤 했습니다. 이제는 대부분의 사람들이 이 영역을 구분 짓고 있습니다. 사적인 영역이 침범을 받는 순간 불만이나 반발이 생겨납니다. 그에 따라 자연스럽게 일에 대한 열정도 사라집니다. 그렇기 때문에 공적인 업무를 위해 사적인 영역을 요구한다고 해도 일의 결과는 더 안 좋을 수 있습니다.

다음으로 일을 새로운 시각으로 바라보도록 도와줍니다.

워라밸은 결국 워크의 영역과 라이프의 영역 간의 균형을 의미합니다. 때로 이러한 정의는 오해를 낳기도 하는데, 바로 나의 삶에 있어서 라이프의 영역은 소중하고 가치 있지만, 워크의 영역은 내가 시간을 투자하는 대가로 임금과 같은 보상비용을 받는 것뿐이라고 생각하는 것입니다. 특히 업무 경험이 적은 사람일수록 워크 영역의 가치를 낮게 생각하는 일이 많습니다. 아직은 자신이 주도적으로 일을 하는 비율이 낮고, 업무에 있어 서투른 부분도 있기 때문입니다.

이렇게 자기 일에 대한 열정이 적다 보니, 일에 대한 관심도 적습니다. 하지만 개인의 영역뿐만 아니라 일의 영역도 개인의 성장에 큰 영향을 줍니다. 일에서도 새로운 보람을 찾을 수 있고 자신의 강점과 약점을 알 수 있으며 자신의 선택에 따라 앞으로 자기 일이 어떻게 발전할지 결정됩니다. 팀장은 구성원들이 라이프 영역뿐만 아니라 워크의 영역을 통해서도 목표를 갖고 성장할 수 있도록 도와주어야 합니다.

세 번째, 팀장은 팀원들에게 균등한 업무 배분을 하기 위해 노력합니다.

워라밸에 따라 팀원들에게는 근무 강도가 높아짐과 동시에 정해진 시간 내에 업무를 완료해야 하는 부담감도 늘어나는 게 사실입니다. 예전에는 근무 시간 외에도 남은 업무를 수행하기도 했지만, 이제는 법적인 근로 시간의 제약을 비롯하여 사회의 분위기에서도 초과근무에 관해 부정적인 인식이 확대되고 있습니다.

이러한 상황에서 각자 팀원에게 부여되는 업무량의 차이는 민감한 이슈일 수밖에 없습니다. 누구에게나 똑같은 분량으로 업무를 배분하면 좋겠지만 현실적으로는 그러기 어렵습니다. 팀원들 각자의 역량과 경험이 다르기 때문입니다. 신입 팀원의 역량과 선배 팀원의 역량이 모두 다를 텐데 똑같은 분량의 업무를 준다면 당연히 신입 팀원은 정해진 시간 내에 마치기 힘들 겁니다. 반면 신입 팀원을 고려해 적은 분량의 업무를 모두에게 적용할 수는 없습니다. 따라서 팀원 개인의 각자 역량을 고려하여 적정한 수준의 업무를 배분하는 게 중요합니다. 아울러 개인별로 왜 업무 분량의 차이를 두었는지 이해할 수 있도록 사전에 충분한 협의를 해야 합니다.

네 번째, 효율이 낮은 일, 굳이 하지 않아도 되는 쓸데없는 일을 하지 않습니다.

실제로 일을 하다 보면 늘 핵심적인 업무만 하는 것은 아닙니다. 때로는 단순하고 반복적인 일을 할 때도 있고, 들인 시간에 대비하여 크게 성과가 나지 않는 일들도 있습니다. 문제는 이러한 일들이 예전부터 습관적으로 해오던 경우가 많고, 누군가는 해야 하는 일들이라는 점입니다. 쓸데없는 일들은 대개 업무를 자동화하거나, 더욱 효율적인 방법을 찾아보는 노력을 해야 합니다. 이를 위해서는 팀원들 모두의 노력과 관심이 필요합니다. 내가 보기에는 문제가 없지만 다른 팀원들의 시각으로 보면 문제를 발견할 수 있습니다. 혹은 내가 업무 개선에 대한 아이디어를 줄 수도 있습니다. 이러한 개선의 노력을 위해 서로 협력한다면 조직의 단합에도 큰 효과를 줄 것입니다.

다섯 번째, 팀 전체의 목표를 함께 공유합니다.

조직의 단합을 떨어뜨리는 원인 중의 하나는 '나만 잘하면 된다'는 의식입니다. 때로는 그 정도를 넘어서 나의 일 이외에는 관심을 두지도 않고 협력의 태도를 보이지도 않습니다. 나의 일만 잘 끝내면 자신의 책임은 다했다고 여깁니다. 이러한 생각의 바탕에는 나의 성과와 팀의 성과는 전혀 별개라는 판단이 자리합니다. 이것을 바로잡기 위해서는 팀원들 모두가 팀의 공동 목표를 공유할 필요가 있습니다. 나의 성과가 어떻게 팀의 성과에 기여하는지를 사전에 알고, 궁극적으로 내가 하는 일이 팀 전체의 성과를 위한 것임을 깨달아야 합니다.

만약 팀원들 중 누군가의 성과에 미흡한 부분이 있어서 팀 전체의 성과를 달성하기 어렵다면, 다른 팀원들이 모두 나서서 부족한 부분을 보완할 수도 있습니다. 비록 각자의 성과에 집중해도 결과적으로 팀의 성과를 달성하겠지만 우선 팀의 성과를 염두에 두고 일하면 팀 전체의 역량을 한곳에 모을 수 있습니다. 아울러 팀원 개인의 역량이 개인의 한계를 넘어 다양하게 활용될 수 있음을 알 수 있습니다.

마지막으로 워라밸을 위한 조직문화는 모두가 함께 만들어 갑니다.

조직의 단합을 비롯하여 조직문화를 어떻게 이끌어 가느냐는 팀장의 중요한 덕목입니다. 하지만 이는 팀장이 혼자 만들 수는 없습니다. 팀장은 팀원들에게 새로운 시각을 제공하고, 필요한 정보를 충분히 알려주는 역할을 수행하면 됩니다. 그것을 바탕으로 팀원들과 함께 팀 고유의 문화를 만들어가야 합니다. '회식 자리를 만들면 팀이 단합한다'는 낡은 사고는 버려야 합니다. 이제는 공동의 목표를 함께 성취한 긍정의 경험을 토대로 시너지 효과를 내기 위해 노력해야 합니다. 개인의 라이프 영역은 철저하게 존중하고 일의 영역은 공동체 의식을 심어줘야 합니다.

개인의 목표에만 시선을 두게 되면 동료 간에 불필요한 경쟁의식만을 불러옵니다. 이러한 조직문화의 시작은 팀장과 팀원들 간의 관계에서부터 시작합니다. 팀장부터 팀원들에 대한 선입견을 품고 있지는 않은지, 팀장으로서의 성과에만 너무 매달려 있는 것은 아닌지 워라밸의 관점에서 살펴보기 바랍니다. 이런 노력이 조직 내에 진정한 워라밸을 가능하게 합니다.

워라밸이라는 단어가 뜻하는 것처럼 워크Work와 라이프Life가 균형을 이루어서 서로에게 긍정적인 영향을 줄 수 있어야 합니다. 이를 통해 개인 스스로도 성장할 수 있고, 조직에도 이익을 줄 수 있습니다. 이제 워라밸을 신세대의 철없는 주장이라 생각하지 말고, 팀장과 팀원들이 워라밸을 달성하기 위한 구체적인 목표와 방안이 무엇일까 함께 고민해 보아야 합니다.

CHAPTER 20

진정한 리더라면
팀을 살펴보기 전
자기 자신부터 돌아볼 것

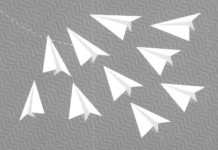

자기 성찰

리더가 좋아할 것인지, 싫어할 것인지에 관해 끊임없이 걱정하는 것만큼
조직을 빨리 퇴보시키는 것은 없다. -도요타 기이치로

'성과, 목표, 조직 관리….'

　이는 팀장들이 리더십의 요소 중 가장 중요하다고 여기는 항목입니다. 그런데 정작 리더십의 중요한 요소로서 '자기 자신'을 드는 사람은 거의 없습니다. 리더십 분야의 대가 중 한 명인 워렌 베니스Warren Bennis는 '팀장이 된다는 것은 자기 자신이 된다는 것과 동의어이다'라고 말합니다. 훌륭한 팀장의 핵심 행동 중 하나는 자신을 관리하는 것입니다. '자기 자신을 온전히 이해하고 점점 성장해 나가야 한다'는 것에 대한 중요성은 대부분 인식하고 있습니다. 그런데 과연 이를 위한 실천은 어느 정도 하고 있습니까? 자기 성찰은 자신 안에 있는 마음과 생각을 밖으로 꺼내는 행동이며 밖에 있는 생각을 나의 것과 연결하는 것입니다.

여기에서 중요한 것은 '자기 성찰을 통해 반성하는 것이 아니라 완성되어 가는 자신의 모습을 위해 행동하는 것'입니다. 사람은 자신이 알고 있는 긍정-부정적인 모습, 남이 알고 있는 긍정-부정적인 모습이 있습니다. 자기 성찰을 하지 않는 팀장은 조직을 병들게 하고 지치게 만들 수도 있지요. 그런데 아쉽게도 대부분의 팀장은 '자기 성찰 하는 법'을 배운 적이 없습니다. 구체적인 방법으로는 일기를 쓰거나 명상, 자기 이해를 높이는 심리 검사 등이 있습니다. '어떤 것이 최고의 방법이다'라는 것은 없습니다. 이런저런 시도를 통해서 자신에게 잘 맞는 방법을 찾아 나가면 됩니다. 여기에서는 자기 이해를 높이기 위한 '조하리의 창Johari's Window'을 소개합니다.

	자신은 안다	자신은 모른다
타인은 안다	열린 창 open	보이지 않는 창 blind
타인은 모른다	숨겨진 창 hidden	미지의 창 unknown

조하리의 창은 자기 공개와 피드백의 특성을 4가지 창문으로 설명합니다. 사람은 누구나 4가지 창문을 모두 가지고 있으며, 그 크기도 모두 다릅니다. 중요한 것은 줄어들어야 할 영역과 넓어져야 할 영역이 있다는 것입니다.

첫 번째, 열린 창, 공개적 영역Open Area입니다.

'나도 알고 있고 다른 사람에게도 알려진 영역'으로, 팀장이 이 영역이 넓을수록 개방적이며 민주적으로 보일 가능성이 크다고 합니다. 팀 대내외적으로 자기 생각을 많이 표현하고 잘 들어주기 때문에 변화와 발전의 가능성이 크다고 해석됩니다.

두 번째, 보이지 않는 창, 눈먼 영역Blind Area입니다.

이는 '나는 모르지만 다른 사람은 알고 있는 나의 모습'을 뜻합니다. 자신의 이야기만 많이 하고 주변의 이야기를 듣는 것이 결여되면 넓어지는 영역으로 지위가 높은 사람에게 많다고 합니다. 팀장이 될수록 주변의 상황에 귀를 기울이고 많이 들어야 하는 이유이기도 합니다.

세 번째, 숨겨진 영역Hidden Area입니다.

'나는 알고 있지만 다른 사람에게는 알려지지 않은 모습'을 의미합니다. 나의 약점이나 비밀처럼 다른 사람에게 숨기는 부분으로 이 영역이 넓으면 과묵한 사람으로 보일 수 있습니다. 팀장이 '숨겨진 비밀의 영역이 커진다'는 것은 팀원들이 팀장의 생각을 이해하기 어렵게 된다는 의미이기도 하고, 걱정과 불만이 많은 것으로 해석될 수 있음을 알아야 합니다.

네 번째, 미지의 영역Unknown Area입니다.

이는 '나도 모르고 다른 사람도 알지 못하는 나의 부분'을 의미합니다. 지속적인 관심과 관찰을 통해 나도 모르고 남도 모르는 미지의 영역을 크기를 줄이는 것이 중요합니다. 열린 창문의 크기가 커질수록 미지의 창문은 크기가 작아지게 되며, 열린 창문의 크기는 자기 생각을 정확하게 표현하는 것과 주변 팀원들의 생각과 말을 잘 들어주는 것, 피드백의 수용성 등으로 크게 만들 수 있습니다.

기회가 된다면, 검사 도구http://truechange.blog.me/221460257401를 활용하여 자신을 돌아보는 기회로 삼기 바랍니다. 팀장은 자기 성찰을 통해 자신의 현재 모습을 보고 미래의 방향성을 정립합니다. 자기 성찰을 통해 자기 아집에 빠지는 것을 방지하고 자신과 팀원들이 바라는 자기 모습도 발견할 수 있습니다. 조직을 읽는 통찰력도 강화하고 정확한 판단력과 추진력도 점검할 수 있습니다. 이를 통해 올바른 리더가 되기 위해 행동하게 됩니다.

Q 저는 어떤 팀장이 되고 싶은 것이고, 현재는 어떤 팀장인지 점검할 수 있을까요?

업무 전문가와 조직을 이끄는 리더는 다른 것 같습니다. 한 분야의 전문가가 되고 싶었습니다. 그런데 시간이 흐르고 경력이 쌓이면서 선배가 되고, 어느 순간 리더, 팀장이 되었습니다. 팀장이 되고 나서 그동안의 모습을 뒤돌아보면 팀장이란 성과를 관리하고 사람을 관리하며 조직을 관리하는 것이라고 머리로만 알고 있었던 것 같습니다. 팀장의 역할을 잘하고 있는 것인지 모르겠습니다. 어떤 팀장이 되고 싶은지 생각할 여유도 없이 문제를 해결하는 데만 급급하지 않았나 싶습니다. 팀장으로서의 모습을 점검해 보고 싶은데 이를 위한 어떤 방법이 있을까요?

A 이렇게 한번 해보면 어떨까요?

팀장으로서 조직의 문제를 해결하고, 성과를 내다보면 '스스로 잘하고 있다'는 믿음이 생기게 됩니다. 크고 작은 변화를 만들어가고 대응해야 하는 팀장의 입장에서는 이러한 믿음이 자신감에도 영향을 줄 수 있기 때문에 중요합니다. 그러나 간혹 잘하고 있다는 믿음이 너무 커져서 자신의 직관력에 너무 많이 의지하게 되거나 터널 시야, 방향성을 잃게 될 수도 있습니다. 이는 팀원들과의 관계나 성과에 좋지 않은 영향을 줄 수도 있습니다. 따라서 '자신감과 함께 객관적으로 자신을 바라보는 눈'을 가지고 있어야 합니다.

'자신을 본다'는 것은 자신의 가치관이나 믿음이 스스로의 행동에 실제 어떠한 영향력을 미치고 있는지 관찰해보는 것입니다. 이와 관련된 연구 논문들을 살펴보면, 올바른 자아 인식은 자기 자신을 존중하고 성장에 대한 욕구를 증가시킨다고 합니다. 이는 개인과 조직의 성과를 향상하는 데도 도움이 됩니다.

팀장으로서 성장하기 위해서 필요한 것은 '자기 성찰을 위한 시간과 도구, 수용하는 마음'입니다. 자신을 차분하고 객관적으로 돌아볼 수 있는 시간을 가져보기 바랍니다. 평일, 주말, 오전, 오후 상관없습니다. 중요한 것은 오롯이 자신에게 집중할 수 있는 혼자만의 시간이어야 한다는 것입니다.

앞서 설명한 '조하리의 창' 외에도 MBTI나 DISC 등 다양한 진단 도구가 있습니다. 이 중에서 자신의 성향에 따라 혹은 여건에 따라 자신의 성향이나 성격 등을 객관화하는 경험을 해보시기 바랍니다. 또 그동안 너무 자신의 관점으로만 동료들을 바라본 것은 아닌지도 한번 돌아보기 바랍니다. 팀원들은 잘하는 것은 인정받고 싶고, 부족한 것은 채우기 위해서 피드백 받기를 원합니다. 이러한 그들의 마음을 팀장으로서 얼마나 수용하고 있습니까? 진정한 리더가 되기 위해 다음의 여러 가지 관점에서 피드백을 받아보기 바랍니다.

첫 번째, 상위 직책자의 피드백입니다.

팀원들이 파트장이나 팀장에게 피드백을 갈구하는 것처럼 팀장도 팀장의 상사에게 피드백을 요청하는 것입니다. 상사에게 피드백을 요청하는 것이 쉬운 일은 아닙니다. 요청했다고 해도 팀장과 상사의 관계나 성향 등에 따라 요청하는 팀장의 모습을 평가절하하는데 활용될 수도 있습니다. 막연한 우려로 시도조차 하지 않으시겠습니까? 더 나은 팀장이 되기 위해 언제, 어떤 상황에서, 어떤 질문으로 피드백을 요청할 것인지 생각해 보아야 합니다.

두 번째, 팀원들의 피드백입니다.

이 역시도 많은 생각을 하게 합니다. '팀원들이 팀장에 대한 생각을 얼마나 객관적으로, 진심을 담아서 할 수 있을까?' 싶기도 합니다. 팀원들에게 피드백을 요청할 때는 서로 피드백을 할 수 있는 팀 내, '피드백 데이'를 만들어서 활용하는 것도 방법의 하나입니다. 공식적인 날을 지정하여 서로가 성장할 수 있는 피드백을 기록하고 이를 공유하면 팀 안에서 업무 외에 어떤 일들이 벌어지고 있는지도 확인할 수 있게 됩니다.

세 번째, 셀프 피드백입니다.

팀장이 팀원들을 바라보는 눈을 자신에게도 적용하는 것입니다. 하루를 마무리하는 퇴근길, 그날 잘한 점과 아쉬운 점을 생각해 보고 팀원들을 떠올려 보는 것만으로도 성찰의 시간이 될 것입니다. 팀장의 상사에게, 팀원들에게 피드백을 받는 것도 중요하지만, 가장 현실적으로 자주 활용할 수 있는 것은 셀프 피드백입니다. 셀프 피드백은 공책과 필기구만으로도 간단하게 할 수 있습니다. 생각만 하는 것과 눈에 보이는 것은 생각의 크기나 깊이에 영향을 줍니다. 기록의 힘을 활용해보세요. 한 사람을 설명할 때 하나의 단어로 충분할 수는 없습니다. 그러나 세상의 모든 것이 다 중요한 것은 아니듯, 나 자신을 바라보는 데는 하나의 단어로 충분할 수도 있습니다.

하나의 단어를 작성할 때는 연상되는 명사일 수도 있으며 감정을 나타내는 형용사일 수도 있습니다. 정답은 없지만 떠오르는 단어를 통해 팀장으로서의 자신을 발견할 수 있음을 믿으면서 기록해 봅니다. 먼저 '내가 보는 나는 어떤 팀장인가?'를 적어봅니다.

- 팀장으로서 지금, 현재 내 모습을 하나의 단어로 기록해 본다면 무엇입니까?
- 가까운 미래, 내가 보여주고 싶은 팀장의 모습을 하나의 단어로 기록해 보세요.
- 그렇게 생각한 이유는 무엇입니까?
- 차이Gap를 해결하기 위해 무엇을 채워야, 무엇을 바꿔야, 무엇을 시도해 봐야 할까요?

· 내가 바라보는 현재의 나

- 팀장으로서 지금, 현재 내 모습을 하나의 단어로 기록해 보세요.
- 가까운 미래, 내가 되고 싶은 팀장의 모습을 하나의 단어로 기록해 보세요.

AS-IS ➡ TO-BE

이유는?

지금의 나AS-IS 와 앞으로의 내 모습To-Be을 단어로 기록해 보면 그사이에 차이가 발생함을 시각적으로 확인할 수 있습니다. 실제로 기록을 해 본 팀장들을 인터뷰해 보면 다음과 같이 말합니다.

- 기록하는 것이 생각보다 쉽지 않습니다.
- 현재 자신의 부족하거나 부끄러운 모습을 발견하게 됩니다.
- 진정한 리더가 되기 위해 제 자신이 노력해야 하는 부분을 확인하게 되었습니다.

그렇다면 다음으로 '팀원들이 보는 나는 어떤 팀장인가?'를 살펴봅니다. 나 스스로가 작성하는 것이기는 하지만 팀원들의 시각으로 자신을 바라보는 것입니다.

· 구성원(팀원)이 바라보는 현재의 나

K 차장이 보는 나.

D 대리가 보는 나.

P 과장이 보는 나.

G 사원이 보는 나.

- 팀원들이 보는 현재의 내 모습을 하나의 단어로 기록해 본다면 무엇입니까?
- 팀원들의 입장에서 그렇게 생각하는 이유는 무엇입니까?
- 팀원 개개인에게 무엇을 해주고 싶으십니까?

팀원 한 명 한 명이 바라보는 나를 기록해 보면, 그들과의 관계를 눈으로 확인하게 됩니다. 실제로 이를 작성해 본 분들은 다음과 같이 소감을 말했습니다.

- 팀원을 개개인으로 보지 않고, 업무로만 봐온 것 같습니다.
- 조직 관리의 측면에서 시간 투자를 더 해야 하는 팀원을 알게 되었습니다.
- 저도 몰랐었는데 팀원 중에도 더 친한 팀원이 있다는 것을 확인하게 되었습니다.

팀원의 입장에서 작성해 본 하나의 단어를 분석해 보면, 그 안에서 공통점이나 차이점을 발견할 수 있습니다. 이러한 작업은 나 자신에게도 도움이 되지만 팀원들의 관리 방향이나 전략을 수립하는 데도 큰 도움이 됩니다. 작성한 단어를 직·간접적으로 확인하면서 실제 팀원의 목소리를 피드백으로 들을 수도 있습니다. 물론 이때도 상사에게 피드백을 요청할 때와 같이, 언제, 어떻게 할 것인지 생각하는 시간이 필요합니다.

자기 성찰, 다시 말해 '자신을 본다'는 것은 자신이 잘하고 있는 것과 부족한 것을 확인하는 작업입니다. 이를 통해 지속적인 성장을 할 수 있으며, 주변의 피드백을 통해 변화하는 자신의 모습을 발견할 수 있습니다. 자기 성찰 시간을 통해 현재 모습과 미래 모습, 팀원들과의 관계 모습을 살펴보면서 성장하는 팀장이 되길 바랍니다.

훌륭한 팀장의 핵심 행동 중 하나는 자신을 관리하는 것입니다. '자기 자신을 온전히 이해하고 점점 성장해 나가야 한다'는 것에 대한 중요성은 대부분 인식합니다. 그런데 과연 이를 위한 실천은 어느 정도 하고 있습니까? 자기 성찰은 자신 안에 있는 마음과 생각을 밖으로 꺼내는 행동이며 밖에 있는 생각을 나의 것과 연결하는 것입니다.

대부분의 팀장은 '자기 성찰을 하는 법'을 배운 적이 없습니다. 구체적인 방법으로는 일기를 쓰거나 명상, 자기 이해를 높이는 심리 검사 등이 있습니다. '어떤 것이 최고의 방법이다'라는 것은 없습니다. 이런저런 시도를 통해서 자신에게 잘 맞는 방법을 찾아 나가면 됩니다.

CHAPTER 21

위대한 리더가
발휘할 수 있는
최고의 리더십

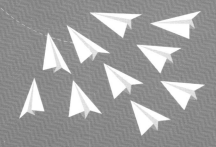

솔선수범

보스는 모든 것을 알고 있고, 리더는 질문한다.
보스는 일을 힘들게 만들고 리더는 흥미롭게 만든다.
-러셀 유잉

"장수는 병사들이 자리에 앉기 전에 앉지 말고, 식사하기 전에 식사하지 말라. 샘을 다 파기 전에 목마르다고 하지 말며, 막사가 준비되기 전에 피로하다고 하지 말 것이며, 밥 짓기가 다 되기 전에 배고프다고 말하지 말라. 병사들의 막사에 불이 켜지기 전에 장수는 자기 막사에 불을 먼저 켜지 말라. 장수는 겨울에 외투를 입지 않고, 여름에 부채를 쓰지 않으며, 비 올 때도 우의를 입지 않아야 한다. 이 모든 것을 행할 때 병사는 죽도록 장수를 따른다."

이는 중국 주나라 태공망과 황석공의 저술로 전해지는 《육도삼략》에 나오는 솔선수범의 모습입니다. 사전적 의미의 솔선수범이란 '앞장서서 모범을 보이는 것'입니다. 영어로도 '리딩바이 이그젬플Leading by Example'이라고 해서 동일한 뜻을 나타냅니다. 미국 육군 야전교범에서는 솔선수범의 요소를 '이타적 품성, 역경 속에서의 확신, 도덕적 용기'로 정리합니다. 이것이야말로 우리가 익히 알고 있는 솔선수범의 모습입니다. 아울러 솔선수범을 이처럼 실천하고 있는 사람이 가장 이상적인 리더입니다. 하지만 문제는 이러한 이상적인 팀장은 영화나 소설 속에서나 존재하며 안타깝게도 실존한다고 해도, 예수, 부처, 공자, 맹자와 같은 성인이거나 종교인밖에는 없었다는 것입니다. 다음은 팀장에게 요구되는 일반적인 행동 모범입니다.

첫째, 조직이 요구하는 행동양식과 원칙을 모델로써 준수해야 합니다.

모든 조직에서는 그 조직의 기본적인 체제와 비전을 실행하기 위한 행동양식이 있습니다. 모든 팀원들은 이를 준수하고 발전적인 방향으로 계승해야 할 의무도 있습니다. 하지만 이 모든 것들은 팀장에게 보다 엄격하게 요구되고 있습니다. 더욱더 엄격한 윤리적, 경영 관리적 책임을 요구합니다. 그만큼 팀장은 그 영향력이 크기 때문입니다. 팀장은 다른 팀원들보다 경력이 많고 급여도 많이 받는 사람입니다. 그러면 그에 걸맞게 팀원들보다 더 원칙과 규정을 준수하고, 성품과 역량 등 모든 면에서 존경받을 수 있게 노력해야 합니다. 말과 행동이 다른 팀장은 인정받을 수 없습니다. 그러므로 팀장은 조직이 요구하는 기본 행동 양식과 원칙을 철저히 준수하여 가장 모범이 되어야 합니다.

둘째, 힘든 일이라고 판단된다면 팀장이 먼저 해보아야 합니다.

힘든 일은 누구나 피하고 싶어 합니다. 그러나 한편으로는 대부분의 사람들은 그 힘든 일을 누가 하는가 지켜보고 있습니다. 팀장은 문제가 생기면, 뒤에 서서 사람들을 내모는 자가 아니라 솔선수범함으로써 동참을 끌어내는 사람입니다. 조직에서 일하다 보면 힘든 일이 자주 있습니다. 갑자기 불거진 문제의 해결을 위해 야근해야 하기도 하며, 불만을 제기하는 고객을 여러모로 설득해야 하는 일 등 여러 가지 형태의 힘든 일이 생깁니다. 그렇다면 팀장인 당신은 어떻게 하겠습니까? 내 일이 아니라고, 내가 신경 쓰나쓰지 않으나 결과에는 큰 차이가 없다고 생각하지는 않습니까? 무관심하거나 방치해 두고 있지는 않은가요? 지금 주변에 있는 힘든 일은 무엇이 있는지, 내가 조금만 도와주면 팀원들이 신나서, 고맙게 할 수 있는 일은 무엇이있을지 고민하고 먼저 행동해야 합니다.

셋째, 의욕과 열정을 보여야 합니다.

조직의 미래를 이끌어갈 팀장으로서 요구되는 행동 모범 중 하나는 의욕과 열정을 스스로 보여주는 것입니다. 조직에서의 성과는 잠재력과 태도, 동기유발에 의해 결정된다고 하는데, 팀장의 의욕과 열정은 팀원의 태도와동기에 큰 영향을 미칩니다. 그러므로 팀장의 역할 중 가장 중요한 것은 의욕과 열정을 스스로 갖추어, 다른 사람에게 그 이상의 에너지를 전달하는것입니다. 하지만 이렇게 열정을 발휘하여 행동 모범을 보이는 일은 쉽지않은 일입니다. 누가 요구해서 되는 일도 아닙니다. 팀장 스스로 깨닫고 그렇게 하겠다는 의지를 실행에 옮김으로써만이 가능한 일입니다.

넷째, 자기 혁신을 통한 바람직한 행동 양식을 지속하여 보여주어야 합니다.

팀장들에게 요구되는 행동 모범의 마지막은 리더는 자기혁신을 통해 바람직한 행동양식을 지속해서 보여주는 것입니다. 리더십 행동에는 시대에따라 요구되는 변화의 흐름이 있습니다. 그러므로 팀장은 변화에 민감해야합니다. 조직의 경영환경, 경쟁사, 고객의 환경에 관해 항상 학습하고 스스로 혁신해 나가는 노력이 필요합니다.

Q 팀장의 솔선수범은 팀원의 솔선수범과 어떻게 달라야 할까요?
○○ 공사의 K 과장입니다. 저는 제일 막내일 때는 팀장과 선배들

의 잡다한 궂은일, 살림살이 등을 네 일, 내 일 굳이 구분하지 않고 도맡아서 담당했습니다. 선배가 되어서는 후배들의 미숙하고 부족한 부분을 지원하면서, 신입 팀원들과 팀장 사이에서 가교 역할도 마다하지 않고 일했습니다. 하지만 막상 팀장이 되고 보니, 팀의 구성원으로서 팔을 걷어붙이고 이것저것 내 일이 아니어도 닥치는 대로 열심히 일하는 것이 반드시 능사는 아니라는 생각이 들었습니다. 오히려 팀장으로서의 솔선수범이 팀원들의 권한 위임과 자율권 행사를 방해하는 것은 아닐까 싶습니다. 팀원일 때와 어떻게 다른 솔선수범을 실현해야 할까요?

A 이렇게 한번 해보면 어떨까요?

'수평적 리더십'이란 솔선수범을 통해 팀원들에게 긍정적 영향을 주어 자발적 추종을 일으키는 능력을 말합니다. 팀원일 때는 눈에 보이는 행동으로 솔선수범했다면, 팀장으로서의 솔선수범은 '팀원이 바쁠 때, 그 팀원 대신 일을 해주었다'라는 구체적 행동이 아니어도 상관없습니다. 구체적 행동이 아니어도 팀원들에게 좋은 영향을 주면 자발적인 신뢰와 스스로 동기부여 되는 성과를 유도할 수 있습니다. 그렇게 동기유발된 팀원들의 직무 수행을 통해 성과를 얻어내는 사람, 그런 사람이 솔선수범하는 팀장입니다.

먼저, 리더는 팀원들을 통해 성과를 내는 사람임을 기억합니다.

팀장이 모든 문제에 답을 가지고 혼자서 열심히 해결하는 것보다 팀원들이 문제에 대한 답을 실제 실행할 수 있도록 격려하고 지원해야 합니다. 사실 팀장이 모든 문제를 해결해주기를 기대하기 쉽습니다. 실제로 이렇게 하면 당장은 모두 편할 수 있습니다. 아랫사람은 어찌 됐건 문제가 해결됐으니 좋고 팀장은 아랫사람을 도와주었으니 할 일을 했다고 생각하기 쉽습니다.

하지만 결국 이런 상황이 계속된다면 팀원들이 성장할 수 없습니다. 무엇보다 팀장에게 모든 문제 해결을 떠넘기면 지도자와 추종자, 상급자와 하급자 간 종속적 관계가 만들어집니다. 이건 장기적으로 봤을 때 결코 바람직하지 않습니다.

권한 위임을 받은 팀원들의 직무수행 성과가 곧 팀장의 성과이며, 우리 팀의 성과라는 공유 의식이 있어야 하겠습니다. 팀장인 내가 직접 일을 하고, 직접 성과를 내야 내 진정한 성과라는 인식에서 벗어나야 합니다.

둘째, 자기 자신의 강점과 약점에 관해 솔직히 드러내야 합니다.

팀장이라고 해서 팀의 모든 일에 관해 전지전능할 수는 없습니다. 각 분야의 전문가인 팀원들보다 해당 분야에서 더 뛰어날 수 없는 것이 현실입니다. 하지만 팀장으로서의 부임 전후 잘못된 포지셔닝을 하게 되는 팀장은 잘 몰라도 여전히 계속 아는 척, 팀원들보다 더 잘하지 못해도 더 잘하는 척하기 쉽습니다. 어설프게 진두지휘하는 것은 바람직하지 않습니다. 모든 일에 있어 시범을 먼저 보여주어야 그것도 능숙하게 보여주어야만 팀원들이 그 실력과 전문성을 인정하고 따라 하는 구조가 형성될 수도 있는 것입니다.

이처럼 많은 사람들은 불굴의 의지와 과감한 결단력, 명석한 두뇌를 가진 전지전능한 팀장이 조직을 이끌어가기를 바랍니다. 하지만 리더십 전문가인 스콧 스눅Scott Snook, 하버드 경영대학원 교수는 "진정성 있는 팀장이 되기 위해서는 때로는 실수도 저지르고 두려워할 줄도 아는 불완전한 인간이라는 사실을 인정하고 이를 스스럼없이 밝힐 수 있어야 한다."고 말합니다. 영웅적 리더십의 시대는 끝났습니다. 이제는 '진정성 리더십'의 시대가 열렸기 때문이지요. 스콧 스눅 교수는 약점이 없고 실패도 하지 않는 영웅이 되려 했던 많은 팀장들이 단기 실적에 집착하다 위기를 불러왔다고 강조합니다.

그는 "팀장이 자신의 실수나 한계를 공개할 때 팀원들과 투명하고 인간적 관계를 유지할 수 있고 장기적으로 조직 역량이 강해진다."고 말합니다. 이제 팀장인 내가 할 수 있는 것과 할 수 없는 것, 팀원들이 담당해야 하는 것들에 대한 구분을 명확하게 해야 합니다.

대부분 팀장은 팀원들에게 자신의 약점이나 약한 모습을 드러내고 싶어 하지 않습니다. 실수를 인정하거나 두려움을 표현하면 자신의 리더십에 해가 된다고들 오해합니다. 영웅적 리더십 모델에서는 자신에게 '나는 언제나 강해야 하며 모든 문제에 대한 해결책을 갖고 있다'고 주문을 걸라고 종용합니다. 하지만 오히려 자신의 실수와 약점, 나약함을 솔직하게 인정할 때, 리더와 팔로워 간에 훨씬 밀접한 관계가 형성됩니다. 이제는 '팀장이 항상 모든 문제에 답을 갖고 있어야 하며 어떤 위험이 닥쳐도 절대 두려워하지 않아야 한다'는 생각은 놓아 버리세요.

셋째, 팀장의 솔선수범이 무엇인지를 명확히 정의해야 합니다.

오래전부터 리더십의 근본은 앞장서서 모범이 되는 것이었습니다. 하지만 팀장의 솔선수범은 팀원들을 대신해 물리적으로 그 일을 도와주고 미숙하니까 대신하며, 팀원들보다 더 일찍 출근하고, 더 늦게 퇴근하며 월급을 좀 더 받으니 일도 그만큼 더 많이 하고 열심히 해야 하는 것이 절대로 아닙니다.

팀장은 조직의 또 다른 구성원으로서의 가치관과 윤리, 도덕적 품성을 보여주는 것인지와 개인적 욕망과 이익 추구를 인내하고 희생하는 것인지 솔선수범의 영역을 명확히 해야 합니다. 그렇게 명확히 한 것들을 팀원들 모두와 공유하는 것도 필요합니다.

대부분의 팀원들은 팀장을 바라보고, 그 움직임의 정도와 수준에 맞추어 움직인다고 합니다. 따라서 팀장은 그들이 인식하든 못 하든 팀원들의 모범이 되어야 합니다. 팀장의 현재 내리는 판단이나 취하는 행동은 팀원들에게 큰 영향을 미치기 때문입니다. 다시 말해 현재 팀장의 행위가 미래에 팀장이 될 팀원들의 행위가 된다는 의미입니다.

이런 관점에서 살펴볼 때, 팀장으로서 팀원들에게 보여줘야 할 적합한 판단이나 행위의 기준은 '먼저 나보다 남을 위하는 이타적 품성'입니다. 이는 나보다 남을 더 귀하게 여기는 마음에서 시작됩니다. 조직 목표를 위해 개인의 욕구를 억제할 수 있는 자세로 이런 자세를 희생정신, 헌신 등으로 부르기도 합니다. 팀원의 솔선수범과 달리 팀장에게는 이런 이타적 희생과 헌신의 솔선수범이 요구됩니다.

팀장이라는 이유만으로 본인의 책임 이상의 팀원들의 잘못에 대한 책임까지도 억울하지만 짊어져야 합니다. 팀원들은 팀장의 책임 전가, 책임 회피에는 실망하고 등을 돌리지만, 책임을 더 지려고 하는 팀장의 행위에 자발적 추종을 하게 됩니다. 진정한 팀장이라면 팀장 자신의 공적은 팀원들에게 돌리고 그들의 잘못은 포용해주는 역할을 해야 합니다.

넷째, 팀장의 솔선수범과 책임 인정은 진정성을 바탕으로 해야 합니다.

진정성 있는 팀장은 당장은 답답해도 궁극적으로 팀원들이 최상의 결과를 낼 수 있도록 상호 존중을 바탕으로 솔선수범과 권한 위임에 관해 고민합니다. 솔선수범을 통해 내가 원하고 행동하는 대로 팀원들을 조급하게 끌어당기려는 개인적인 욕심에서 벗어나야 합니다. 그래야 모두가 공유하는 목적을 향해 함께 나아갈 수 있는 것입니다. 조급함을 버리고, 조금은 천천히 쌓아가더라도 신뢰를 위해 자신의 진정성을 내보여야 합니다.

다섯째, 팀장의 솔선수범은 팀원들에 대한 권한 위임과의 조화를 통해 완성됩니다.

팀장의 제대로 된 솔선수범은 팀원 각각에 대한 권한 위임과의 조화를 통해 완성됩니다. 솔선수범과 권한 위임은 흔히 알고 있는 것처럼 모순 관계에 있지 않습니다. 조화를 이루어야 하는 관계입니다.

솔선수범率先垂範의 사전적 의미는 '남보다 앞장서 지킴으로써 모범을 세움'입니다. 여기서의 수垂는 '드리운다'는 뜻을 갖습니다. 평면에 직각으로 드리운 선을 수직선垂直線이라고 합니다. 따라서 무엇인가를 드리우기 위해서는 수직으로 걸어야 합니다. 결국 솔선수범은 '남보다 앞서 법규를 드리운다, 지킨다'는 의미가 있습니다. 팀원들보다 먼저 실천하는 자세, 팀원들보다 좀 더 희생하는 모습, 팀원들보다 많이 노력하는 팀장이야말로 개인주의가 팽배한 이 시대에 필요한 진정한 리더가 아닐까요?

스콧 스눅 교수는 "팀장이 자신의 실수나 한계를 공개할 때 팀원들과 투명하고 인간적 관계를 유지할 수 있고 장기적으로 조직 역량이 강해진다."고 말합니다. 이제 팀장인 내가 할 수 있는 것과 할 수 없는 것, 팀원들이 담당해야 하는 것들에 대한 구분을 명확하게 해야 합니다.

자신의 실수와 약점, 나약함을 솔직하게 인정할 때, 리더와 팔로워 간에 훨씬 밀접한 관계가 형성됩니다. 이제는 '팀장이 항상 모든 문제에 답을 갖고 있어야 하며 어떤 위험이 닥쳐도 절대 두려워하지 않아야 한다'는 생각은 놓아 버리세요.

CHAPTER 22

악성 루머와
가십에 대처하는
바람직한 방법

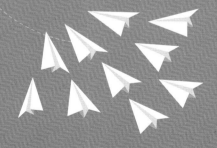

루머와 가십 대처법

남에게, 또 남의 일에 관해서 말을 삼가라. 폭풍을 일으키는 것은 가장 조용한 말이다.
- 헨리 필딩

'험담은 세 사람을 죽인다. 바로 험담하는 자, 험담의 대상자, 듣는 자이다.'

이는 미드라쉬의 말입니다. 굳이 이런 말을 인용하지 않더라도 험담의 순기능보다는 역기능이 훨씬 많다는 것은 누구나 아는 사실입니다. 그런데도 왜 사람들은 뒷말 혹은 험담하기를 일삼을까요? 그것은 아마도 자신의 주위에 일어나는 일들에 관해 알고 싶어 하는 욕구 때문일 것입니다. 무슨 일이 일어나고 있는지 알기 위해 다른 사람과 서로 이야기를 합니다. 이때 구멍이 난 정보를 채우기 위해, 상당 부분 추측이 들어갑니다. 이렇게 만들어진 새로운 이야기는 다른 사람에게 퍼지게 되고, 또 새로운 이야기가 점점 덧붙여져서 걷잡을 수 없을 지경에 이르게 되면 그때는 진실을 밝혀도 그것이 받아들여지지 않게 됩니다.

사람들은 다른 사람의 삶을 판단할 때, 약간의 정보만 가지고도 가능하기 때문에 뜬소문을 좋아합니다. '너만 알고 있어…'라고 얘기한 것은 결국 '모든 사람에게 얘기하는 것과 마찬가지이다'라는 말이 있습니다. 유언비어流言蜚語란 아무 근거 없이 널리 퍼진 소문, 터무니없이 떠도는 소문이라는 말로, 루머Rumor나 가십Gossip으로 표현되기도 합니다. 조직에서 일하면서 이러한 루머나 가십에서 벗어날 수는 없습니다. 하지만 조직에서 이는 매우 위험한 요소로 작용합니다. 팀원들의 시간을 낭비하게 하고 평판을 나쁘게 하며 사기를 저하시키고 조직을 분열시키는 원인이 되기도 하니까요.

"회계팀 K 대리가 회사 금고에서 왔다 갔다 하는 것을 본 적이 있는데, 아마도 그 친구가 돈에 관해 문제를 일으켰고, 그래서 회사를 떠났을 거야."

며칠 전 회사의 어떤 직원이 갑자기 퇴직한 일이 있습니다. 다른 사람들은 그 직원이 왜 해고를 당했는지 잘 알지 못합니다. 그런데도 사람들은 제한된 정보로 또는 사소한 사실을 바탕으로 위와 같은 추측성 이야기를 만들어 냅니다.

회사의 CEO가 주관하는 전사 전략 수립 및 예산조정 회의가 진행 중입니다. 사람들이 회의에서 무슨 얘기들이 오가는지 너무 궁금하여 스트레스가 이만저만이 아닙니다. 스트레스 관리 차원에서 사람들은 결과에 관해 예측합니다.

"아까 개발 사업부 P 이사님이 회의실에서 나오실 때 얼굴을 얼핏 봤는데, 엄청 화가 난 표정이더라고, 그 전날 P 이사님이 여러 사람 앞에서 사업부 계획 발표 때문에 엄청나게 신경을 쓰시던 걸 봤는데, 내가 장담하는데 발표 때 실수를 해서, 사업부 예산이 삭감된 게 확실해."

이는 아무런 근거가 없는 추측에 불과합니다. 그런데 왜 유언비어는 한번 퍼지기 시작하면 그렇게 걷잡을 수 없게 되어버리는 것일까요? 아마도 그 이유는 사람들이 그것들을 믿고 싶어 하기 때문일 것입니다. 생각이 소문을 만들어내기까지 합니다. 그렇다면 이런 유언비어를 피하려면 어떻게 해야 할까요? 우리는 어떤 이야기가 사실인지 아니면 소문에 불과한 것인지 어떻게 알아낼 수 있을까요? 어떤 사람이 당신에게 좋은 정보라면서 알려 줄 때 다음과 같은 것들을 확인해 보아야 합니다.

첫 번째, 당신에게 그 이야기를 한 사람이 누구인가요?

그는 평소에 자신이 직접 사실들을 확인하지 않는 한 어떤 말도 하지 않는 사람인가요? 아니면 늘 남의 일에 관해 관심이 많고 따지고 드는 것을 좋아하는 성격인가요? 흥미 있는 이야기들을 먼저 알려 주려고 하는가요? 이렇게 정보 전달자의 신뢰성 먼저 살펴보아야 합니다.

두 번째, 그 이야기를 해준 사람은 사실을 알 만한 위치에 있는가요?

"너만 알고 있어, ○○ 회사에 일하는 사람을 아는 동료에게서 들은 얘긴데⋯."

이런 식의 얘기를 흔히 들어봤을 것입니다. 혹시 그 '동료'라는 사람과 동료가 '아는 사람'을 직접 찾아 들어 본 적이 있습니까? 물론 정보원을 보호한다는 차원에서 숨기는 상황도 간혹 있기도 합니다만, 실제로 자세히 알아보다 보면 결국 그 소문은 아무런 실체가 없다는 것을 알게 될 것입니다. 만약 근거가 있는 정보라 할지라도 한 사람에게서 다음 사람으로 넘어갈 때는, 여러 가지 이유로 진실에서 잡음이 더해질 수밖에 없고 처음의 의도와는 전혀 다른 상황으로 이야기가 전개됩니다. 이야기의 정확한 출처와 배경을 명확히 알 수 없다면 어딘가에서 왜곡되었거나 더 나아가서는 거짓말이라고 생각하는 것이 좋습니다.

세 번째, 그 이야기는 남을 모략하는 것인지 확인해 봅니다.

어떤 이야기가 어떤 사람이나 조직의 평판을 떨어뜨리는 것이라면 그런 이야기는 극히 조심히 다루어야 합니다. 어떤 소문은 매우 악의적이고 평판을 망치려는 고의적인 거짓말일 수 있습니다. 따라서 만일 당신이 어떤 이야기를 들었는데 그 출처를 정확히 밝힐 수 없다면, 스스로 생각해 보고 남에게 그것을 전달하기 전 사실에 관해 확인하는 것이 좋습니다.

Q 저에 대한 뜬소문이 돌고 있습니다. 어떻게 대처해야 할까요?

요사이 업무가 많아 야근을 자주 했습니다. 여자 팀원이 담당자이지만 아직 일이 익숙하지도 않고, 마감까지 시간도 얼마 남지 않았기 때문입니다. 팀장으로서 책임을 다한다는 생각에 어쩔 수 없이 한 달 가까이 늦게까지 같이 일을 했었습니다. 그런데 이런 상황을 계기로 몇몇 친한 동료로부터 이런 얘기를 들었습니다. 제가 그 여자 팀원과 심상치 않은 관계이고, 일 때문에 야근한다는 것은 핑계일 뿐이라는 뜬소문이었습니다. 너무 억울하고 답답하며 여자 팀원에게 정말 미안하기도 합니다. 어떻게 해야 할까요?

A 이렇게 한번 해보면 어떨까요?

사람들은 어떤 이유로 당신이 야근하는지, 어떤 일을 하는지에 관해서는 크게 관심이 없습니다. 대신 평소의 행동 패턴을 바탕으로 자신들만의 추측과 상상을 더해 이야기를 만들어 냅니다. 어떤 소문이나 이야기는 매우 악의적이고 평판을 해치는 고의적인 부분도 있습니다. 심각하지 않은 이야기라 하더라도 당사자에게는 큰 상처가 될 수 있습니다. 인간은 사회적인 존재입니다. 그러므로 다른 사람이 다른 사람에 관해 이야기하는 것은 당연합니다. 늘 반복되는 일상이 심심하고 따분하게 생활하며 새로운 자극거리를 찾는 사람들이 있습니다. 어떤 사람들은 열등감을 떨쳐 버리기 위해 부정적인 이야기를 퍼뜨리기도 합니다. 이러한 이유로 남의 이야기를 하는 것을 즐깁니다. 조직 생활을 하면서 루머나 가십에서 완벽히 자유로울 수는 없습니다. 사람들은 어쨌거나 다른 사람에 관해 이야기할 것이고, 물론 당신도 마찬가지입니다. 당신에 대한 모든 소문이나 유언비어를 피하는 것은 불가능합니다. 하지만 적어도 어떻게 대응할 것인가는 선택할 수 있습니다.

먼저 진실이 아닌 이야기이므로 무시하는 방법이 있습니다.

대개 최상의 해결책은 그저 내버려 두는 것입니다. 대수롭지 않은 소문이라면 더욱 그렇습니다. 섣불리 대응했다가 오히려 일이 더 커지는 상황도 생깁니다. 연예인들은 근거 없는 소문에 관해 철저히 무시하는 방법을 선택하기도 하지요.

다음은 소문의 이야기를 퍼뜨리기 시작한 사람과 대면합니다.

어떤 경우에는, 소문이 매우 심각하여 그것을 퍼뜨리기 시작한 사람과 직접 이야기해야겠다고 느낄 수도 있습니다. 하지만 신중하게 접근해야 합니다. 이성적으로 해결하길 원하지만 만나는 순간 당장, 감정적으로 대응하게 됩니다. 하지만 소문을 퍼트린 당사자에게는 진실이 그리 중요하지 않습니다. 오히려 자신이 원하는 대로의 믿음만 더욱 강화될 뿐입니다.

소문을 퍼뜨린 사람과 대면하기에 앞서 어떤 말을 할 것인지 적어보세요. 어느 정도 시간이 지난 다음 다시 읽어보고 고쳐 써서 다시 읽어본 후, 당신이 할 말을 당사자가 아닌 다른 사람에게 얘기를 해보고 그들의 조언을 구하세요. 그때도 만나서 얘기를 해야겠다고 생각된다면 그때 가서 이야기를 조용히, 이성적으로 나눠보시길 바랍니다. 상대방과 대화를 나눌 때에는 감정적으로 성급하게 대하기보다는 상대가 어떤 근거로 어떤 이야기를 했는지 먼저 사실을 직접 확인하기 바랍니다. 그리고 소문에 대한 본인의 명확한 입장을 전달하고 상대방에게 재발 방지를 요구하세요.

CHAPTER 23

스마트한 팀장이
사내 정치에
대처하는 기술

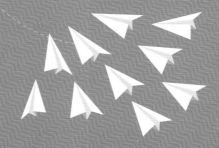

사내 정치

위대한 기업이 되기 위해서는 기업과 경영자가 '그만두어야 할 목록'이
'해야 할 목록' 보다 훨씬 더 중요하다.
-짐 콜린스

'가만히 있는 사람의 뒤통수를 치는 것', '악의적인 뜬소문을 퍼뜨리는 것',
'윗사람에게 아부하는 것'

혹시 사내 정치에 관해 이렇게 생각하지 않습니까? 만약 그렇다면 최대
한 멀리해야 할 것입니다. 사전적 의미의 사내 정치Office Politics란 조직 내에
서 이익을 얻기 위한 목적으로 기존의 보장된 범위를 넘어서 개인적으로 또
는 주어진 권한을 행사하는 것을 뜻하는 말로 '줄을 선다' 혹은 '줄을 세운다'
라는 뜻으로도 사용됩니다. 사내 정치를 가능하게 하는 개인의 정치적 기술
Political Skill 즉, 유리한 상황이나 불리한 상황에 따라 행동을 변경할 수 있는
능력이나, 개인 또는 조직의 목표를 달성하기 위해 영향력을 행사하는 능력
은 팀장이 되는데 필수적인 역량이라고 암암리에 인정하기도 합니다. 하지

만 목표를 달성하지 못하거나 잘못될 경우, 개인의 문제나 일탈 행위로 책임을 돌리기도 합니다.

　사람들은 자신의 성격, 욕구, 야심, 직업에 대한 불안정성 등 여러 가지를 고려하며 직장 생활을 합니다. 따라서 모든 조직에는 정도의 차이는 있을지언정, 어느 정도 사내 정치가 있을 수밖에 없습니다. 사람들은 자신의 의사결정이나 다른 사람의 의사결정에 관해 종종 관여하게 되기 때문에 우리는 항상 다른 사람들의 의사결정에 영향력을 미치기 위해 직접적이거나 간접적인 방법을 모색하기도 합니다. 또한 조직 구조나 다른 이유로 다른 사람들에 비해 더 큰 힘을 가진 사람들도 있습니다. 때로는 자원의 희소성으로 인해 자신의 필요나 목표 달성을 위해 대의에는 조금 어긋나더라도 타인과 경쟁하게 되는데, 이것이 사내 정치의 원인이 되기도 합니다.

　사내 정치는 조직 내에서 뛰어난 정치적 기술을 가진 리더에게 경쟁력 있는 이점을 제공합니다. 정치적 기술이 높은 상사에 소속된 팀원들은 그렇지 않은 팀원들보다 업무에 대한 자신감이 더 크고, 더 성실하게 일한다고 합니다. 성숙한 정치 기술은 개인의 발전과 팀의 성공으로 이끌며, 조직 변화와 환경적응을 쉽게 합니다. 하지만 대부분의 사람들은 사내 정치를 부정적으로 봅니다. 사내 정치는 겉으로는 조직을 위한다고 하지만 실제로는 자신의 이익을 위한 행동이므로 조직 간의 불화와 갈등의 원인이 된다는 이유로 공개적으로 이를 막기 위해 다방면으로 노력합니다.

　특히 사내 정치가 강하게 작용하는 상황에서는 은폐, 허위보고, 유언비어 유포 등이 발생합니다. 이는 상사에 대한 신뢰 저하, 자격이 부족한 팀원의 승진, 성과 저하 등 조직 전체에 부정적인 영향을 줍니다. '사내 정치를 없앤다'는 것은 사실상 어렵습니다. 대신 사내 정치가 긍정적인 방식으로 작동할 수 있도록 인내심을 갖고 오랜 시간 관리해야 합니다. 이를 위한 6가지

팁이 있습니다.

첫째, 조직도의 이면을 파악합니다.

사내 정치는 공식 조직 라인을 벗어나 작동합니다. 그러므로 사람들의 직위, 직급 이외의 정치적 힘이나 영향력을 살펴보아야 합니다. 이를 위해서는 '누가 진정한 영향력을 발휘하는지, 누가 조직 내에서 존경을 받고 있는지, 조직 내에서 멘토 역할을 하는지, 누가 이 업무의 브레인 역할을 하는지 등을 스스로 확인하여야 합니다.

둘째, 비공식 네트워크 조직을 파악합니다.

누가 정치적인 힘과 영향력을 발휘하는지 알아냈다면, 그 사람의 비공식 네트워크 조직을 파악합니다. '어떤 사람들과 친하게 지내는가? 또는 어떤 사람과 어려운 관계인가?' 등을 알아냅니다. 그들은 서로 어떤 관계인지, 선후배 관계, 동료 관계, 연인 관계인지를 알아봅니다. 마지막으로 이들의 사이가 서로 갈등하는지, 또는 협박을 하고 협박을 당하는 사이인가를 파악해야 합니다.

셋째, 긍정적인 관계를 만들어 봅니다.

정치적인 힘과 영향력이 어떻게 작동하는가를 파악했으면, 이제는 새로운 관계를 만들어야 할 때입니다. 정치적으로 영향력 있는 사람들을 두려워할 필요는 없습니다. 대신 그들과 높은 수준의 관계를 맺어야 합니다. 아첨할 필요는 없습니다. 그들에게 친절하게 대하면서도 특정인이나 그룹과 너무 긴밀한 관계를 맺는 것은 주의해야 합니다. 예를 들어, 불법이거나 부적절한 제안이나 요청은 피해야 하고 그들과의 비밀은 철저히 지켜야 합니다.

넷째, 대인관계 스킬을 높이려 노력합니다.

사내 정치는 모두 사람에 관한 것입니다. 따라서 숙련된 대인관계 스킬은 네트워킹 형성이나 유지에 큰 도움이 됩니다. 예를 들면 자제하는 방법 익히기를 들 수 있습니다. 자제하는 방법을 익히면, 행동하기 전에 생각할 수 있게 되어 감성 지성이 향상됩니다. 감성 지성은 다른 사람의 감정을 인식하는 데 큰 도움이 될뿐더러, 어떤 것을 좋아하고 싫어하는지를 이해하는데 활용할 수 있습니다. 경청하는 것도 중요합니다. 사람들은 자신의 얘기를 들어주는 사람을 좋아합니다. 듣는 것에 시간을 투자하세요.

다섯째, 용감하지만 대신 순진하게 대처하지 않습니다.

우리는 부정적인 방식으로 사내 정치를 하는 사람에 관해서는 본능적으로 멀리하게 됩니다. 하지만 그 반대로 행동하는 것이 더 효과적입니다. 옛말에 '친구를 가까이, 적은 더 가까이하라'라는 것이 있습니다. 이렇게 되면, 회사 내의 가십거리나 유언비어들에 관해 더 잘 알게 됩니다. 그들이 반복적으로 당신에게 그런 내용의 얘기를 한다면, 그들이 그런 식으로 행동하는 숨은 의도를 이해하려고 애써야 합니다. 그래야 그들의 부정적인 사내 정치 행동의 악영향에서 벗어날 수 있습니다. 일반적으로 그들의 그러한 행동의 원인은 자신들의 불안함에서 기인하는 경우가 많습니다. 이를 명심하세요.

여섯째, 부정적인 사내 정치 행동을 무시하세요.

좀 더 긍정적으로 조직 분위기로 바꾸는 것으로 부정적인 사내 정치 행동에 대한 반응을 최소화하는 방법이 있습니다. 예를 들면, 뜬소문이 돌 때 거기에 대한 근거나 신뢰성 등을 따지지 않고 그냥 무시하거나 침묵으로 일관하는 방법이 있습니다. 차라리 이렇게 생각하는 것이 좋습니다. 내가 아무리 다른 사람에게 '이거 네게만 말하는 거니까 다른 사람에게는 비밀로 해야 해'라고 해봤자 절대로 지켜지지 않는다고 생각하는 게 편합니다. 항상 중립을 지키고 어느 쪽도 편을 들어 주어서는 안 됩니다.

Q 사내 정치나 일명 줄서기 같은 건 꼭 해야 하는 건가요?

'누구는 누구의 라인이었는데, 이번에 조직 개편이 되면서 같이 날아 갔어' 또는 '평소에 누구한테 잘 보이더니 이번에 결국 임원이 됐네.'

이는 조직 개편이 있을 때마다 주위에 들리는 얘기입니다. 이런 말을 듣다 보면 열심히 일만 하면 되는 게 아닌가 생각했고 앞으로도 그렇게 살 것이라 다짐하고 결심하지만, 이런 얘기들이 나올 때면 나도 모르게 동요되는 저 자신이 너무 싫습니다. 사내 정치, 반드시 해야만 하는 건가요? 그냥 열심히 일만 하면서 살 수는 없는 건가요?

A 이렇게 한번 해보면 어떨까요?

많은 이들이 사내 정치에 관해 잘못 생각하고 있는 점이 있습니다. 바로 '사내 정치는 나와 상관없다'는 인식입니다. 독야청청獨也靑靑, 겨울 산에 홀로 푸르게 서 있는 소나무처럼 주어진 일에 온 힘을 다해 자신의 책임을 다하겠다는 생각, 이것이 조직 내에서 가능할지 모르겠습니다. 직급이 올라가고 역할이 커지면 커질수록, 본인은 아무런 사심 없이 일만 했다 하더라도 아마도 주위에서 그렇게 받아들이지 못합니다. 누군가와 아침에 커피 한잔 했다 하더라도, 어떤 이에게는 사내 정치로 비칩니다. 평소 존경해 오던 상사의 경조사에 참석하는 것도 그렇게 평가될 수 있습니다.

팀장은 팀원들과 함께 조직을 움직여 성과를 내야 하는 위치이고, 이를 위해서는 영향력을 발휘해야 합니다. 이 영향력이 결국에는 리더십이자 정치력입니다. 사람들은 직급이 높아지면 질수록 거기에 맞는 정치력, 즉 리더십을 기대합니다. 그런 기대를 충족시키지 못한다면 팀장으로서 자격에 의심을 받게 됩니다. 따라서 팀장에게는 정치 혐오보다는 사내 정치의 긍정적인 면을 활용하겠다는 적극적인 자세가 필요합니다.

CHAPTER 24

팀장이 크고 작은
문제 발생 시
최선의 중재를 하는 방법

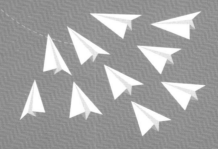

갈등 관리

갈등 상황이 발생했을 때, 당신 자신뿐 아니라 상대방의 만족을 위해서 노력하라.
그것이 장기적이고 보다 나은 결과를 얻는 비결이다.
-찰스 C. 만즈

사람들이 모인 조직이나 집단에서는 늘 갈등이 존재하게 됩니다. 특히 이해 관계가 복잡한 곳일수록 갈등의 발생 가능성은 더 커집니다. 자신의 이익을 관철하려다 보면 상대방에 대한 양보와 배려가 부족해지기 때문입니다. 따라서 팀장은 늘 갈등의 발생 가능성을 생각하고 있어야 합니다. 갈등이 발생하지 않도록 하면 제일 좋겠지만, 좋은 게 좋다는 식으로 서둘러 봉합을 해서도 안 됩니다. 근본적인 갈등의 원인을 해결하지 않으면, 일단 수면 아래로 가라앉은 갈등이 언제라도 더 큰 폭발력과 함께 불거질 수 있습니다.

팀장이 되면 직접 갈등의 당사자가 될 수도 있지만, 간접적으로 갈등 관계에 어쩔 수 없이 관여하게 될 때가 생길 수 있습니다. 그렇게 참여하게 되는 갈등 상황은 팀원들끼리의 내부 갈등과 팀원-다른 조직 간의 외부 갈등으로 나눠볼 수 있습니다. 우선 팀 내부 갈등은 자칫하면 조직의 분열로까지 악화될 수 있습니다. 이는 외부 갈등보다 훨씬 파급력이 큽니다.

갈등이 발생하는 이유에는 여러 가지가 있을 수 있습니다. 업무를 진행하는 방식이 서로 다르거나 어느 한쪽의 도움이나 양보가 필요할 때, 일의 결과를 놓고 책임 여부를 확인할 때 등 기본적으로 어떤 일을 바라보는 시각의 차이에서 시작됩니다. 발생 원인이 1~2가지일 수도 있지만, 여러 차례의 작은 갈등이 계속 쌓여서 작은 일로도 큰 갈등이 야기될 수도 있습니다. 이때 선불리 갈등을 잘못 중재하면 서로에게 돌이킬 수 없는 큰 상처를 남기기도 합니다. 따라서 아무리 작은 갈등이라도 근본적인 원인이 무엇인지 확인해야 합니다. 어느 한쪽의 잘못인 것처럼 보이더라도, 객관적인 시각으로 양측의 얘기를 똑같이 들어보아야 합니다.

대부분 동등하게 양쪽의 얘기를 들어주는 것만으로도 갈등의 원인을 파악할 수 있습니다. 반대로 어느 한쪽의 편을 성급하게 들어주면 상대편은 더 얘기해봐야 소용없음을 깨닫고 대화 자체를 그만둘 수 있습니다. 갈등의 원인은 업무에서 비롯된 것일 수도 있지만 다분히 감정이나 성격 등 비업무적 요소에서 비롯되는 일도 많기 때문입니다. 사소한 오해에서부터 업무 영역의 중복에 이르기까지 다양한 갈등의 원인이 있을 수 있습니다. 원인을 파악하면 될수록 당사자 간의 원만한 합의를 도출할 수 있도록 노력해 봅니다. 제삼자의 조정이 쉬워 보이기는 하지만, 표면적인 봉합에 그칠 뿐 잠재적인 갈등의 형태로 남을 수 있습니다. 서로가 수용할 수 있는 해결 방안을 함께 찾아보고 필요하다면 아이디어를 제공하면 좋습니다.

먼저 아무리 해도 합의가 되지 않는다면 팀장으로서 합리적인 조정을 시도하되, 리더의 결정에 따르겠다는 다짐을 받아야 합니다. 아울러 지금의 상황이 이후에도 영향을 미치지 않도록 해야 합니다. 나중에 또 유사한 갈등 상황이 생기면 이번의 갈등 상황은 고려하지 않겠다는 선언을 해둡니다. 그래야 조정된 합의가 번복되는 일을 막을 수 있습니다. 당사자들 간의 합의나 조정이 완료되면, 양측을 개별적으로 각각 만나서 합의된 결과에 대한 솔직한 의견을 들어봅니다. 마지막으로 다시 한 번 이번 갈등이 조직에 끼친 영향을 상기시키면서, 합의 조정안에 대한 수용을 부탁합니다.

다음으로 팀과 외부와의 갈등이 발생할 수 있습니다. 팀장인 자신이 직접 관련이 될 수도 있고, 팀원이 간접적으로 관련될 수 있습니다. 2가지 모두 자신이 중재의 역할을 맡을 수 없으므로, 상대방과의 합의에 더 적극적으로 나서야 합니다. 갈등이 발생하면 상호 의견을 나누거나 대화할 기회를 마련합니다. 이메일이나 SNS를 통해 해결하고자 하면, 문장이나 단어에서 새로운 오해나 엉뚱한 확대 해석이 발생할 수 있으니 직접 대면하여 대화하는 것이 좋습니다. 합의하는 자리에서는 내부 갈등과 마찬가지로 우선 양측의 오해는 없었는지 다시 한 번 사실관계를 객관적으로 짚어 보도록 노력합니다. 서로 수용이 가능한 양보의 범위를 확인한 다음에 합의안을 도출합니다. 하지만 대부분 갈등의 원인이 자신이 속한 조직의 이해득실과 연결된 상황이 많기 때문에 일방적으로 자신의 주장을 관철하는 것은 어렵습니다.

우선 팀장 간에 먼저 갈등 해결에 대한 공감대를 형성하도록 합니다. 회사나 조직에 더욱 큰 이익이 무엇인지 생각해 보고, 각자의 팀원을 설득하려는 노력도 필요합니다. 갈등이 계속 더 불거진다면 상위 의사결정자가 강제 조정에 나설 수도 있고, 갈등 당사자들에게 페널티를 부여할 수도 있습니다. 무엇보다 함께 협업해야 할 업무가 지연되거나 결과물이 기대했던 목표에 미달할 수 있습니다. 그 자체로 이미 우리 조직에는 손해가 됩니다.

때에 따라서 일에 대한 당위성과 명분이 중요할 때도 있습니다만, 감정에

치우쳐 모두가 함께 손해를 보는 상황은 피해야 합니다. 만약 합의안이 도출되면 내부 갈등 해결과 마찬가지로 지난 갈등은 모두 해소하고 새로운 협력관계를 위하여 향후 지난 갈등을 다시 언급하는 일은 없어야 합니다.

내부와 외부를 막론하고 건전한 경쟁을 넘어선 불필요한 갈등은 가능한 발생하지 않도록 노력해야 하지만, 일단 갈등 상황이 발생하면 될수록 빨리 해결하는 게 좋습니다. 시간이 지나 자연적으로 해결되거나 상급자에 의해 강제 조정되는 상황을 기다리기보다는, 적극적으로 갈등 해결에 나선다면 팀장으로서의 갈등 관리 역량도 함께 향상될 것입니다.

Q 저희 팀원과 다른 부서 팀장이 다툼을 벌이는 갈등 상황을 어떻게 해야 할까요?

중견 제조 기업에서 품질관리팀을 맡은 F 팀장입니다. 팀원들이 품질 이슈와 관련하여 제조 현장의 담당자들과 끊임없이 논쟁을 벌이는 것이 일상입니다만, 유독 자신의 의견을 강하게 주장하는 G 팀원이 있습니다. 대개는 실무자 선에서 원인을 분석하여 후속 대책 마련을 하는 일이 많은데, 이번에는 이 G 팀원과 대책을 담당해야 할 부서의 팀장 간에 논쟁이 발생했습니다. 당시 현장에 제가 없던 상황이라 함께 있던 다른 팀원의 이야기를 들어보니 서로 한 치의 양보도 없는 상황에서 심한 표현이 오고 갔고, 조만간 그 해당 팀장이 저에게도 이의를 제기할 것이 확실해 보입니다. 이런 갈등 상황은 어떻게 대처해야 할까요?

A 이렇게 한번 해보면 어떨까요?

갈등이 무조건 나쁜 것은 아닙니다. 조직 내에서 다양한 사람들끼리 모여 일을 하다 보면 서로 의견이 맞지 않는 상황도 종종 생깁니다. 서로 다른 의견이 조율되지 않는다면, 각자의 방식대로 일을 따로 진행하거나 중단되기도 합니다. 하지만 의견이 서로 일치한다고 해서 반드시 일의 결과도 좋은 것은 아닙니다. 잘못된 방향으로 의견이 조율될 수도 있기 때문입니다. 때에 따라서는 다양한 의견을 서로 조율하는 과정에서 상호 문제점을 보완하여 더욱 나은 결과를 얻을 수 있습니다.

다만, 결과의 개선 여부를 떠나서 서로 자기의 주장만을 내세울 때는 건전한 의견 비판이 아니라 자칫 감정의 다툼으로 번지기도 합니다. 또는 조직의 이익보다 자신이나 자신이 속한 팀의 이익을 먼저 챙기느라 주장을 굽히지 않는 일도 있습니다. 따라서 갈등 상황이 발생하면 그 원인이 무엇인지 살펴봐야 합니다. 모두의 이익을 위한 것이라면 충분하게 조율할 필요가 있고, 그렇지 않다면 서로 양보하거나 중재를 통해서 불필요한 다툼이 되지 않도록 해야 합니다. 여기에서는 조직에 이익보다 손해를 끼치는 갈등을 다뤄보겠습니다.

먼저 현재 상황과 사실관계를 확인합니다.

제일 먼저 할 것은 갈등 상황을 정확하게 분석하는 것입니다. 비록 자신의 팀원이 관계된 일이지만 무조건 팀원의 편에 서는 것은 좋지 않습니다. 이것은 팀원을 신뢰하지 않는다는 얘기가 아닙니다. 팀원 입장에서 바라본 시각과 다른 부서 팀장 입장에서 바라본 시각을 공정하고 객관적으로 받아들여야 하기 때문입니다. 팀원은 자신의 시각에서 A라고 볼 수 있으나, 제삼자가 볼 때는 B라고 볼 수 있습니다.

만약 어느 한쪽만의 시각을 받아들여 상황을 정리하려고 하면, 나 자신도 함께 갈등 상황에 휘말릴 수 있고 갈등에 대한 해결은 내가 다룰 수 있는 범위를 벗어납니다. 상황과 사실관계를 확인하기 위해서는 가능한 많은 정보를 수집합니다. 때에 따라서는 내가 처음부터 모든 상황을 지켜봤을 수도 있지만, 그게 아니라면 그 상황을 지켜본 주변 사람들의 얘기를 먼저 확인합니다. 만일 팀원과 다른 부서 팀장만 있던 상황이라면, 일단 내 의견은 잠시 보류하고 두 사람에게서 상황에 대한 얘기만 먼저 들어봅니다. 이때에도 가능한 나는 객관적인 시각을 유지하도록 합니다.

두 번째, 팀원과 대화를 나눕니다.

객관적 사실에 근거하여 상황이 파악되면, 먼저 팀원과 얘기를 나눕니다. 사실관계가 확인되었으므로 이때에는 가능한 공감을 많이 해주도록 합니다. 비록 팀장의 시각에서는 공식적인 프로세스를 벗어났거나, 팀원의 과실이 인정되더라도 팀원의 감정을 먼저 다독이고 알아주어야 합니다. 그렇지 않고 잘못된 부분이나 논리의 오류를 먼저 꺼낸다면, 이후로 팀원은 더는 팀장인 나의 얘기를 받아들이지 않을 것입니다.

다툼의 상황에서 억울한 부분은 없는지, 기분이 상했던 부분은 없는지 충분히 얘기를 들어줍니다. 그러고 나서 혹시 '팀원 자신의 오류는 없었는가, 더 나은 대안은 없는가, 팀장에게 바라는 게 있는가'를 확인합니다. 이미 팀원이 자신의 감정을 얘기했기 때문에, 이때에는 논리적인 부분에 관해 더 깊은 대화를 나눌 수 있습니다. 그런데도 팀장인 나만의 생각을 일방적으로 전달하거나, 팀원의 무조건 양보를 요구하는 일은 없어야 합니다. 지금의 갈등은 일시적인 상황일 뿐이지만 팀원과의 관계는 앞으로도 계속 이어지기 때문입니다. 팀장은 팀원의 편이라는 인식을 심어주어야 합니다.

세 번째, 다른 부서 팀장과 대화를 나눕니다.

다음으로는 다른 부서의 팀장과 별도로 얘기를 나눕니다. 단, 팀원과 함께 얘기를 나누기보다 팀장 간에 일 대 일로 만나는 게 좋습니다. 이때에도 다른 부서 팀장의 감정을 먼저 다독이고 알아주어야 합니다. 팀원의 대화에서와 마찬가지로 '기분이 상한 부분은 없었는가, 감정이 격해진 대목은 없었는가'를 확인합니다. 나도 비슷한 상황에 처하면 어떻게 될까 처지를 바꾸어 생각해 보면 다른 부서 팀장도 완벽하게 감정을 다스릴 수 없기 때문입니다. 오히려 같은 팀장으로서 마음에 공감해 준다면 좀 더 솔직한 이유를 얘기할 수 있고, 자신이 양보할 부분을 생각할 여유가 생길 수도 있습니다.

충분히 감정을 읽어줬다면 '좀 더 나은 대안은 없을까, 갈등 상황에서 논리의 오류는 없었나'에 관해 함께 살펴봅니다. 이때 주의할 점은 팀원에게서 들었던 내용을 바탕으로 상대방을 비난하지 않는 것입니다. 다시 말하면, 팀원의 주장은 무조건 옳고 다른 부서 팀장의 주장은 잘못되었다는 식으로 나의 팀원을 옹호하지 않아야 합니다. 아울러 나의 팀원이 무조건 잘못했다는 식으로 얘기하는 것은 이후 양자 간의 합의 단계에서 다시 갈등이 불거질 수 있으므로 주의합니다.

네 번째, 상호 합의점을 찾습니다.

이제 양자 간의 조율을 시도합니다. 필요하다면 삼자대면 방식으로 진행할 수도 있습니다. 갈등과 관련된 감정은 이미 각자와의 대화를 통해 정리했지만, 상대방을 보는 순간 다시 예전의 감정이 살아날 수도 있습니다. 이때 가장 좋은 방법은 감정에 관해서는 서로 사과를 주고받는 것이지만, 일부러 억지로 사과를 유도할 필요는 없습니다. 이제부터 나눌 얘기는 갈등 이후 좀 더 나은 대안을 만들어 내기 위한 합의와 관련된 것입니다. 이미 양쪽과의 각자 대화를 통해서 대안에 대한 아이디어를 구한 상태이므로, 그 아이디어들을 좀 더 확장해 보도록 합니다. 이 과정에서 양보가 필요할 수도 있고, 원점으로 돌아가 처음부터 다시 논의할 수도 있습니다.

이때에도 빠른 합의를 끌어내기 위해서 과도한 양보를 요청하거나, 핵심적인 논의 사항을 건너뛰는 일이 없도록 합니다. 가능하면 갈등의 당사자였던 두 사람이 많은 의견을 내도록 하고, 팀장인 내가 주도적으로 나서지 않습니다. 조정자인 내 의견이 받아들여지지 않았을 때 이후 합의 사항에서 객관적인 균형을 잡고 진행하기 힘들기 때문입니다.

마지막으로 갈등 조정이 실패하면 제삼자나 전문가의 도움을 구합니다.

합의 단계에서 다른 대안을 찾는다면 좋겠지만 갈등 조정이 실패로 끝날 수도 있습니다. 다시 묵은 감정의 다툼이 일어나거나 서로 한 발자국도 물러서지 않는 경우입니다. 팀장인 나는 온 힘을 다했지만, 반드시 좋은 결과가 나오라는 법은 없습니다. 이때에는 이 갈등 상황과 연관이 없는 사람의 도움을 받을 수밖에 없습니다. 예를 들면, 우리 팀과 상대방 팀을 맡은 상사에게 의사결정을 받는 것입니다.

대개 상사는 조직 내의 소통과 협력을 중요시하기 때문에, 당사자들끼리의 합의를 원하는 일이 많습니다. 또는 이러한 갈등 문제를 전문적으로 도와주는 갈등관리 조정 전문가에게 갈등 해결을 의뢰할 수도 있습니다. 여기에서 주목할 점은 팀장인 내가 갈등을 조정할 때까지 계속 노력하기 힘들다는 점입니다. 물론 팀원의 상사로서 나에게도 해결해야 할 책임과 의무가 있을 수도 있지만, 나의 관리 영역 밖에 있는 일에 불필요한 노력을 하지 않는 것도 중요한 일입니다. 내가 시도할 수 있는 합의 방법이 없다면 다른 사람의 도움을 받아야 합니다.

하지만 무엇보다 좋은 방법은 갈등이 일어나지 않도록 하는 것입니다. 갈등이 예상되는 일이라면 지금 협업의 성과로 도출해야 할 목표가 무엇인가 팀원에게 다시 한 번 상기시키는 것도 좋습니다. 만약 갈등이 벌어지는 상황이라면 우선 그 상황을 마무리하고 팀장인 나에게 다음 단계의 합의를 넘기도록 하는 것도 한 가지 방법입니다. 다시 말하자면, 초기의 작은 갈등이 더욱더 큰 갈등으로 확대되지 않도록 막는 것입니다. 아울러 평소 토론이나 협의 시에 팀원의 말투나 표정에 상대방의 오해를 부르는 습관은 없는지 눈여겨보고 피드백을 해주어야 할 필요도 있습니다. 협상 전략의 한 방법으로써 상대방 팀장의 성향이나 협상 시 주의할 점을 미리 일러두는 것도 좋습니다. 대부분의 갈등은 사소한 문제에서 비롯됩니다. 평소 팀 내에서도 갈등 상황에서의 합리적 해결 프로세스를 함께 만들어 갈등을 다루는 연습을 미리 해본다면, 팀 내 갈등뿐만 아니라 팀 외부와의 갈등에서도 큰 도움을 받지 않을까요?

Q 어떻게 해야 팀원의 사기 저하 없이 유관 부서와의 업무 조율을 잘할 수 있을까요?

지원 부서를 담당하고 있는 H 팀장입니다. 종종 영업이나 마케팅 부서의 요청을 맞춰줘야 하는 일이 생깁니다. 사실 비용적인 측면이나 윤리적인 측면에서 오케이 하면 안 되는 상황도 있는데 임원은 성과를 위해서 모른 척하라고 합니다. 어떻게 접근해야 우리 팀원의 사기 저하 없이 유관 부서와의 업무 조율을 잘할 수 있을까요?

A 이렇게 한번 해보세요.

먼저, '갈등관리와 해결 원칙은 분리해야 한다'는 사실을 기억하시기 바랍니다.

조직에서 일을 하다 보면 윤리적인 문제에 직면하게 될 때가 많습니다. 나 스스로 조직에서 요구하는 규정을 벗어나지 않는지, 혹은 주변의 사람들이 규정을 벗어나는 상황을 보았을 때 어떻게 대처해야 하는지 생각해 봐야 합니다. 대개의 갈등은 주어진 상황이 내가 상식적으로 알고 있는 윤리적 규범을 넘어야 할 때 발생합니다.

반대로 나 아닌 누군가 어떤 상황을 비윤리적으로 보는데, 내가 윤리적으로 맞다고 본다면 그때에도 갈등은 일어날 겁니다. 어떤 관계에 놓인 두 대상이 서로 윤리적 기준이 같지 않을 때 갈등은 발생합니다. 이때의 갈등은 자연스러운 현상인데, 이 갈등을 일부러 없애려고 한다면 둘 중의 누군가는 자신의 윤리적 기준을 상대방에 맞춰 바꿔야 합니다. H 팀장은 바로 나의 윤리 기준을 상대방에게 맞춰야 하는 상황입니다. 만약 내 기준을 변경한다면 외부적으로 갈등은 사라지겠지만 내부적으로 내 안의 갈등은 여전히 존재합니다. 내부 갈등을 해결하려면 나의 윤리적 기준을 바꿔야겠지만 스스로 노력으로도 쉽지 않은 일입니다. 그러므로 해결할 수 없는 갈등을 막으려면 윤리적 기준에 해당하는 원칙은 분리해서 생각해야 합니다.

　늘 기억하세요. 갈등은 어디에나 존재합니다.

　팀장을 비롯하여 대부분의 팀원들은 갈등을 바라지 않습니다. 가능하면 갈등 없이 모든 일을 해결하고자 합니다. 갈등이 발생할 경우 상호 조율을 하고 후속 조치를 하는 과정에서 많은 에너지를 소모하기 때문입니다. 하지만 갈등은 달리 말하면 '나와 상대방 간에 발생한 의견의 차이'라고 볼 수도 있습니다. 일을 진행하면서 당사자들의 의견이 완벽하게 일치하는 경우는 거의 없습니다. 오히려 차이점에 따른 검토가 안 될 경우 일방적으로 잘못된 판단을 내릴 수 있는 위험도 있습니다. 이를테면 토론 방식 중 '데블스 에드버킷Devil's Advocate'은 열띤 논의가 이뤄지도록 일부러 반대 입장을 취하는 사람, 즉 '선의의 비판자' 노릇을 하는 사람을 일컫습니다. 그러므로 상대방의 요청에 대하여 무조건 오케이 하는 것은 실제로 올바른 의사결정이라 볼 수 없습니다. 가능하면 갈등이 발생하지 않으면 좋겠지만 갈등이 발생하는 상황을 무조건 비정상적인 상황이라 보지 말고, 긍정적으로 해결하려는 마음가짐이 필요합니다.

임시처방은 새로운 갈등의 원인이 됩니다. 갈등에 맞서 원인을 분석하고 원만하게 해결하려면 많은 시간과 에너지를 쏟아야 할 수도 있기에 응급조치를 통한 봉합을 하고 넘어가는 경우가 있습니다. 그 과정에서는 대개 권위에 의한 압력이 작용합니다. 조직에서는 성과와 효율을 중시하다 보니, 이러한 외부 압력은 빠르게 다음 단계로 진행하고자 하는 의도에서 비롯됩니다.

하지만 이렇게 처리한 갈등은 근본적으로 해결된 것이 아니기 때문에, 나중에 비슷한 상황이 또 발생하면 갈등이 더 증폭되는 결과를 초래할 수 있습니다. 지난번에 묻어둔 갈등이 새로운 갈등을 만나 다시 수면 위로 떠오르기 때문입니다. 외부 압력으로 묻힌 갈등은 지금 이 상황에서 참고 넘어가지만, 상황이 바뀌면 언제든지 다시 꺼내 볼 수 있다는 숨은 뜻을 내포합니다. 이를테면 조직 내의 비윤리적 활동이나 비리가 오랜 시간이 지난 이후에 불거지는 사건이 심심찮게 등장하는 것도, 이렇게 갈등 상황을 임시처방으로 묻어두었던 일과 무관하지 않습니다.

원칙은 미래의 갈등을 미리 예방합니다.

외부로부터의 권위나 압력에 대응하는 한 가지 방법은 원칙을 미리 세워두는 것입니다. 우리는 어떤 상황을 만나면 그때마다 자신의 가치관과 기준에 따라 대응하는 일이 많습니다. 이를테면 친분이 있거나 도움을 받은 사람은 업무상 편의를 봐주는 것입니다. 하지만 공식적으로 먼저 처리해야 하는 일과 친분 있는 사람의 일이 동시에 찾아온 상황에서는 우선순위를 결정하기 쉽지 않습니다.

이럴 때 '먼저 도착한 것을 먼저 처리한다'와 같은 원칙이 있다면 의사결정을 하기가 좀 더 수월해집니다. 이러한 원칙을 대외적으로 미리 공지해 두고 팀원들도 이 원칙을 따르게 하면, 순위를 가로채는 잘못된 부탁이 끼어들 여지를 줄일 수 있습니다. 다시 말하자면 미래에 누군가 권위적으로 부탁하는 압력에 대하여 갈등이 발생할 상황을 미리 막을 수 있습니다. 자신의 이익을 위해 압력을 넣고자 하는 대상도 이러한 원칙을 알고 있다면 쉽사리 부당한 압력을 행사하지 못할 것입니다.

갈등에서의 공과 사는 구분합니다.

조직에서 일어나는 갈등은 감정의 충돌에서 비롯되기보다 업무 진행 방식의 충돌에서 비롯되는 일이 많습니다. 감정에서 비롯된 갈등도 그 원인을 분석해 보면 처음에는 업무를 위해 서로 만나던 상황에서 비롯되었기 때문입니다. 즉, 갈등의 형태를 공적인 것과 사적인 것으로 구분해 본다면, 공적인 갈등은 업무를 진행하는 과정에서 발생하는 것이고 사적인 갈등도 인간적인 감정에서 비롯되는 것이라 볼 수 있습니다. 사적인 갈등은 결국 공적인 갈등에서 그 원인을 찾을 수 있습니다.

하지만 사적인 감정이 한 번 개입되면 이후 공적으로 진행하는 업무에서도 계속 갈등을 일으킬 확률이 높습니다. 소위 '미운털'이 박히게 되면, 굳이 다른 이유를 찾지 않더라도 갈등의 상황이 계속 발생합니다. 갈등 상황에서는 공과 사를 구별하여 공적인 관점에서 문제의 원인을 객관적으로 보려는 노력이 필요합니다. 또는 공적인 갈등과 사적인 갈등을 각각 따로 해결하는 것도 한 방법입니다.

갈등 문제에 대한 결과는 투명하게 공유합니다.

갈등과 관련된 문제는 가능한 공개적인 절차를 통하여 진행합니다. 당사자들끼리만 조율하는 경우도 있으나, 이번 사례처럼 팀이 자주 접하는 갈등이라면 모두 진행 절차를 알아두어야 합니다. 진행하는 과정에서 대응과 관련된 다양한 아이디어를 모을 수 있고 차후에 유사한 상황이 발생한다면 지금의 상황을 참조하여 해결할 수 있기 때문입니다. 특히 외부의 압력은 부당한 의도에서 생겨난 경우가 많기 때문에 다시는 유사한 상황이 발생하지 않도록 팀의 외부에도 공지합니다. 이렇게 현황을 공유하는 것은 우리 팀에서 수립한 갈등 해결의 원칙을 외부에 알리는 기회이기도 합니다. 갈등 상황의 상대방도 보다 공정하고 적극적으로 갈등 해결에 임할 가능성이 높습니다. 조직 내의 다른 관계자들이 지켜보고 있기 때문에 자신들만의 이익을 내세울 수는 없습니다. 원칙과 투명한 결과 공유는 팀을 외부의 압력으로부터 지켜낼 중요한 무기가 됩니다.

마지막으로 갈등 관리도 제대로 하는 방법을 배워야 합니다.

아무리 원칙에 따라 갈등에 대응한다고 해도, 결국 갈등은 사람들이 풀어내는 일입니다. 갈등을 어떤 방식으로 해결하느냐에 따라 수월하게 풀리는가 하면, 더 큰 갈등으로 확대될 수도 있습니다. 최근에는 '갈등 조정가'라는 직업이 생겨날 정도로 전문적인 방법에 의한 갈등 해결이 확산되고 있습니다. 상담심리학의 영역뿐만 아니라 코칭과 퍼실리테이션의 영역에서도 갈등을 다루는 부분이 있습니다. 특히, 리더십과 관련된 책 대부분에서 이러한 갈등 관리를 언급하고 있습니다.

사람마다 갈등을 대하는 시각은 다를 수 있지만, 원만하고 긍정적으로 해결하고자 하는 바람은 같습니다. 그러자면 '지금의 해결 방법보다 더 나은 방법은 없을까?'와 같이 연구하는 노력이 필요합니다. 주변의 사람들에게 조언을 구하기도 하고, 준법 관련 부서나 외부의 공식 기관에 자문해보는 것도 좋은 방법입니다. 다양한 갈등 관리에 대한 사례와 방법을 익힐수록 갈등을 해결하고 예방하는 절차와 프로세스는 더욱 명확해질 것입니다.

CHAPTER 25

팀 내
유용한 자원 확보를 위해
팀장이 해야 할 일

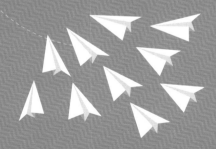

자원 확보

다음 세기를 내다볼 때, 다른 이들에게 능력을 부여하는 사람이 지도자가 될 것이다.
-빌 게이츠

팀장의 가장 궁극적인 역할은 무엇일까요? 팀원들이 일을 잘할 수 있도록 그들을 돕는 일이 아닐까요? 따라서 팀장이 해야 할 중요한 리더십 활동 중 하나는 '팀원들을 돕고 팀 내 성과를 내기 위해 외부의 자원을 확보하기 위해 노력하는 것'입니다. 그렇다면 외부의 자원이란 무엇일까요?' 바로 상사의 지지, 협력 부서의 지원, 고객의 관심과 배려 확보 같은 것입니다. 우선 효과적인 자원 지원을 위해서는 팀장으로서 직접 할 수 있는 일과 외부로부터 지원받을 수 있는 일로 구분해야 합니다.

예를 들어, 팀원과 고객사를 같이 방문하거나, 고객에게 전화를 하거나 이메일을 보내서 팀원이 업무 수행에 무리가 없도록 지원을 요청하는 일 등은 약간의 관심과 노력으로 진행할 수 있습니다. 물론 이러한 일을 몹시 어렵게 여길 수도 있습니다. 특히 팀장급 리더가 처음 된 상황이라면 홀로 업무를 수행하는 데 너무 익숙해 져버렸고 이러한 팀원 지원에 대한 팀장의 역할을 충분히 인지하지 못했기 때문입니다. 엄밀히 말해 고객과 팀원들에 대한 자원 지원은 팀장의 업무라기보다는 배려Hospitality로 이해하는 것이 좋습니다.

지원Support은 어떤 부족한 부분을 기술적으로 전달하는 것이라면, 배려는 그 노력을 전달받는 사람의 느낌과 감정을 중요시하는 것입니다. 지원은 무엇을 어떻게 할 것인지 결정하고 일방적으로 그 기준을 정하는 것입니다. 반면에 배려는 받는 사람의 입장에서 모든 감각을 동원하여 귀를 기울이고 계속하여 생각하며 호의적으로 적절한 반응을 보여주는 것입니다. 그러한 배려를 받은 팀원들은 만약 그 문제가 완전히 해결되지 않더라도 팀장의 마음이 전해집니다. 따라서 그 계기로 팀장을 더욱 신뢰하게 됩니다.

하지만 때로는 '배려'가 아닌 '지원'이 필요하기도 합니다. 필요한 자원을 확보하고 지원하기 위해 팀장이 해야 할 일은 크게 다음과 같이 3단계로 구분됩니다.

- **1단계** 당신이 해야 할 일을 명확하게 한 후 당장 할 수 있는 일과 자원을 확보해야 할 일을 구분하세요.
- **2단계** 팀원의 필요를 확인했으니 자원을 확보하기 위해서 해야 할 일을 생각해 보세요. 팀장으로서 당신이 해야 할 3가지 질문은 다음과 같습니다.
  - 상사의 지지를 위해서 나는 무엇을 해야 하는가?
  - 협력 부서의 지원을 얻기 위해 내가 해야 할 일은 무엇인가?
  - 고객의 관심과 배려를 위해 확보해야 하는 것은 무엇인가?
- **3단계** 팀원에게 자원 지원에 관해서 명확하게 설명하고 통보해야 합니다. 파악

한 것을 토대로 팀장으로서 했던 고민은 무엇이고 어떤 노력을 했는지, 어떻게 지원할 것인지에 관해서 명확하게 설명해 주어야 합니다.

　다시 한 번 강조하지만 팀장이 모든 문제를 해결해줄 수는 없습니다. 한 정된 자원을 바탕으로 모든 문제에 관해 완벽한 지원이나 해결은 불가능합니다. 하지만 팀원들은 팀장이 자신을 위해 어떠한 마음으로 어떤 지원을 하는 지를 분명히 알게 됩니다.

　프레드 댄스로Fred Dansereau 뉴욕주립대학교 경영학과 교수는 'VLDVertical Dyadic Linkage 상하 짝관계 이론'을 통해 내 편, 네 편을 내집단In Group과 외집단Out Group으로 설명합니다. 똑같은 상사와 일하더라도 내집단에 속한 팀원들이 조직에 더 큰 충성과 몰입을 보입니다. 이들은 소외된 외집단 팀원들보다 만족도가 더 높다는 것입니다. 팀원의 능력, 역량, 책임감, 동기 수준에 따라 상사가 팀원을 신뢰하는 정도가 달라지고 결과적으로 상사가 팀원들을 서로 다르게 대우한다고 가정합니다. 내집단 팀원들은 상사로부터 더 많은 관심과 지원을 받습니다.

　이런 연구 결과가 있습니다. 내집단의 팀원이 높은 성과를 내면 상사는 팀원이 잘해서 그런 성과를 냈다고 생각하는 반면, 외집단의 팀원은 높은 성과를 내도 '다른 환경적 요인 때문에 잘했겠지'라고 원인을 다르게 해석합니다. 다시 말해 상사가 인정하지 않는다는 것입니다. 그래서 팀원들은 상사의 내집단으로 들어가기 위해 노력하게 됩니다. 팀원이 상사를 고객으로 여기는 심리는 바로 상사와 특별한 관계, 즉 '상사의 내집단에 편입되기 위해서'라고 볼 수 있습니다.

　'우리가 남이가'라는 말 한마디에 끈끈한 인간미와 동질감을 느끼기 쉽습니다. 그런데 그 반대편인 '남'인 사람들에게는 배타적인 감정이 쉽게 형성되고 우리와 다른 것에 대한 거부감을 가질 수 있습니다. 이렇게 사람을 판단하는 기준을 나와의 관계를 적용하여 '우리'는 내가 속한 내집단의 구성원들이고 내집단 팀원들끼리는 가치관을 공유하고 소속감이 있습니다. 반면에 내집단에 속하지 않는 사람들은 '외집단'이 되며, 그들에게는 냉정하고 비판적이며 친밀한 관계를 만들려고 하지 않습니다.

그렇다면 팀장은 어떻게 상사의 신임과 지원을 얻을 수 있을까요? 현실적으로 부하 직원이 상사를 선택할 수는 없습니다. 다만 수동적인 자세를 벗어나 적극적인 태도로 상사와의 협력 강도를 높임으로써 관계를 강화할 수 있습니다. 그뿐만 아니라 적극적으로 상사와 대화하여 상사로부터 필요한 자원을 얻어낼 수 있어야 합니다.

팀장 역시 내 편이라고 믿는 내집단 팀원들에게 더 중요한 일을 맡기고 소통과 업무 위임도 잘 진행되기 마련입니다. 내 편 만들기에서 중요한 것은 공정성입니다. 공정성은 내 사람의 잣대를 '나에게 잘하는 사람'이 아닌 '조직에 유익한 사람'으로 보려는 공정한 기준입니다. 그렇다면 내 편 만들기는 어떻게 해야 할까요?

첫 번째, 적절한 보상이 따라야 합니다.

만약 보상할 수 없는 상황이라면 지금이 아니라 미래의 가능성을 보여주는 것도 괜찮습니다.

두 번째, 조직의 미래 비전을 공유하는 것입니다.

팀장은 팀원의 능력을 통해, 팀원은 팀장의 권한과 영향력을 활용해 공동의 비전을 이루고자 서로 돕는 관계에 있습니다.

마지막으로 정情이라는 문화적 요소를 활용합니다.

정은 우리나라 조직문화에서 강조되는 독특한 요인으로 끊임없는 관심과 어려운 상황에 서로 돕고 의지가 되어 준 경험을 바탕으로 형성됩니다.

어떤 상황에서건 당신을 믿어주는 상사나 팀원이 있습니까? 그것은 당신이 그들에게 어떤 말과 행동을 하느냐에 달려 있습니다.

Q 새로 부임한 상무님이 지시한 보고 일자가 2주 후로 다가왔는데 아직 방향도 못 잡고 있습니다. 무엇부터 시작해야 할까요?

J 과장은 중견기업의 식품 제조업에서 생산관리팀장을 맡고 있습니다. 생산관리팀의 주요 역할은 해외공장의 제품 생산 스케줄과 실적 관리, 생산프로세스 혁신을 담당하고 있습니다. 1개월 전 조직 변경에 의하여 새로운 생산본부장인 Y 상무님이 부임하셨는데, 소문에 의하면, 유명한 S 전자 출신으로 주로 영업 경험이 많고 세심하게 업무를 관리하는 스타일이라고 합니다. J 팀장은 Y 상무님이 부임한 다음 날에 생산관리팀 종합 업무 보고를 마쳤고, 그때 Y 상무님은 S 전자에서 진행했었던 생산프로세스 혁신 사례를 설명하고 우리 회사에도 적용해 보자고 제안하였고, 혁신 방안을 만들어서 1개월 뒤에 논의하자고 하였습니다. J 팀장은 그 자리에서 "네!"라고 답변을 했지만 팀의 상황은 녹록지 않습니다. 지금은 한창 성수기라 모든 팀원들이 바쁘고, 2개월 전에 경쟁사로 이직한 L 대리의 후임도 채용하지 못하고 있습니다. 더구나 생산 혁신 방안은 베트남 공장의 적극적인 협력이 필요합니다. 이러한 상황에서 어디서부터 어떻게 혁신 방안을 시작해야 할까요?

A 이렇게 한번 해보면 어떨까요?

새로 부임한 Y 상무님에게 보고할 기간이 2주나 남아 있습니다. 지금 여러 상황과 방향성을 고민하는 것보다 Y 상무님과 일 대 일 미팅 약속을 잡으시기 바랍니다. 미팅에서는 상사가 제시한 방안의 구체적인 목적과 결과물에 대해 논의를 합니다. 이를 위해 현재 팀이 처해 있는 상황과 자원의 필요성에 대해 이야기를 나누다 보면 한 문제씩 해결해 나갈 수 있을 것입니다.

첫째, 상사의 특성을 파악합니다.

팀장은 상사를 대하는 데 있어서 상사 자신만의 스타일, 선호도, 습관, 업무 평가 기준, 중요시하는 것에 관심을 가져야 합니다. 상사와 일을 할 때는 생산성, 품질 기준, 성과 결과물, 일을 진행하는 방법, 비언어적인 태도 등 어떻게 일을 진행할지에 대한 기준을 정해야 합니다. 앞서 살펴본 사례에서, 외부에서 부임한 Y 상무님처럼 예전에 어떠한 리더십 특성이 있는지 모른다면 솔직한 마음으로 "상무님의 일하는 방식에 대하여 알고 싶습니다."라고 먼저 상담을 요청하는 것이 좋습니다.

둘째, 상사와 일 대 일로 정기적인 미팅을 합니다.

주간 단위, 또는 격주 단위로 15~20분가량 정기적으로 미팅하는 습관을 들이는 것이 좋습니다. 물론 새로운 습관에 익숙해지는 데는 시간이 걸리지만 강력한 효과를 일으킵니다. 미팅 시간은 길지 않게 잡고 핵심 위주로 진행하는 것이 좋습니다. 일 대 일 미팅에서 대화 내용을 도출하기 위한 질문은 다음과 같습니다. 미팅 전 아래 질문을 통한 철저한 준비로 효과적인 미팅을 진행하기 바랍니다.

- 상사가 나에게 기대하고 있는 것은 무엇입니까?
- 그러한 기대를 충족하기 위한 필요한 자원은 무엇입니까?
- 우리 팀의 업무 성과에 대한 상사의 솔직한 평가와 피드백은 무엇입니까?
- 업무 진행 과정의 수정 및 보완에 대한 지원에 대한 사항은 무엇입니까?

Y 상무님과는 서로가 성격부터 업무스타일, 팀의 업무 진행 과정업무히스토

리를 전혀 모르는 상황이기 때문에 초기에는 짧은 미팅을 자주 갖는 것이 중요합니다.

셋째, 상사의 기대 사항을 명료화합니다.

늘 명확한 목표를 설정해야 합니다. 최종 결과는 어떤 형태로 나와야 하는지 결과물을 상세하게 파악해야 합니다. 구체적인 가이드라인이나 목표가 주어지지 않았다면 일을 하는 데 있어서 많은 혼란을 가져오게 됩니다. 최종 결과물이 구체적으로 무엇인지 알아야 하고 이 일로 어떤 효과가 발생하는 것인지를 파악합니다.

- 각 목표를 달성하기 위한 모든 세부 사항과 요구 사항에 대하여 알아야 합니다.
- 목표를 달성하기 위해 필요한 모든 단계의 스케줄과 최종 마감 기일을 설정합니다.
- 상사가 쉽게 성과를 확인할 수 있도록 성과 관리를 해야 합니다.

상사의 기대 사항, 지원 사항, 구체적인 업무 수행 과정, 측정 기준, 피드백 사항 등을 꾸준히 기록하여 성과 관리를 합니다. 상사는 주로 세세한 성과 점검을 하지 않기 때문에 갑작스럽게 업무를 챙기거나 문제가 발생하였을 때, 중요한 의사결정을 할 때 유익한 자료로 활용할 수 있습니다.

네째, 상사로부터 자원을 지원받습니다.

핵심적인 자원 목록을 작성하고, 지속해서 그 목록을 점검하고 활용합니다. 자원은 일반적으로 공간, 시간, 정보, 인력, 협업, 소통 방법, 예산, 협업, 상사의 직접적인 지원 등을 말합니다.

- 필요한 자원을 어떻게 지원받는지 알아보아야 합니다. 자원을 지원받기 위한 지원처와 어떠한 과정과 비용이나 절차가 필요한지에 대하여 조사합니다.

- 자원 지원이 실패하였을 때에 대해 차선책인 플랜B를 세워 놓아야 합니다.

앞서 얘기한 것처럼, 팀원들이 상사를 고객으로 여기는 심리는 바로 상사와 특별한 관계, 즉 '상사의 내집단에 편입되기 위해서'라고 볼 수 있습니다. 그런데 이러한 행동들은 전체 조직 차원에서 많은 비효율적인 면이 있기에 경계해야 합니다. 따라서 팀장은 팀원들이 자신을 고객으로 여기는 상황을 없애고 이를 최소화하기 위한 제도적 장치를 함께 제공해 주어야 합니다.

예를 들어, 팀장은 팀원들의 보고를 받고 의사결정을 하기 전, 보고서에 올라온 여러 가지 방안에 대하여 중립적인 질문 형태로 팀원들의 의견을 물어보고 왜 그렇게 생각하는지를 질문합니다. 팀장은 팀원들의 의견을 듣고 자신의 의견과의 차이점을 설명하면서 이견을 조율하는 과정을 진행합니다. 처음에는 팀원들이 의견 표현을 하지 못하고 당황할 수 있지만, 두세 번 일관된 과정이 계속되면 본인의 생각을 사전에 정리하여 자신 있게 말하는 문화가 형성됩니다. 이때 팀원들은 상사를 고객으로 여기기보다는 더 나은 답을 찾기 위한 조언자로 대할 것이고 일의 효율과 효과도 높아질 것입니다.

잭 웰치는 '얼굴은 CEO를 바라보고 고객에게는 엉덩이를 들이대는 조직'에 대한 우려를 표명했습니다. 팀원들이 상사만의 비위를 맞추고 시중을 드느라 정작 신경 써야 하는 고객과 시장은 외면하고 있다면 그것은 회사를 위해서도, 그들의 상사를 위해서도 바람직하지 않기 때문이지요. 팀원들이 팀장을 고객으로 여기지 않으면서 그들을 내 편으로 만드는 전략을 구사해 보기 바랍니다.